Hutzelmann und Himmel weit

Walter Bauer
Jürgen Jankofsky

Hutzelmann und Himmel weit

Literatur für Kinder

mitteldeutscher verlag

Herausgegeben anlässlich der Siegfried-Berger-Ehrungen 2021 von der Siegfried-Berger-Stiftung.

Mit freundlicher Unterstützung des Landkreises Saalekreis, der Stadt Leuna, der Stadt Merseburg, der HS Immoblienberatungsgesellschaft mbH und der InfraLeuna GmbH.

Die Rechtschreibung und Interpunktion der Walter-Bauer-Texte folgt weitestgehend dem Gebrauch in der Original-Veröffentlichung.

Umschlaghintergund: shutterstock.com – TairA

www.mitteldeutscherverlag.de

Gesamtherstellung: Mitteldeutscher Verlag, Halle (Saale)
Lektorat: André Schinkel, Halle (Saale)

ISBN 978-3-96311-543-1

Printed in the EU

EDITORIAL

Walter Bauer, dessen Ruf sich auf seinem Lyrik-Prosa-Band „Stimme aus dem Leunawerk" gründet, schrieb auch für Kinder und Jugendliche. Bekannt sind seine vor allem in den 1930er und 1940er Jahren erschienenen und zumeist in den 1950ern und 1960ern neuaufgelegten Kinderbücher: „Die Familie Fritsche", „Inga im Wald", „Helga bringt die Heimat wieder", „Die Freunde und die Falken" und „Zurechtgefunden" sowie das Jugendbuch „Die Horde Moris". Ebenso bekannt, dass er 1949 einen Band mit neuerzählten „Märchen aus Tausendeiner Nacht" herausbrachte, 1953 „Griechische Sagen" und 1964 hiermit korrespondierend „Lorbeer für Hellas – Große Stunden der griechischen Geschichte".

Kaum, wenn überhaupt bekannt dürfte jedoch sein, dass Walter Bauer als Redakteur der Tageszeitung „Merseburger Korrespondent" vom Herbst 1926 bis August 1927 für die Wochenendbeilage „Der Hutzelmann – Wochenzeitung für unsere Kleinen" schrieb und ab November 1926 auch verantwortlich zeichnete. In Buchform, als Anthologie o. Ä. oder andernorts sind all diese Walter-Bauer-Geschichten nie erschienen. Insofern ist deren Veröffentlichung als Ganzes de facto eine Erstausgabe.

Seit der Wende bemühte ich mich in verschiedenster Art und Weise gegen das Vergessen Walter Bauers, diese großartigen deutschsprachigen Autors des 20. Jahrhunderts, anzugehen. Wichtig hierbei erschien mir dabei nicht zuletzt nachfolgende Generationen einzubinden, auf Walter Bauer aufmerksam zu machen, das Interesse für sein Leben und Werk zu wecken. So verfasste ich Anfang der 2000er Jahre die beiden Bände „Das Walter-Bauer-Spiel" und „Jesus rot Himmel weit".

Die hier vorliegende Publikation bringt nun beide Ansätze des Schreibens für Heranwachsende, den Walter Bauers und den meinen, in einem Buch zusammen. Mir scheint, so weit liegen sie nicht voneinander entfernt.

Jürgen Jankofsky

ZUR EINSTIMMUNG

DAS WALTER-BAUER-SPIEL

Das Walter-Bauer-Spiel gibt es nicht. Noch nicht. Und wenn es niemand erfindet, wird es dieses Spiel niemals geben. Schluss, aus.

Aber ich verrate dir ein Geheimnis: Wir beide, ja, wir beide gemeinsam könnten es erschaffen!

Schon oft habe ich versucht, mich in Walter Bauer hineinzuversetzen, habe über seine Bücher und sein Leben nachgedacht. Das lohnt sich, keine Frage. Doch allein macht das irgendwann irgendwie keinen Spaß mehr. Und ein Spiel war das nie.

Ich kann mir aber gut vorstellen, wie das alles zugleich spannend und amüsant wird, richtig spannend und richtig amüsant: Ich erzähle, was ich schon so alles herausgefunden habe über Walter Bauer, und dank deiner Fantasie, dank deiner einzigartigen, unerschöpflichen Fantasie erwächst allmählich unser Spiel, das Walter-Bauer-Spiel.

Hast du Lust dazu?

Wollen wir es versuchen?

Na, dann los:

Wie unser Spielbrett aussehen könnte, weiß ich noch nicht so recht. Ich denke jedoch, dass es klug wäre, wenn wir nach und nach zwei Kartenstapel aufbauten. Einen sogleich: Hier sollten die einzelnen Kärtchen sinnvollerweise *Ereigniskarten* heißen. Den anderen mit *Bücherkarten* später.

EREIGNISKARTE 1

Am 4. November 1904 wird Walter Bauer in Merseburg, Vorwerk 5, geboren. Sein Vater Hermann arbeitet als Fuhrknecht, seine Mutter Emilie als Hausmädchen. Walter, das „Nesthäkchen“ der Familie, hat vier ältere Geschwister, drei Brüder und eine Schwester. Mit Otto, Artur, Hermann und Frieda wächst Walter in ärmlichen Verhältnissen auf.

Vielleicht wäre es hilfreich, wenn wir auf den Ereigniskarten auch Spielanweisungen geben, etwa: *Rücke drei Felder vor!* Oder: *Gehe zwei Felder zurück!* Oder: *Einmal aussetzen!* Was meinst du?

Doch klar, nach der ersten Karte ist das kaum zu entscheiden. Wir kommen besser später darauf zurück, ja?

Fest steht, Merseburg an der Saale war damals, Anfang des 20. Jahrhunderts, eine verschlafene Stadt, 20.000 Einwohner. Ihre besten Zeiten waren lange vorbei: Da hatten hier mitten in Deutschland Kaiser und Könige prächtig Hoftag gehalten, hatten mächtige Bischöfe geherrscht, hatte es den wichtigsten Markt, den bedeutendsten Handelsplatz weit und breit gegeben.

Ein Hauch aus jenen glanzvollen Tagen war allerdings zu spüren, wenn man das altehrwürdige Schloss und den Ehrfurcht gebietenden Dom betrat und dann den größten Schatz der Region erblickte, die Merseburger Zaubersprüche:

Bên zi bêna bluot zi bluoda
Lid zi geliden sôse gelimida sîn!

Klingt richtig abenteuerlich, stimmt's? Unser Held erinnerte sich an diese uralten Beschwörungsformeln noch intensiv und gern, als er schon hochbetagt war und längst fern der Heimat, längst in Kanada lebte.

Doch schön der Reihe nach:

EREIGNISKARTE 2

Walter Bauer besucht die Windbergschule am Merseburger Roßmarkt. In seiner Freizeit entleiht er in der Stadtbibliothek Bücher stapelweise und schreibt Sätze und ganze Kapitel, die ihn begeistern, in Hefte ab. Die Familie Bauer zieht während Walters Schulzeit zweimal um in Merseburg: vom Vorwerk 5 in die Roonstraße 8 (heute Herweghstraße) und schließlich in die Luisenstraße 22 (nun Rosa-Luxemburg-Straße).

Auf den Samstag freute sich Walter immer besonders. Am Samstagnachmittag durfte er die Gespannpferde des Vaters in die Pferdeschwemme des Gotthardteiches am Rande der Stadt reiten. Da war er stolz, der Walter, hoch zu Ross, da hatte er sein Vergnügen, den Tieren bei ihrem Wochenendbad zuzusehen.

Manchmal nahm der Vater ihn auch mit, wenn er über Land fuhr. Stundenlang saß er dann still neben dem Vater im Kutschbock und genoss es, durch die Saaleauen oder die weiten Wiesen und flachen Felder rings um Merseburg zu zuckeln.

So entdeckte er eines Tages, dass im Süden der Stadt gewaltig gebaut wurde. Ein riesiges Werk entstand, das Leuna-Werk, das hier bald so gut wie alles verändern sollte.

Und es war Krieg, Erster Weltkrieg. Auch Walters große Brüder wurden einer nach dem anderen eingezogen, mussten Soldat sein. Und mit der Mutter oder der Schwester streifte er immer öfter über die Stoppelfelder, um nach Essbarem zu suchen oder stand vor Läden in langen Schlangen nach Lebensmitteln an. Das war kein Zuckerschlecken damals, beileibe nicht.

EREIGNISKARTE 3

Aufgrund Walters sehr guter Leistungen, insbesondere seiner beeindruckenden Aufsätze, überzeugt sein Schuldirektor seine Eltern, dass er Pädagoge werden müsse. Im Frühjahr 1919 tritt Walter Bauer ins Merseburger Lehrerseminar ein und besteht im März 1925 alle Abschlussprüfungen. Eine Anstellung als Volksschullehrer findet er in den schwierigen Nachkriegszeiten jedoch vorerst nicht.

Walter ging auf Wanderschaft. Ja, mit einem Freund stiefelte er eines Tages einfach los: Österreich, Italien, die Schweiz. Fast ein halbes Jahr lang waren die beiden unterwegs, durchstreiften die grandiose Bergwelt der Alpen, gondelten ausgiebig durch Venedig und genossen all die Kunstschätze von Florenz.

Eine Landkarte, was meinst du, könnte unser Spielfeld vielleicht eine Landkarte sein? Hm, womöglich gäbe es da aber Schwierigkeiten, gleichermaßen die Gassen und Plätze von Merseburg und nun halb Europa draufzubringen. Und später wird's ja noch viel weiter raus gehen, mein Gott! Doch warum eigentlich nicht? Muss man sich eben ein paar Tricks einfallen lassen, unterschiedliche Maßstäbe etwa. Mal sehen.

Wieder daheim, schlug sich der arbeitslose Lehrer Walter Bauer mit Gelegenheitsjobs durch. So schrieb er für die Merseburger Zeitung, für den „Merseburger Korrespondent". Er berichtete über Versammlungen des Schützenvereins wie über Unfälle oder das Wetter. Freude jedoch hatte er am „Hutzelmann", der Wochenendbeilage für Kinder, für die er 1926/1927 allein verantwortlich war.

Und dann kam ihm seine Ausbildung doch noch zugute: Er bekam das Angebot, für einen der Direktoren des Leuna-Werkes als Hauslehrer zu arbeiten. Und so wohnte Walter Bauer nun also auch in Leuna, in der schmucken, neuen Siedlung im

Windschatten einer langen Reihe von Schloten, Neu-Rössen, Preußenstraße 1a. Hier unterrichtete er den elfjährigen, verzogenen Direktorssohn und dessen gleichaltrigen Freund. Ohne rechten Erfolg aber offenbar, denn bereits nach gut einem halben Jahr zog Walter Bauer wieder aus.

Allerdings hatte er in dieser Zeit angefangen, ernsthaft Gedichte zu schreiben, Gedichte über das Leuna-Werk, über den mühseligen Alltag der fast 30.000 Arbeiter, die hier für geringen Lohn in Chemiegestank und Lärm zumeist schwer schufteten. Ihr Schicksal rührte Walter Bauer an. Er fühlte sich diesen Menschen verbunden, fühlte mit ihnen. So war es für ihn eine wichtige Ermutigung, als eines dieser frühen Gedichte in einer Leunaer Werkszeitung erschien. Zwar unter dem Pseudonym *Friedrich Ruland*, denn unter seinem richtigen Namen getraute er sich noch nicht zu veröffentlichen, aber immerhin. Und schon bald stellten sich beachtliche schriftstellerische Erfolge ein.

BÜCHERKARTE 1

Mit Hilfe des Zwickauer Literaturkritikers Walter Victor kann Walter Bauer 1929 seinen ersten Gedichtband veröffentlichen: „Kameraden, zu euch spreche ich". Und 1930 erscheint im Berliner Malik-Verlag das Buch, das Walter Bauer schlagartig bekannt macht. „Stimme aus dem Leunawerk". Berühmte Schriftsteller loben ihn: Stefan Zweig und Kurt Tucholsky, Ernst Toller, Franz Werfel, Hermann Hesse.

Für die Bücherkarten hätte ich eine Idee: Jeder, der die hier genannten Bücher gelesen hat, der weiß, worum's geht, vielleicht sogar eine der handelnden Figuren nennen und einige Zeilen oder Sätze zitieren kann, erhält Zusatzpunkte. Einverstanden?

Als Kostprobe zitiere ich dir gleich mal ein Gedicht aus „Stimme aus dem Leunawerk", ein Gedicht, das ich ob seiner Schlichtheit für eines der schönsten halte, das Walter Bauer je geschrieben hat, ein Gedicht, das meiner Meinung nach in jedem deutschen Lesebuch stehen sollte:

ARBEITER ZIEHT EIN REINES HEMD AN

Er fährt mit einem kleinen Licht am Rad nach Haus.
In seinem Rücken brennt noch tief das Werk, die Schicht ist aus.
Die Schicht ist aus. Am Band die Kaffeeflasche klappert vorn.
Er hört ganz fern, von Schlaf umspült, ein Nebelhorn,
es geht ihn nichts mehr an.

Er tritt zur Stube ein, als käm er aus der Nacht,
es hat die Frau ihm warmes Wasser schon bereitgemacht.
Sie hat ihm alles, wie er es gewöhnt ist, hingestellt,
die gute Frau hat ihm die Müdigkeit erhellt
mit Wasser, Seife, Tuch.

Er zieht das Hemd aus, das ganz schwarz geworden ist,
er wäscht sich ganz, weil das am Sonnabend so Sitte ist.
Man könnte glauben: soviel Blut und zäher Dreck
geht auch mit scharfer Seife nicht mehr gänzlich weg,
sitzt schwer am Herzen fest.

Und ist er fertig, zieht ein reines Hemd er an,
(und das besagt: dass jetzt der schöne Sonntag schon begann),
er knöpft es zu, stopft sorgsam in die Hose es hinein,
er fühlt den Stoff an seinem Leib, er ist ganz rein,
er ist vollkommen rein.

Er setzt sich an den Tisch, auf dem das Essen steht.
Er stützt die Arme auf. Die schönste Gegenwart besteht.
Er spricht mit seiner Frau nicht viel, weil er jetzt langsam isst
und weil im Haus zu wenig auch geschehen ist, -
nur dies: sein Hemd ist rein.

In jener Zeit lernt Walter Bauer auch die Frau kennen und lieben, die ihm viel Kraft und Selbstvertrauen geben sollte: Clärle. Clärle war zwölf Jahre älter als Walter, hatte bereits einen schulpflichtigen Sohn, Klaus, war verwitwet und arbeitete in Merseburg als Hebamme. Ihr erstes Rendezvous hatten Walter und Clärle im Merseburger Schlossgarten, wie romantisch!

EREIGNISKARTE 4

Am 1. Juni 1929 zieht Walter Bauer nach Stangerode im Harz, wo er endlich eine Anstellung als Lehrer gefunden hat. Er unterrichtet Zeichnen, Erd- und Naturkunde. Im nahen Nordhausen heiraten er und Clärle am 8. März 1930. Und schon einen Monat darauf wird er an die Schule nach Halle-Ammendorf versetzt. Die Bauers wohnen fortan in der halleschen Friedrich-Ebert-Straße 44 (heute Paul-Suhr-Straße).

Das war eine glückliche Zeit: Walter Bauer hatte Arbeit, eine kleine, harmonische Familie und eine geräumige Vier-Zimmer-Wohnung mit Dachterrasse und Blick auf die Landschaft südlich von Halle mit den Silhouetten der großen Chemiewerke und den Spitzen der Merseburger Dom- und Schlosstürme, auf die Landschaft, aus der er stammte und der er sich sein Leben lang verbunden fühlte. Und er schrieb und schrieb und hatte auch weiterhin Erfolg.

BÜCHERKARTE 2

In den ersten drei Jahren der 1930er Jahre veröffentlichte Walter Bauer drei Romane: 1931 „Ein Mann zog in die Stadt“, 1932 „Die notwendige Reise“, 1933 „Das Herz der Erde“. Alle diese anspruchsvollen Bücher erscheinen im weltbekannten Verlag Bruno Cassirer. Zudem erhält er in dieser Zeit den Frans-Masereel-Literaturpreis.

Hast du eine Ahnung, worum es in diesen Romanen geht? Willst du Zusatzpunkte gewinnen? Gut, lassen wir uns ausnahmsweise vom Autor selbst einen Tipp geben. Walter Bauer gab nämlich zu diesen drei Büchern eine „Selbstanzeige“ auf:

Ich habe versucht, Veränderungen einer Familie und einer Landschaft darzustellen, einen Vorgang, der um uns geschieht. Ich habe einfache Menschen geschildert, Menschen, von denen niemand spricht, die schweigen. In gewisser Weise habe ich meine Bemühungen begonnen für Geschlechter meiner Familie, die geschwiegen haben. Ich konnte allein mit den Mitteln meiner Natur arbeiten; ich hoffe aber, dass der Ernst einer leisen Stimme so tief wirken kann wie ein Schrei.

Und ich füge mal hinzu: Mit diesen Büchern hat Walter Bauer seiner Familie, seinem Vater, seiner Mutter, ein großartiges Denkmal gesetzt.

Die Bauers gingen nun auch gern auf Reisen. Mehrmals waren sie bei Walters Schriftstellerfreund Stefan Zweig in Salzburg zu Gast. Sie fuhren in das Elsass und nach Neapel, später auch nach Norwegen und Sizilien. Und ebenso gern empfingen sie Gäste. Die Diskussionsabende in ihrer schönen halleschen Wohnung waren alsbald bei Freunden und Bekannten beliebt.

Eine Reise sollte Walter Bauer aber großen Ärger bringen:

Mittlerweile war in Deutschland Hitler an der Macht. Auf seine Art hatte Walter Bauer dagegen zu protestieren versucht.

So hatte er, nachdem die Nazis öffentlich Bücher verbrannten, einem einflussreichen Autor mutig einen Brief geschrieben:

Vorige Woche stand ich inmitten vieler Menschen auf dem Platze vor der Universität und sah, wie von den Studenten Bücher verbrannt wurden. In diesen Büchern sollte gefährlicher, falscher Geist enthalten sein, wert, durch Flammentod vernichtet zu werden ... An diesem Abend wurde ich von glühender Scham überfallen. Mir schien, mit der Vernichtung dieser Bücher würden die Leistungen einer bestimmten Menschenschicht erniedrigt, die Schriftsteller genannt und zuweilen öffentlich geehrt werden. Ich fühlte, – obgleich ich ein sehr junger Schriftsteller bin und wenig Erfahrungen sammeln konnte –, ich muss etwas tun, um die Schande, die man der Freiheit des schöpferischen Wortes antat, auszulöschen oder wenigstens den Menschen in die Ohren zu schreien, dass es Schande sei, da es schien, sie verstünden nicht, weil sie schwiegen. Ich schäme mich, es nicht getan zu haben, obgleich ich unter Fäusten schnell verstummt wäre ...

Walter Bauers Bücher wurden zwar nicht verbrannt, aber von Zensoren misstrauisch beäugt, behindert oder sogar verboten. Und als er dann Stefan Zweig, der inzwischen aus dem Nazireich geflohen war, heimlich in Zürich traf, wurde er beobachtet und verraten. Fast wäre Walter Bauer daraufhin aus dem Schuldienst entlassen worden, nach endlosen Untersuchungen und Verhandlungen wurde er jedoch nur strafversetzt, strafversetzt nach Dölau. Später musste er an den Zwergschulen von Niemberg und Dieskau unterrichten. Hartes Brot.

Du kannst dir diese Zeit wahrscheinlich nur schwer vorstellen. Wer anders war, aussah, dachte oder handelte als die herrschenden Nazis, wurde unterdrückt, eingesperrt oder sogar umgebracht. Du weißt aber sicher, dass das alles auf den furchtbarsten aller Kriege hinauslief, den die Menschheit bislang durchleiden musste, den Zweiten Weltkrieg.

Für einen Mann wie Walter Bauer, der alle Leute gleich achtete, der stets versucht hatte, mit seinen Gedichten und Geschichten den Schwächsten und ungerecht Behandelten eine Stimme zu geben, der an das Gute im Menschen glaubte, war dies alles schier unerträglich. In Briefen deutete er damals manchmal an, wie verbittert und deprimiert er war. Doch er gab nicht auf. Er schrieb Bücher, in denen er der Kunst und Güte und Weisheit, in denen er großen menschlichen Leistungen, in denen er humanistischen Idealen das Wort redete, nicht wie die Nazis dem Hass. Und er begann auch, liebevoll Bücher für Kinder zu schreiben.

BÜCHERKARTE 3

1935 erscheint das Jugendbuch „Die Horde Moris" und Walter Bauers Kinderbücher kommen wie folgt heraus: 1937 „Die Familie Fritsche", 1938 „Inga im Wald", 1939 „Helga bringt die Heimat wieder", 1940 „Die Freunde und die Falken", 1942 „Zurechtgefunden". Und einige seiner Bücher für Erwachsene aus jener Zeit haben allein schon vielversprechende Titel: „Die größere Welt", „Der Lichtstrahl", „Abschied und Wanderung", „Gast auf Erden".

Na, ich bin mal gespannt, ob du dir diese Bücher, die Kinderbücher zumindest, besorgst und auch liest, ob du dir also Zusatzpunkte für unser Spiel sicherst.

Für Walter Bauer wurde dann aber alles noch schlimmer: Er musste in den Krieg. Fast 36 Jahre war er schon alt, als er den Einberufsbefehl erhielt. Unvorstellbar, dass dieser leise, warmherzige, Gewalt verabscheuende Mensch nun Soldat zu sein hatte, unvorstellbar.

EREIGNISKARTE 5

Als Militärkraftfahrer sieht Walter Bauer zahlreiche Schauplätze des Zweiten Weltkrieges: Frankreich, Russland, die Ukraine, Griechenland, Bulgarien, Albanien, Italien. Im Lauf der Kriegsjahre wird er Unteroffizier, Feldwebel, Leutnant. Schließlich gerät er 1945 in Österreich in englische Kriegsgefangenschaft, muss nun noch fast ein Jahr in Lagern in Norditalien und Kärnten verbringen.

Krieg und *Spiel*, das passt nicht zusammen, selbstredend absolut nicht. Wenn wir unsere Spielidee jedoch weiter verfolgen wollen, brauchen wir eben auch diese Ereigniskarte, keine Frage. Ich schlage dir vor, dass wir diese Karte unbedingt mit Auflagen belasten, zum Beispiel: *Setze drei Runden aus!* oder so. Was hältst du davon?

Das Wichtigste hier aber: Walter Bauer hatte diesen grausamen Krieg, in dem mehr als fünfzig Millionen Menschen starben, überlebt. Und er schwor, niemanden getötet zu haben. Dennoch würde sich Walter Bauer Zeit seines Lebens schuldig fühlen, die Wehrmachtsuniform getragen zu haben, immer wieder deswegen und darüber schreiben.

BÜCHERKARTE 4

Einblick in die Gedanken und Gefühle Walter Bauers während des Krieges und der Kriegsgefangenschaft geben die „Tagebuchblätter aus Frankreich" (1941), die „Tagebuchblätter aus dem Osten" (1944) und „Das Lied von Povoletto" (1947).

Was nun kommt, ist nur schwer zu erklären. Walter Bauer ging nämlich nicht nach Hause zurück.

Versuchen wir's mal so: Deutschland war nach dem Krieg unter den Siegern aufgeteilt worden, und Walter Bauers mitteldeutsche Heimat war nun von den Russen, von den Sowjets, besetzt. Da wollte er nicht hin. Nein, er wollte irgendwie sogar völlig neu anfangen, wie neugeboren sein, ein neues Leben, ein neues Glück. Er verliebte sich in eine andere, jüngere Frau und trennte sich von seiner Frau Clärle.

EREIGNISKARTE 6

Walter Bauer findet 1946 auf dem Hof seines Schriftstellerfreundes Ernst Wiechert bei Wolfratshausen in Bayern Unterschlupf, zieht dann mit dessen Stieftochter Jutta in kleine Wohnungen nach Icking und Feldafing und schließlich 1949 nach Stuttgart, wo er Jutta heiratet.

Neu war auch, dass Walter Bauer nichts anderes mehr als Schriftsteller sein wollte, freier Schriftsteller: Statt wieder Tag für Tag vor irgendwelchen Klassen zu stehen und mühselig zu unterrichten, nur noch Gedichte und Geschichten und neuerdings auch Hörspiele schreiben, seine Fantasien ausleben, Texte herausgeben, Bücher anderer Autoren besprechen und auf Lesereisen gehen. Ja, so stellte er sich das vor. Und keine Frage, er galt bald als einer der fleißigsten Autoren Westdeutschlands, wurde sogar als Schatzmeister der wichtigsten Schriftstellervereinigung gewählt, des P.E.N.-Clubs. Aber irgendwie kam Walter Bauer mit diesem Leben nicht zurecht.

BÜCHERKARTE 5

Im Nachkriegs-Westdeutschland erscheinen von Walter Bauer unter anderem der Gedichtband „Dämmerung wird Tag“ (1947), die Erzählungsbände „Die Größe des Lebens“ (1947), „Das Lied der Freiheit“ (1948), „Die Armee des Don Quijote“ (1950) und der Roman „Besser zu zweit als allein“ (1950). Eines seiner meistgesendeten Hörspiele aus jener Zeit heißt „Blau und Rot im Regenbogen“.

Doch wie gesagt, irgendwie war das nicht das Leben, war das nicht der Neuanfang, den sich Walter Bauer so sehr erhofft hatte. In Briefen und Tagebüchern klagte er damals:

Ich sehne mich nicht nach Betrieb, nicht nach Literaten und Künstlern, die fast alle von Eitelkeit, Neid, Ehrgeiz beherrscht werden. Ich sehne mich danach, menschliche Worte zu hören – menschliche Worte selber zu sprechen und zu schreiben ... Es ist viel Gestrüpp um mich, und ich habe das Messer noch nicht gefunden, um es zu zerschlagen ... Ich bin, glaube ich, spröde geworden, und das kann nur ein Schutz sein, gegen die völlige Vergiftung aller Teile meines Wesens. In unser Verhältnis zur Welt muss wohl Verzweiflung eingemischt sein, Verzweiflung, das heißt nicht, dass man daran stirbt ... Restauration und Reaktion sind im Begriff, die Plätze einzunehmen. Ich frage mich fortgesetzt, ob das und wie groß unsere Schuld daran ist. Ich versuchte, gegen die wachsende Skepsis in mir anzugehen, aber sie wuchs, und der Anblick der Unbelehrbarkeit eines großen Teiles der Deutschen legte sich wie ein Eisen auf meine Hand ... Vielleicht täusche ich mich, wenn ich sage, dass die geistige Luft hier, abgesehen von ihrer Provinzialität, mindestens bösartige Bazillen enthält. Wahrscheinlich gehört auch die Anpöbelung gegen mich dazu. Nun, ich bin den Leuten hier gegenüber unabhängig; aber es kann natürlich sein, dass man meine sehr schöne Verbindung zu Radio Stuttgart zerschlagen will und zerschlägt. Stuttgart wird zudem nicht der letzte Ort unseres Lebens sein.

Keinesfalls vergessen dürfen wir jedoch, dass Walter Bauer in jenen Jahren auch begann, sich und uns die Welt der Märchen und Sagen zu entdecken. In bezaubernder Sprache erzählte er Altbekanntes neu. Das solltest du dir nicht vorenthalten:

BÜCHERKARTE 6

1949 erscheint in wunderbarer Ausstattung „Märchen aus Tausendundeine Nacht. Neu erzählt von Walter Bauer". Später veröffentlicht Walter Bauer auch „Griechische Sagen" und „Lorbeer für Hellas".

Nun aber kommt etwas, was vielleicht noch schwerer zu verstehen ist als die Trennung von seiner mitteldeutschen Heimat und seiner erster Frau. Lesen wir dazu am besten wieder, was Walter Bauer in einem Brief an einen alten Freund offenbarte:

In der vorigen Woche haben wir nach monatelangen Bemühungen, Anstrengungen und Hilfeleistungen von drüben die Einreise-Visa nach Canada erhalten, und nun versuchen wir, eine Passage nach Canada zu bekommen. Sehr wahrscheinlich Anfang September oder spätestens Mitte September hoffen wir das Schiff zu besteigen, das uns nach Halifax bringen wird. Unser erster Ort wird Toronto sein. Sie werden erschrecken, wenn Sie das lesen, aber Sie lesen richtig: Wir gehen weg oder – da Sie nur mich kennen und nicht meine Frau – ich verlasse Deutschland. Ob es für immer sein wird, weiß ich nicht. Es ist möglich. Möglicherweise komme ich zurück, aber auch das weiß ich jetzt nicht. Ich weiß nur, dass ich aus vielen

Erfahrungen und Einsichten der vergangenen Jahre die Konsequenz gezogen habe und versuchen muss, in ein Land zu gehen, in dem ich atmen kann. Hier kann ich nicht mehr atmen, hier gehe ich in der Sackgasse weiter und werde eines Tages am Ende sein. Ich will nicht am Ende sein. Dass ich drüben nicht als Schriftsteller leben kann, ist klar. Ich will auch nicht mehr als „freier" Schriftsteller leben, ich will irgendetwas tun, und ich denke (ich hoffe), dass es zuerst die Arbeit eines ungelernten Arbeiters in einer Fabrik sein wird. Man wird sehen.

EREIGNISKARTE 7

Walter Bauer wandert aus. Am 5. September 1952 besteigt er mit Jutta in Genua das Schiff, mit dem sie zehn Tage später Kanada erreichen. Während der Überfahrt eröffnet ihm seine Frau jedoch, dass sie nicht mehr mit ihm zusammen sein will. So muss sich Walter Bauer denn in der großen, fremden Stadt Toronto allein zurechtfinden.

Sicherlich hast du schon mal gehört, dass man in Amerika angeblich vom Tellerwäscher zum Millionär werden könne. Nun ja, zum Millionär hat es Walter Bauer nie geschafft, aber als Tellerwäscher begann er in Kanada tatsächlich. Er musste sein Brot auch schwer als Arbeiter in einer Schokoladenfabrik sowie als Packer verdienen, später dann als Redakteur einer deutschsprachigen Wochenzeitschrift.

Dennoch fand er die Kraft, sogar in dieser Situation Texte zu schreiben, berührende Gedichte wie dieses beispielsweise:

VON ABENDS SIEBEN BIS MORGENS VIER

Von abends sieben bis morgens vier
Wische ich die Reste von Tellern und Schüsseln

In die Abfalltonne,
Wasche Gläser, Silberplatten, Besteck.
Um neun sind die Träume noch frisch und leuchten,
Und ich könnte die ganze Welt besser einrichten als sie ist.
Um Mitternacht schleppt sich die Zeit durch den dampfigen
Raum
Und legt sich verendend zu meinen Füßen.
Um zwei erinnere ich mich kaum noch an etwas
Und wische die Reste meines Lebens
In die Abfalltonne.
Um drei wasche ich die Küche auf, bis sie blitzt
Im duftlosen Licht.
Um vier trete ich in den scharfen einsamen Wind
Und trinke, eh sie erlöscht,
Aus der Milchstraße Befreiung.

Kanada, was für ein riesiges, grandioses Land! Land der Großen Seen, der Niagara-Fälle, der Rocky Mountains, der Wolkenkratzerstädte, der Schneewüsten. Schon als Kind hatte Walter von den Weiten und Freiheiten dieses Landes geträumt, hatte sich vorgestellt, wie es sein würde, auf den Spuren von Indianern zu wandeln. Und nun war alles so anders ...

Selten kam Walter Bauer in seinen kanadischen Jahren über seinen neuen Wohnort, über Toronto hinaus. So war es sicher kein Zufall, dass er nun auch verstärkt Geschichten über Abenteurer und Entdecker schrieb, dass er schreibend also versuchte, zum großen Abenteurer und Entdecker zu werden.

BÜCHERKARTE 7

Über Sieur de la Salle, der als einer der ersten Europäer Walter Bauers neue Heimat bereiste, verfasst er die Biografie „Folge dem Pfeil" (1956). Und über einen anderen Weißen, der als Indianer zu leben versuchte, schreibt er „Wäscha-kwonnessin, der weiße Indianer" (1960). Dieses Buch diente in den 1990er Jahren dem Hollywood-Film „Grey Owl" (mit Pierce Brosnan in der Hauptrolle) als Vorlage.

Kanada, wenn ich dir erzähle, wie es mit Walter Bauer hier weiterging, wirst du es mir vielleicht nicht glauben. Stell dir vor: unser Held wurde nun bald fünfzig Jahre alt und begann noch einmal zu studieren, ja, wirklich wahr!

EREIGNISKARTE 8

Am 22. September 1954 beginnt Walter Bauer am University College von Toronto „Moderne Sprachen und Literatur" zu studieren (Hauptfächer: Deutsch, Italienisch, Französisch, Nebenfach: Kunstgeschichte). Nachdem er sein Studium erfolgreich mit dem Titel Master of Arts abgeschlossen hat, erhält er 1959 einen Lehrauftrag und wird schließlich sogar zum Associate Professor ernannt, unterrichtet künftig als Universitätslehrer in Toronto deutsche Literatur.

Der Professor Walter Bauer muss sehr angesehen und beliebt gewesen sein. Gründlich bereitete er sich auf jede seiner Vorlesungen vor und verstand es wohl auch geschickt, Erfahrungen aus seiner schriftstellerischen Arbeit einfließen zu lassen. Stets war er am Morgen einer der Ersten, die das Universitätsgelände betraten. Sein Büro lag in einem Gebäude, das dem

Kreuzgang des Merseburger Domes nicht unähnlich sah. Gut vorstellbar, dass er sich hier an seine Wurzeln, an die uralten Merseburger Zaubersprüche, an seine Herkunft erinnert fühlte.

Natürlich sprach Walter Bauer als kanadischer Universitätsprofessor mittlerweile perfekt Englisch. Doch wenn er schrieb, Gedichte oder Geschichten, Theaterstücke, Tagebücher, Berichte, Porträts, Besprechungen, Artikel und anderes, schrieb er deutsch, immer und immer wieder deutsch. Keine Frage, die Sprache war ihm die letzte Brücke zu dem Land, das er verlassen hatte, in dem er nicht mehr leben konnte und wollte, dessen kulturelle und geistige Landschaft er aber bei Strafe der völligen Vereinsamung, ja, des Untergangs, nie verlassen durfte.

Sein bester kanadischer Freund, der Schriftsteller Henry Beissel, sagte einmal: Walter wäre ein bedeutender kanadischer Autor des 20. Jahrhunderts geworden, wenn er denn nur Englisch geschrieben hätte ...

So aber wurde er in seiner neuen Heimat als Autor nie so recht bekannt. Und in Deutschland begannen ihn seine Leser langsam zu vergessen.

Dabei veröffentlichte Walter Bauer unermüdlich weiter:

BÜCHERKARTE 8

Es erschienen u. a. die Gedichtbände „Mein blaues Oktavheft“ (1954), „Nachtwachen eines Tellerwäschers“ (1957), „Klopfzeichen“ (1962), „Fragmente vom Hahnschrei“ (1966), die Erzählungen „Die Tränen eines Mannes“ (1956), „Die Stimme“ (1961), „Fremd in Toronto“ (1963) und das Tagebuch „Ein Jahr. Tagebuchblätter aus Kanada“ (1967); zudem gab er den Band „Im Banne des Abenteuers. Die spannendsten Geschichten der Welt“ heraus.

Und bald fand Walter Bauer auch in Kanada wieder eine Lebensgefährtin. Er verliebte sich in die Schauspielerin Arden Keay. Sie war so alt wie er, und mit ihr würde er nun den Rest seines Lebensweges durch Höhen und Tiefen gemeinsam gehen.

Doch einmal kam Walter Bauer noch nach Deutschland zurück, allerdings nur für wenige Tage: Ihm wurde ein hochangesehener Literaturpreis verliehen.

EREIGNISKARTE 9

Für sein Buch über den Polarforscher Fridtjof Nansen „Die langen Reisen" erhält Walter Bauer am 15. Januar 1956 in München den Albert-Schweitzer-Buchpreis.

In seiner Dankesrede sagte Walter Bauer etwas über seinen Buchhelden, was wohl auch für ihn selbst gelten kann, meine ich:

Er glaubte an den Frieden als an eine Wirklichkeit, die geschaffen werden konnte. Er glaubte an den Wert des Einzelnen; er selber war ein Einzelner, der sich brüderlich den Leidenden zuwandte ... Er glaubte an die Möglichkeit eines Bundes der Völker ... Welch ein Vorbild für unsere Tage, welch ein Vorbild für die jungen Menschen von heute, die durch Wasserfälle von Worten verschüttet werden.

Für Walter Bauer war es immer wichtig, sich in das Leben anderer Menschen hineinzuversetzen, sich mit dem Leben großer Persönlichkeiten zu beschäftigen, sich an ihrem Wirken und ihren Werken zu orientieren und, wenn nötig, aufzurichten. Du erinnerst dich: Schon als Schüler notierte er seitenlang, was kluge Leute gedacht, gesagt, geschrieben hatten.

BÜCHERKARTE 9

Walter Bauer verfasst neben seiner preisgekrönten Geschichte über Fridtjof Nansen zahlreiche Bücher über außergewöhnliche Menschen, so u. a. über die Maler Caspar David Friedrich, Michelangelo und Vincent van Gogh, über die Forscher Georg Forster, David Livingston und Henry Morton Stanley, über den Schriftsteller Antoine de Saint-Exupéry und den Pädagogen Johann Heinrich Pestalozzi.

Erinnerst du dich auch noch an das Gedicht über den Arbeiter, der ein reines Hemd anzieht? Walter Bauer verstand es in seinen kanadischen Jahren, sich ähnlich über kleine Dinge zu freuen. Er leistete sich nie ein Auto, keine große Reise, gönnte sich überhaupt, obwohl er fast bis an sein Lebensende als Professor lehrte, keinerlei Luxus. Ja, bis auf sein letztes Appartement in der Redpath Avenue 95 mit Blick nach Osten, zur aufgehenden Sonne, den er jeden Morgen genoss, waren seine Wohnungen in Toronto anspruchslos schlicht. Doch hin und wieder kaufte er sich etwas Besonderes, der Bauer Walter, das Arbeiterkind aus dem mitteldeutschen Industrierevier: reinweiße Hemden, reinweiße Hemden, die er offenbar nie trug. Denn nach seinem Tode fand man in seiner Wohnung eine ganze Truhe voller unbenutzter, reinweißer Hemden ...

EREIGNISKARTE 10

Walter Bauer stirbt am 23. Dezember 1976 in Toronto und wird auf dem Mount Pleasant Cemetery beigesetzt. Auf seinem Grabstein steht der Wahlspruch: „Der Weg zählt, nicht die Herberge.“

Eines seiner letzten Gedichte geht so:

AN MEINE FREUNDE

Das Licht
Lobte ich
Gegen das Dunkel.
Den Morgen
Pries ich
Gegen die Nacht.
Die Freundschaft
Rühmte ich
Gegen die Härte.
Das Lächeln
Gab ich
Gegen finsteren Blick.

Obgleich ich wusste ...
Aber ich hätte sonst
Nicht hier sein wollen.

Vergehen wird es,
Ich weiß, mein Bemühen
Mit mir:
Doch wenn ich gehe,
Erinnert euch: Ich
Gab nicht auf.

BÜCHERKARTE 10

1976, in Walter Bauers letztem Jahr, wurde die wichtige, ins Englische übertragene Gedichtsammlung „A Different Sun“ veröffentlicht, postum, nach seinem Tod also, 1980 der Erzählungsband „Geburt des Poeten“, Erinnerungen an seine Kindheit und Jugend in Merseburg, und 1996 und erweitert 2018 das Walter-Bauer-Lesebuch „Sonnentanz“.

Tja, da sind wir beide also nun auch fast am Schluss angekommen. Toll, dass du durchgehalten, dass du mitgespielt und somit viel über unseren Helden Walter Bauer erfahren hast.

Klar, hattest du sicher längst gemerkt, dass unser Walter-Bauer-Spiel schlichtweg die Erfindung dieses Spieles war. Der Weg zählt, nicht die Herberge! Logisch.

Und – hat es Spaß gemacht? Willst du mehr? Na, dann hole dir flugs Stifte, Schere, Kleber, Papier …

DER HUTZELMANN

Der Hutzelmann
Wochenzeitung für unsere Kleinen
Nr. 7 — 19. Februar 1927

Nebel auf See

Müde und verdrossen ging ich von der Arbeit nach Hause. Wenn man 8 Stunden im Kontor saß und Zahlen schrieb und dürre Worte, legt sich ein dünner Schleier über die Augen, man sieht nichts mehr klar, alles verschwommen, man muß sie nun wieder aufreißen, damit sie die Welt sehen, die acht lange Stunden hinter den Fenstern leise klang und lärmte. Was sahen diese Augen, als sie aus dem Lichtkreis der Kontorlampe heraus waren und der Wind sie umfächelte? Es war Nebel. Die Welt war anders geworden, stiller seit dem Nachmittag. Der Nebel tanzte leicht und lose in den Spitzen der Bäume und wogte in langen, phantastischen Fahnen, er sank wie eine Mauer in die Straße und machte die Häuser unsichtbar. Krähen schwammen in diesem Meere und schrien, aber der Nebel verschluckte die Rufe. Autos, Motorräder stürzten mit aufgerissenen, lodernden Augen in die Mauer, in den weichen Ball, mit einemmal wurden ihre Augen bleich und matt, sie erloschen, nun mußten die Fahrzeuge laut und eindringlich rufen. Rot, wie seltsame, unwirkliche Sterne, hingen die Laternen an den Signalmasten, bleiche, stille Sonnen huschten über der Erde. Der Nebel machte den Erdboden unsichtbar, den Himmel, er war zwischen den Menschen und trennte sie, er tanzte schwer und geschlossen in die dunkle Ebene. Das sah ich alles, die Stille, die blassen Lichter und Feuerzeichen, die Schatten, und ging, nun selber still, nach Hause, in meine Stube.

Immer müde, durch die Stille in meiner Stube ein wenig bedrückt, las ich die Zeitung; da fielen meine Blicke auf eine Meldung, schon wollten sie weitergleiten und etwas anderes fassen, da schrien die Buchstaben noch in ihrer stummen Sprache: Dampfer gerammt, Nebel im Kanal, Kutter und Ewer gesunken; Nebel. Ein mächtiges Horn schrie das Wort: Nebel! Nebel! Da lauschte mein Herz, die Gedanken begannen zu arbeiten, die dürre Meldung wogte, rauschte vom Leben, ich sah, ich sah mehr und immer mehr, zuletzt den ganzen brausenden Ozean, der gegen die zerrissene und geschwungene Linie der Küste anrennt.

Das Meer lag still, die Länder stiegen mit Wäldern, fetten dunkeln Marschwiesen, gekrümmten Deichen und Dächern empor. Der Himmel lag wie eine unendliche Kristallglocke über dem Meere, aber mit einem Male, zuerst zögernd, aber dann schneller und dichter, war der Nebel da.

Woher kam er so heimlich, niemand wußte es, er wanderte stumm und beharrlich über die wogende Fläche und machte alles unsichtbar. Vielleicht war er an der englischen Küste geboren worden, als das Meer in kaltem, zornigem Schweigen erstarrte, vielleicht kam er vom Skagerrak, er schwieg, auf einmal lagen die Küsten im Nebel, die großen Häfen.

Sieh, das ist nun das Meer, und da ist der Hafen. Die Nebelhörner schreien wie Stiere in die Mauer, unaufhörlich, atemlos, das eine dröhnt wie ein mächtiger, grollender Baß, das ist ein großer Ozeaner, nun kann er nicht im freien Fahrwasser rauschen und durch die Wellen strahlen, jetzt liegt er gefesselt an den dicken Ankerketten, die Maschinen sind verstummt, erloschen die Kessel, die rasenden Feuer kalt, nur die Hörner und Sirenen schreien, nur die Lichter an Bord, die vielfarbigen, schwingen und kreisen und werfen sich wieder und wieder gegen den Nebel, nein, sie prallen zurück. Zuweilen taucht wie ein Schatten, riesenhaft wie ein Tier der Urwelt, ein Dampfer auf, gleitet dicht vorüber, das Wasser rauscht, man sieht es nicht, die Laternen warnen, die Sirenen rufen: Habt acht. Zögernder huschen die Barkassen über die Fläche, die Menschen starren mit aufgerissenen Augen in das Farblose, alles Umhüllende, wenn jetzt ein Dampfer käme, oder nur eine Barkasse, unaufhörlich darum die Sirenen. Fern und verschollen klingt der Lärm der Werften,

FRITZ HAT EINE GROSSE FAHRT GEMACHT

Ja, das war wirklich eine ganz herrliche Fahrt. Denkt euch, Fritz spielte auf der Straße mit Hans, Georg und Heinz und zuletzt wurde es langweilig, denn Heinz mußte mit seinem kleinen Bruder nach Hause und sollte Schularbeiten machen. Da kam der große Bierwagen der Engelhardt-Brauerei die Straße herabgerollt, dumpf und schwer polterten die Fässer auf dem Wagen, und die vielen Kasten mit den Flaschen gaben ein helles Klingen. Gerade vor dem Gasthaus „Zur goldenen Kugel" hielt der Wagen, die Pferde standen still und schnaubten, der Kutscher sprang ab und ging in das Haus, um zu fragen, wie viele Kasten Bier er bringen sollte und wie viele Fässer. Fritz sah sich den Wagen an und die Pferde, und ehe ihr es auch verseht, war er auf dem Kutscherbocke und strampelte vergnügt mit den Beinen, ein lustiger, frischer Junge, der gar keine Angst hatte, daß er runterfallen könnte. Als nun Herr Wengler, das war der Bierkutscher, wieder herauskam, sah er Fritz oben auf dem Wagen, und der rief ihm zu: „Herr Wengler, Herr Wengler, kann ich ein bißchen mitfahren?" – Herr Wengler lachte über sein braunes, verwettertes Gesicht und sagte: „Wenn du deine Schularbeiten schon gemacht hast, na, meinetwegen, ja, du kannst ruhig mitfahren. Aber du mußt noch ein Weilchen warten, bis ich die Bierkasten hineingebracht habe." – Ihr könnt euch denken, wie Fritz sich freute, ganz zapplig wurde er vor Freude.

Endlich kam Herr Wengler aus dem Hasthaus und stieg auf. „Halt dich ein bißchen fest, Fritz, jetzt gibt's einen Ruck, und falle nicht runter", sagte Herr Wengler, zog die Zügel an und der Wagen rollte an. Wie schwer und dumpf polterte er, und wie merkwürdig war es doch, so von oben auf die Pferde herabzusehen, ihre breiten Rücken glänzten so samtweich, und in einem fort hoben und senkten sie die Köpfe, manchmal schüttelten sie die Mähne und zuckten mit ihren Ohren oder mit dem ganzen Fell, das sah immer merkwürdig aus. Das gab ein Knarren der Geschirre und ein Funkeln der Messingplatten, wenn ein Sonnenstrahl darauf fiel. Schön war das alles, aber am schönsten war es, so ganz oben, auf einem solchen Wagen durch die Welt zu fahren, und die Pferde und die Kinder und alle andern Menschen von oben zu sehen. Wenn doch Mutter am Fenster geguckt hätte! Die hätte sich sicherlich gewunderte und ängstlich gerufen: „Aber Fritz, du wirst gleich runterfallen, steig ab!" Fritz würde nur antworten: „Keine Bange, Mutter, keine Bange, komm doch und fahre mit –" Aber die Mutter steht nicht am Fenster, und zwei Jungen aus der Klasse laufen auf der Straße und Fritz winkt ihnen gnädig zu. Die Jungen laufen ein Stück hinterher und wollen sich dranhängen, aber als es nicht geht, lassen sie los und rufen nun laut: „'s hängt sich einer hinten dra-a-an." – Der Kutscher lacht und knallt mit der Peitsche. Hast du schon gesehen und gehört, wie ein richtiger Kutscher mit der Peitsche knallen kann? – Die Peitschenschnur zuckt wie ein Blitz durch die Luft, links und rechts, und dann geht ein wahres Feuerwerk von Knallen los, einer schöner und lauter als der andere. Das konnte nun Herr Wengler ganz ausgezeichnet.

Nun mußte Herr Wengler wieder anhalten und Bier in einen Laden schaffen, und Fritz stieg auch ab und ging mit in den Laden hinein. Ah, er schnupperte, – in dem Laden war eine vortreffliche Luft von allerlei feinen Dingen. Vielerlei Zuckerwaren standen in bemalten Dosen und Glasbehältern, und, Donnerwetter, an einer Schnur hingen lauter Ringe von Feigen, gar nicht zu reden von den Knack- und Leberwürsten, die schwer und gewichtig von den Stangen herunterhingen. „Wer ist denn der Kleine?", fragte die freundliche Frau hinter dem Ladentisch, „was willst du denn?" – Der Kutscher lachte und sagte: „Ach, Frau Lohrengel, es ist Fritz, er ist nur mal so mit dem Wagen mitgefahren." – Und Fritz lachte die Frau so an, daß sie in einen der köstlichen Glasbehälter griff, und – o gerade aus dem mit den gefüllten – ihm eine ganze Handvoll Bonbon gab. „Danke, danke", rief Fritz und freute sich. Und nun lachten alle drei.

Der Wagen rollte an und fuhr weiter, einen kleinen Berg hoch, und die Pferde mußten sich tüchtig abmühen. Sieh nur, wie straff die braune, glänzende Haut wird und wie sie bald springen will. Wie die Hufe den Boden schlagen und klirrend niederhauen. Aber sie schaffen es doch, es sind wahrhaft ausgezeichnete und starke Pferde, die Herr Wengler führt. Es muß immer aufgepasst werden, und nun muß der Kutscher bergab bremsen, damit der Wagen nicht in die Pferde rollt.

Nun hatte Fritz noch etwas Gutes zu tun, nämlich in aller Ruhe seine Bonbon zu lutschen, aber die schmeckten!, und das Fahren machte noch einmal solchen Spaß. (Er vergaß nicht, Herrn Wengler die Tüte anzubieten, und Herr Wengler nahm auch einen aus Freundlichkeit.)

„Herr Wengler, wir müssen warten, dort steht ein Schupo und winkt", sagte Fritz, und sie mußten anhalten. Mit großem Schnaufen und Knattern kam ein großes Ungetüm über die Brücke, ein ungeheurer, langer Kasten, das war das Leipziger Auto, das keuchte vorüber, kletterte den Berg hinauf und verschwand unter lautem Hupen. „Hüh" – Herr Wengler zuckte am Zügel und weiter rollte der Wagen über die Brücke. Das war schön, so hoch oben über eine Brücke zu fahren und auf einem Kutscherbock zu sitzen. Sieh, dort unten floß die Saale, trüb und schwärzlich schimmerte das Wasser, und viele kleine und große Schaumfetzen schwammen wie Inseln, rieben sich aneinander, zergingen oder wurden größer. Und unten sah man einen hellen Streifen vom Wehr, an dem das braune, träge, tiefe Wasser mit einem Male aufgeweckt wurde aus dem trägen Lauf, hin und her und durcheinandergeworfen wurde, emporsprang, übermütig zuerst und dann verbissen, wütend tanzte, und zuletzt wurde es weiß und kochend vor Wut und sprang mit hastigen, sich überstürzenden Sätzen in die Tiefe der Trichter und trieb langsam und widerstrebend, halb vom Wehr angezogen, davon in dem braunen Bett.

Der Wagen fuhr langsam über den Neumarkt. Hier kam Fritz sehr selten hin, und darum kannte er auch die Kinder nicht, die vor der Kirche spielten und die lange Straße hinauf und hinunter auf dem Roller fuhren. Sie fuhren über eine andere Brücke, unter der auf der Seite der Teufelstümpel lag, so ruhig, still und schwarz, und auf der andern Seite die gelben, fahlen Wiesen, die überschwemmt wurden und dann ein See mit Strudeln und Trichtern waren, wenn die Saale stieg und Hochwasser kam; das wißt ihr ja noch vom vorigen Male, als das Wasser auf dem Neumarkt stand, und schon Brücken für die Fußgänger gebaut wurden.

Endlich hielt der Wagen weit draußen an einem Gasthof, an dem ein paar Bauernwagen standen, die Bauern saßen in der Wirtsstube und tranken ein Glas Bier, ehe sie nach Hause fuhren. Nun waren die Häuser zu Ende, eine Straße lief hinaus, die links und rechts mit großen, schönen Bäumen bestanden war. Und die Straße machte dann einen Bogen, wanderte nach rechts, man sah sie nicht mehr, wer weiß, wohin und wie lange sie noch in die Ferne wanderte, die Straße wurde ja nicht so leicht müde wie ein Mensch. – Das müsste schön sein, so mit einem Bierwagen auf der langen Straße zu fahren, dann in ein Dorf zu kommen und im Gasthaus sich ein wenig auszuruhen, aber das war zu weit.

Siehst du, ich war mit meinem Gedanken bei der langen, schönen Straße, und dabei habe ich vergessen, dir zu sagen, daß es nun allmählich dunkel geworden war. Eine schmale, silberne Mondsichel mit messerscharfem Rand stieg am Himmel herauf und die Sterne begannen zu blinken, denn der Himmel war noch ein bißchen zu hell. Herr Wengler brannte die Wagenlaterne an und nun rollte der Wagen langsam zurück. Nun klirrten die Bierkasten nicht mehr und die Fässer polterten leer auf dem Wagen, so ging es auch viel leichter. Und schön war es, jetzt durch die erleuchteten Straßen zu fahren. Die Läden und Schaufenster riefen mit lichter Stimme: „Bleib stehen, das mußt du dir ansehen! Das darfst du nicht verpassen!“ Aber der Wagen fuhr weiter und die Pferde wieherten manchmal. Aus einem Laden fiel ein dünner Lichtstrahl und malte auf den dunklen einen merkwürdig großen und bunten Kopf mit einer Zigarre im Mund. Der Wagen fuhr mitten hindurch, aber der Kopf blieb ganz. „So, Fritz, nun mußt du aussteigen, den ich fahre hier rechts, und du mußt links gehen. Brr –“, rief Herr Wengler. Da hielten die Pferde an. „Danke schön, Herr Wengler, das war eine feine Fahrt“, sagte Fritz und stieg ab. Er gab Herrn Wengler die Hand – was für eine große Hand hatte doch Herr Wengler – und lief davon. Seine Beine waren ein bißchen steif geworden vom Fahren, aber das ging schnell vorüber.

Wie ein Wiesel lief er durch die hellen Straßen, blieb da einen Augenblick stehen und drückte seine Nase an die nassen Scheiben, fand da eine leere Schachtel und spielte Fußball damit, aber dann lief er schon weiter, denn er dachte daran, daß die Mutter ja nicht wusste, wo er geblieben war. Endlich kam er nach Hause, aber es ging, die Mutter schimpfte nicht sehr, und dann bald nach dem Abendbrot, lag er im Bett und träumte – ratet wovon! – nun, von einem Bierwagen, mit dem er durch die Welt fuhr. Und so kamen sie von einem Land zum andren, und als er zu den Wilden kam, tranken sie das ganze Bier, und als er darüber zankte, stellten sie ihn an einem Stamm und wollten ihn schmoren. Aber das war es gerade

Zeit, daß Fritz aufstand, um sich zur Schule fertig zu machen, und so kamen die Wilden um den schönen Braten.

STURM IM HAFEN
(GENUA)

Als wir am Morgen aufwachten, trommelte der Sturm an die Fenster des kleinen Zimmers, das ein paar Stockwerk hoch über der Erde lag. Wo war er so plötzlich hergekommen, gestern war noch ein so köstlich blauer Himmel über der weißen Stadt, die Palmen wehten und wiegten sich mit leisem Brausen der Fächer. Ja, heute war der Sturm Herr über die Stadt und – über das Meer. – Ich trat an das Fenster und sah – so hoch war das Haus – die Brandung. Der Sturm warf das Meer in offener, kochender Wut an die Mauern, die ganze Linie der Küste rauchte und schwelte von dem weißen Gischt, der in Explosionen emporstieg, höher, höher, und dann niederbrach mit knirschender Stimme. Ich hatte es noch nie gesehen, gewaltig war es. – Sieh, dort draußen ist die Mole, die, in einem leisen Bogen den Hafen umfassend, in das Meer läuft. Gestern saßen wir dort auf den warmen Steinen und die Flut stieg und sank vor unseren Füßen. Und nun sieh jetzt einmal hin: Die Wellen stürzen über die Mauer, für einen Augenblick ist sie unsichtbar, und dann ist es, als zersprängen unaufhörlich Geschosse, so steigen die Gischtsäulen, die Fontänen. Nun sehen wir auch die Schiffe im Hafen auf einen Blick – wie der Rauch zerfetzt und weggerissen wird. Es tanzt alles.

Und nun gehen wir hinunter, wir wollen näher dem Sturme stehen und schauen.

Als wir aus der Tür traten, packte uns der Sturm und trug uns in schnellem Lauf vor die Feuerwehrwache. Die Leute standen in Uniform und alarmbereit da.

„Ein schwerer Sturm ist heute, Herr –"

Und so arbeiteten wir uns gegen den Sturm vorwärts, bis wir an einer Bastion, einem Vorsprung der Mauer standen, 30 Meter über dem Meer, manchmal mussten wir uns umkehren, denn der Wind warf uns den Atem in die Kehle zurück. Unsere Gesichter bedeckten sich mit einer feinen Salzschicht, wir konnten es deutlich spüren. Wir hielten uns an der Mauer fest und beugten uns vor, diesen Sturm zu sehen. Es war beispiellos, wie zornig das Meer war. Es packte die Steine, die unten lagen, und schleuderte sie an die Mauern, und jedes Mal, wenn eine Brandungswelle zurückstürzte, gab es ein schleifendes Knirschen der Steine. Der Gischt der Wellen wehte über die Mauern, und zuweilen fand eine Welle den Weg über das Dach eines Schuppens, der unten lag, und die Leute brachten sich eilig in Sicherheit. – Das Meer war mit weißen Schaumköpfen überzogen, die in langen Reihen hintereinander herstürzten. Die Küste war unsichtbar.

Da sahen wir, wie langsam am zerwühlten Horizont eine Rauchfahne emporstieg, unsichtbar wurde und dann ein wenig größer näher rückte. Ein Dampfer kam. Lange dauerte es, ehe der Rumpf sichtbar wurde, und dann sahen wir auch die zwei Schornsteine und zuletzt den dunkeln Schiffsleib. Der Dampfer kämpfte sich heran, er stieg und sank, er neigte sich seitwärts und schüttelte die Wassermassen ab, die über seinen Bug stürzten. Dann lag er still und sandte einen langen, gellenden Schrei in den bewegten Hafen. Die Sirene heulte; was wollte das Schiff? – Ein Lotse sollte kommen, denn vor dem Hafern sind scharfe Klippen, manchmal werden sie ein wenig sichtbar, dann sind sie von Wasserbergen überströmt.

Der Dampfer lag still. Aber er tanzte auf und nieder, er zitterte vor Ungeduld und Zorn, so dem Meere ausgeliefert zu sein. „Der Lotse", schrie die Sirene. Und nun hättest du sehen sollen, wie an diesem Tage der Lotse seine Arbeit tat.

Siehst du nicht die Barkasse, schwarz wie ein Teufel, die zwischen den Zollgebäuden hervorkommt? Es sind wohl drei Mann drauf, – kaum ist das Boot im Hafenwasser, wird es gepackt, aber es wühlt sich vorwärts – Schritt für Schritt, die Wogen überrollen es, es schüttelt sie ab, taucht empor, es stürzt in die Abgründe, und du meinst – ja, da ist es wieder – es ist ein guter und zäher Renner, es ist dem Tode um ein paar Schritte voraus. Nun aber beginnt das Spiel, als das Lotsenboot aus dem Schutz der Hafenmauer kommt. Nun sind es die Wellen des offenen Meeres, die es packen und hinwerfen und zerreißen möchten. Es ist fast merkwürdig, mit welcher Sicherheit dieses winzige Boot seinen Weg nimmt und nach einer langen Zeit den Dampfer umkreist. Es steigt mit einer Welle bis zur Höhe des Dampfers, es stürzt schwer nieder und liegt im Tal. Wir sehen nicht, wie der Lotse an Bord kommt, aber er ist oben. Der Dampfer heult, er beginnt vorwärts zu stampfen, und das Lotsenboot huscht voraus, zurück zum Zollamt.

Sieh, nun kommt der stolze Geselle in den Hafen, kannst du nicht seine Fahnen erkennen – ja, das Sternenbanner Amerikas flattert, und daneben ist die grünweißrote Fahne Italiens. Nun ist er in Sicherheit, nun kann er ruhig vor Anker gehen. An diesem Tage fährt der Lotse noch fünfmal hinaus, und der Sturm ist derselbe, und das Meer wartet darauf, ihn zu holen.

Nun taucht ein Segler auf; die Segel sind zum Platzen gefüllt – wie er dahinjagt. Er gräbt sich in die Wellen und wirft sie beiseite, er richtet sich auf, als kniete jemand auf dem Rücken. Hier haben die Fluten ein gutes Spiel, aber der Hafen ist da. Ein unhörbares Kommando, da rauschen die Segel nieder und der Segler, den der Sturm an der Küste packte, fährt in den Hafen ein. Gott sei Dank, sagen die Matrosen, da ist der Hafen, gegrüßt ihr vielfarbigen Häuser an den Bergen, gegrüßt Zypressen, da ist der alte Leuchtturm und die Mole, gegrüßt alles, wir sind im Hafen.

An das Ausbessern denkt keiner, schlafen müssen sie, das Meer machte sie schlaff und der Sturm nahm die Kräfte, als sie in die Segel steigen mußten.

Viele Segler, viele Dampfer kommen an diesem Sturmtage in den Hafen, wir stehen noch immer auf der Mauer, unsre Augen brennen, aber wir starren weiter auf dieses Toben und den Tanz des Meeres, wir sehen die Rauchfahne am Horizont größer werden, dann wühlt sich der Dampfer heran und liegt vor den Klippen still, schreit mit der Sirene nach dem Lotsen. Der kämpft sich hinaus und führt das amerikanische, deutsche, holländische und französische Schiff in den Hafen. Es kommen Segler, an denen ein Segel in Fetzen um den Mast hing, und das Schiff war froh, als er sich zur Ruhe legen konnte. Es kamen andere, die flogen mit der vollen Macht ihrer braunen Segel, und es war ein wunderbarer Anblick. Vielleicht aber kämpften in diesem Augenblick an den Sturmküsten kleine und große Fahrzeuge mit dem rasenden Meer und mußten das Rennen aufgeben und alle Hoffnung. So sanken sie in die Tiefe und alle Matrosen, die in den Segeln hingen.

Ein Dampfer fährt hinaus, ein großer, schlanker Kasten, und die englische Fahne steht steil im Winde. Was tut ihm der Sturm; er wandert seinen Weg unbeirrbar nach Indien. Die Sirene ruft dem Hafen einen Gruß zu. – Und dann gleitet er hinaus, die italienische Flagge, die Fahne des Hafens, sinkt. Bei aller Not und aller Sorge um diese tobende Meer haben wir keinen Wunsch als den, mitzufahren, dem unbekannten Meer entgegen, das wir von der Mauer sehen.

Der Sturm dauert fort, er knirscht an den Ketten der Dampfer, er braust über Hafengebäude und Mauern in die Stadt, die sich die Berge hinaufzieht.

Wenn es dunkel wird, wacht der schlanke Leuchtturm auf und spricht stumm und deutlich in die Nacht.

Die roten Lichter an der Mole funkeln, und grün blitzt es dreimal in der Minute vom Zollamt. Überall an der Küste fangen die Lichter an zu rufen, die ganze Küste spricht Rettungsworte, und Sturm und Tod werden gebändigt.

DIE STADT DES MARMORS
(CARRARA)

Ich stieg höher hinauf, an vielen Marmorbrüchen vorüber, und ging mit einem Buben, der drei Maultiere hochführte auf dem schimmernden Gestein. Sie brachten Wasser und Essen und stiegen leichtfüßig empor, ohne zu fallen.

Ganz oben, aber noch längst nicht auf der Spitze des Berges, blieb ich ein Weilchen bei einem Marmorbruche stehen, kletterte eine Wand empor und sprach ein wenig mit einem Arbeiter, der am Seil hing, in der Luft schwebend, mit einem Fuß, arbeitete und Felsstücke abhackte, die auf dem Platze zersprangen. Der Lohn ist gut, sie arbeiten sechs Stunden, aber die Arbeit ist schwer und für die Lungen nicht gut. Dann traf ich unten auf den Herrn des Marmorbruches, einen freundlichen, schwarzhaarigen Mann, er ließ mir ein paar Stückchen von diesem schönen, weißen Marmor von einem Arbeiter zurechthauen und schenkte sie mir. Aber ich mußte sie später bis auf zwei wieder wegwerfen, sie hinderten mich so sehr. Dann sagte ich: Lebt wohl – addio – und kletterte wieder hinunter, vorüber an vielen Marmorbrüchen, die schon seit Jahrhunderten denselben Familien gehören und sie reich machen.

Ich kam auch an der Steinsäge vorüber, und der alte Mann gab mir ein herrliches Stückchen schwarzen Marmor. Ich war bald einen ganzen Tag da oben gewesen. – Ich beeilte mich nun, wanderte aus Carrara heraus und kam zu einem alten Bauern, der mich freundlich aufnahm, und seine Frau und seine Tochter waren es auch. Ich saß mit ihnen am Tische und aß gebratene Fische. Danach saßen wir vor dem Hause und ich erzählte ihnen von meinem Besuche in Carrara. Sieh, dort lag es am Fuße der weißen Berge. Immer noch schimmerte es weiß und ich sah noch fein und zart die Schutthalden, die wie weiße Ströme den Berg hinunterliefen und nun in der Sonne ein wenig anfingen zu glühen und dann immer mehr, und zuletzt waren es alle weißen und schwarzen Marmorbrüche und endlich die ganze Kette der Marmorberge, die leuchtete und strahlte und dann in die blauer, hellbesternte Nacht hinunterstieg. Wir sprachen von dem Marmor. Die Berge sind unerschöpflich, schon seit Jahrtausenden kommt der Marmor von diesen Bergen. Die Triumphbögen der Römer, die Bäder und Säulen der Paläste, die Standbilder und Denkmäler waren aus diesen wunderbaren Steinen hergestellt. Und heute noch kommt ein weißer Strom von Carrara, eine ganze marmorne Welt, überall in Deutschland, Frankreich, England. – Wir saßen lange da und erzählten von den weißen Städten Italiens, von Venedig, Genua, Florenz, Rom. Neapel. Dann gingen wir schlafen. Am nächsten Tage wanderte ich weiter, ferner wurden die Berge, die weiße Stadt Carrara versank, und endlich waren noch die Spitzen zu sehen, immer noch weiß, als wäre Schnee auf sie gefallen.

Die Marmorstückchen nahm ich mit, und nun liegen sie auf meinem Tische neben andren Steinen, seltsamen und schönen.

Manchmal, wenn ich sie in die Hand nehme, wandere ich in Gedanken hinunter zu den Marmorbergen und stehe da mit Arbeitern und spreche mit ihnen und bin verwundert über die weißen Berge.

SPIELLEUTE, SCHWÄNKE, HELDENLIEDER

Ich habe da ein merkwürdiges Bild vor mir, es springt einem vor Fröhlichkeit und buntem Lärm entgegen. Was ist denn drauf zu sehen? – Es ist eine Schenke mit einem alten Tor, und auf den Bänken, die unter der Last beinahe zusammenbrechen, sitzen wackere Leute und zechen. Und wie zechen sie! O, einer läßt sich das schäumende Bier so geradenwegs in die Kehle laufen, das ist eine Freude, und einer ist beim Knödelessen, der stopft in seine Kehle alles hinunter, was er nur will, wie groß auch die Fleischstückchen sein mögen, der Schweiß steht ihm in Tropfen auf der Stirn, was macht es, und wie schmeckt es doch! Zwei heben deckelklappernd ihre leeren Krüge und rufen: He, he!, nach dem Wirte. Der kommt schon, und seine dicke Geldbörse am Gürtel ist doch schon prallvoll. Der Schenkjunge muß hinunter, hinauf, und aus dem Keller das gute Bier holen. Mehr, mehr, rufen die Schnauzbärte auf den Bänken, bei Gott, es ist ein Leben! Dazu stehen die Pferde an der Straße und die Straße mit den wehenden Birken führt in eine köstliche Weite. Aber halt! Da habe ich einen vergessen, einen, der sehr schuld ist an dieser Fröhlichkeit der Leute, der sitzt in dem offenen Fenster, ein schlanker, junger Bursch, einen Schmiß im Gesicht, sprühende Augen, die Beine übereinander geschlagen, eine Laute im Arm, er spielt, er singt. Und wie ist er angezogen, bunt, ein zerschlissen Wams. Derbe Wanderschuhe. – Und was singt er? Wer ist er? Wer sind die Leute auf den Bänken mit den Schnauzbärten, mit den festen Kettenhemden und Dolchen und Degen? Ja, das ist ein Spielmann und das da sind Troßknechte, die einen Wagenzug geleiten nach der Stadt.

Nun wisst ihr auch, welche Zeit auf diesem Bilde lacht und trinkt und ruft, so zum Mitlachen und Mitsingen. Ich meine, das ist vor achthundert Jahren so gewesen. Wißt ihr, wie es da in Deutschland aussah? Keine Eisenbahnen, keine Telegraphenstangen, keine Fabriken, nichts von Sägemühlen und dem blitzenden Auf und Nieder der Sägemesser. Nirgends wehten die Rauchfahnen der großen Werke, keine Autos, keine Motorräder, nichts, nichts, was für eine friedliche, ruhige Zeit war es dann doch. – Friedlich? Bewahre. Da lagen die Burgen über dem Lande, da saßen Ritter in den dunkeln Sälen oder ritten auf gute Beute. Schmale Pfade führten durch die dichten Wälder, und auf ihnen zogen die schweren Wagen der Kaufleute. Briefe? Post? Nicht dran zu denken. Ja, wie erfuhren die Leute auf den Dörfern, in den kleinen Städten etwas von den Dingen der Welt? – Nun, denkt wieder an den lustigen Burschen auf dem Bilde. Der Spielmann, dieser junge Wildling und hunderte seinesgleichen waren die Boten. Es war ein Geschwader von losen Kerlen, manche von den hohen Schulen entlaufen. Was mochten da für Geschichten vorgegangen sein, sehr wohl, hoher Lehrer, nun nahmen sie eine Laute und wanderten, sangen alte und neue Schwänke, fanden da ein Heldenlied. Wo sie hinkamen, da lief das Volk zusammen, sie überschrien auf den Messen und Märkten das Gewühl, sie saßen in den Schenken und gaben die tollen Schwänke zum besten. Dann sangen die Besten unter ihnen auf den Burgen und berichteten von den alten, grauen, halbvergessenen Heldenmären, mancher war wohl ein Dichter, ein Poet und flocht hie und da einen Vers ein. Am nächsten Tage saßen sie an einer Wegkreuzung, was wußten sie doch für dumme Streiche, von dummen Menschen, immer sprühten sie von guter Laune, schwindelten, erdichteten Lügenmärchen, erzählten von Heiligen und Rittern, von Brand und Tod und großen Schlachten. Und in das Lachen sangen sie mit warmer Stimme ein altes Liebeslied, wer hatte es gedichtet, niemand, ein Vergessener, sie selbst vielleicht, und rührten damit die Herzen. Seht ihr nun unseren Burschen im Fenster wieder, er ist einer von den Spielleuten, er ist so der Sänger von tausend Mären, von neuen Ländern, die noch unentdeckt sind für die meisten, denn wer kann um jene Zeit nach Welschland reisen? Einer, der Zeit hat, viel Zeit.

Nun hat Hartwig, der Fahrende, seine Freunde, die Troßknechte, verlassen, lebt wohl, gute Freunde, Glück zur Reise, er hat ein Pferd, so reitet er auf die Ferne zu.

Es ist Feierabend in dem Dorf. Am Tage waren die Leute auf den Feldern, sieh, nun ist das Vieh gemolken, nun sitzen die Leute auf den Schwellen und sehen so in den Himmel hinaus, wie warm ist der Abend noch, und die Kinder tanzen noch einen Frühlingstanz. In dieses Dorf reitet Hartwig ein. Himmel, was wird das ein Leben! Freilich kennen sie alle Hartwig noch, den Jungen, der ihnen im vorigen Jahr von Ungarn erzählte, sie wissen genau, wieder mit dem Strudel auf der Donau war und dem kleinen, schwarzen Volk. Also Hartwig ist da, willkommen, willkommen, Hartwig. – Und nun sitzen sie alle am Brunnen. Das Wasser fällt mit weichem Silberschlag in ein Becken. Und Hartwig sitzt im Kreise, ach, wie viele Kinder liegen zu seinen Füßen, alle hocken sie da. Nun, Hartwig, ein Jahr ist vergangen, seit du uns verließest, nun erzähle, berichte, singe. – Das müsst ihr sehen, wie still es jetzt ist. – Gott, was kann der Hartwig erzählen. Also ein Lied von dem großen Brande in Regensburg? – Singe, ja. – Singe weiter, aber vergiß den Becher nicht zu leeren, deine Kehle wird zu trocken sonst vom Singen.

Singe vom Herrn Papst in Rom, meint der alte Bauer, – nicht so, singe vom Kreuzzug gegen die Heiden, ruft ein Junger. – Und Hartwig singt und spricht von den Söhnen der Bibel, also von Simson und seinem Weibe, von David, dem schlanken und klugen Hirtenknaben. Das ist für die Kinder, für die Kleinen, o, schön kannst du erzählen, Hartwig. Ja, die Kleinen schlafen nun bald ein, aber die Großen haben nicht genug, alles soll er erzählen. Wie sind sie dabei, wenn sie vom heiligen Franz hören und danach vom Münster in Köln, was lachen sie, wenn er von zwei Liebesleuten erzählt, wie sind sie traurig, wenn er von San Pietro in Rom und den glücklichen Wallfahrern spricht. Ob sie nun einen Schwank hören wollen, einen recht lustigen, von einem Bauern. – Aber ja, Hartwig, erzähle. Wir wollen hören, fange an. Und Hartwig nimmt einen guten Schluck und erzählt von dem rasierten Bauern, von Bauern, klugen und dummen, von Schildbürgern, recht so, recht so, was gibt es doch für dumme Menschen, sagen die Leute. –

Und wenn es nun ganz dunkel ist und die Sterne durch das Laubwerk flimmern, der Himmel weit und dunkel geworden ist, da singt Hartwig ein andres Lied, ein ernstes. Ein dunkler Klang rauscht auf aus der Laute und aus den verschlungenen Tönen steigt eine alte, schwebende Melodie auf, nun beginnt des Mannes Stimme darein zu tönen mit warmem Klang. Stille doch, was singt er, daß die Leute so stille sitzen und glänzende Augen haben? – Er singt von den Nibelungen, von einem klaren Quell im Odenwald, an dem ein königlicher Held ins Gras sank, von einen schwarzen und finstern Helden Hafen und einem hellen, freudigen Sänger Volker. Die letzte Wacht hielten sie, und danach gab es einen blutigen Waffentanz, lachend und ungebrochen waren die Helden in den Tod gegangen. – Das singt Hartwig dem Volke, das klingt seine tieftönige Laute. – Totenstill verharren sie und atmen bedrückt. Ja, Leute, wollt ihr noch etwas von dem König Rother hören in Byzanz, und von der wunderschönen Tochter des Kaisers Konstantinus? Eine neue Mär aus dem Osten! Ja, singe, Hartwig.

Um Gott, wie spät ist es doch geworden, was haben wir lange gesessen und von der Welt gehört! Da wachen die Leute auf aus dem schönen Traum. Aber, hört, Hartwig, morgen abend müßt ihr weiter erzählen. Was seid ihr für ein Tausendsassa! Gute Nacht. – Hartwig schläft in der Schenke, der Wirt hat ihm ein Nachtlager gegeben. Ja, nun sitzt er allein vor dem Brunnen, die Linde rauscht, das Wasser fällt hernieder, die Nacht rauscht, die Leute haben es doch gut, nun können sie in ihrem Haus schlafen, haben ein kleines Glück, ich bin ein Wandrer, einer, jedem lieb, wenn er kommt, gleichgültig, wann er geht. Eccola, so ist es; allein sitzt Hartwig am Brunnen, gleitet ein wenig und leise über die Saiten, und aus der Tiefe seiner Schwermut steigen ein paar Verse auf, er sinnt ein wenig, er singt dann leise sein neues Lied. Ja, morgen will er es den Leuten singen, freuen werden sie sich. Und dann, nicht einmal gesäumt, weiter gezogen, wie groß ist die Welt.

ALTE SCHWÄNKE

1. Die Ferkel

Ein paar Leute, recht arm, die ihr Leben mit kleinem Gewinne hinbrachten, lagen einmal am Fenster und sahen die Gasse auf und ab kleine Ferklein laufen. Dem Mann gefielen die kleinen Tierlein so wohl, daß er sprach: „Lug, meine liebe Hausfrau, sind das so hübsche Tierlein! Wären sie unser, so wollte ich sie zum Hirten treiben, damit sie sich an die Herde gewöhnten." – „Ein Dreck!" sagte die Frau, „sie sind noch viel zu klein; sie müßten daheim bleiben." – „Sie sind zu klein", sprach der Mann, „sie müßten zum Hirten!" – Die Frau widersprach: „Sie sind zu klein und müßten daheim bleiben." – So redeten sie stets gegeneinander, so daß sie es nicht mehr aushalten konnten; sie standen auf und schlugen tapfer aufeinander, bis sie beide nicht mehr konnten – und hatten dennoch keine Ferklein.

2. Die Hasenjagd

Ich weiß nicht, ist es ein Schwabe oder ein anderer deutscher Landsmann gewesen, der einmal von einem Hasen hübsch angeführt worden ist.

Es hatte nämlich ein lang anhaltender Regen die Gegen so sehr überschwemmt, daß fast alles Wild in den Niederungen zugrunde gegangen. In dieser Not hatte sich ein Häslein schwimmend auf einen Weidenbaum gerettet, der noch aus dem Wasser hervorragte. Das sah ein Bauer von seiner einsamen Hütte aus, und er dachte sich: Der Hase wäre doch mehr geborgen in seiner Küche als dort auf dem Baume, wo er ohnehin zuletzt doch versaufen oder verhungern müßte. Also zimmerte er ein paar Bretter zusammen und ruderte damit gegen den Weidenbaum zu, um den Hasen zu fischen. Der aber mochte dabei auch seine Gedanken und Pläne im Kopfe haben, wie sich's aus der Folge ergeben.

Denn, wie nun der Bauer anfuhr und sich an den Zweigen hinauf hob, ersah sich der Hase den rechten Augenblick und sprang über den Bauern hinweg auf das bretterne Fahrzeug, das, durch den Aufsprung in Bewegung gebracht, nun fortschwamm, wohin es das Wasser führte. Beim nächsten Hügel, wo es anfuhr, sprang der Hase aufs Trockene und dankte, wie es schien, seinem Erretter mit einem allerliebsten Männle. Der Bauer aber säße wohl noch auf dem Baume, wenn ihn nicht die Nachbarn heimgeholt hätten, die ihn nun ob seiner Hasenjagd brav auslachten.

3. Der rasierte Bauer

Ein Mönch, ein Bauer und ein Barbier trafen einmal auf der Reise zusammen, sie kamen gegen Nacht miteinander in ein Wirtshaus, und als man schlafen gehen wollte, sagte der Barbier: „Hört einmal, liebe Freunde, es sieht mir hier sehr verdächtig aus. Wenn wir nur nicht diese Nacht überfallen werden!" – „Ja", sagte der Mönch, „mir ist auch gar nicht wohl zumute hier; aber was sollen wir machen; wir können doch nicht die ganze Nacht wachen, wie sind ja alle drei hundemüde." – Da antwortete der Barbier: „O, dafür weiß ich Rat. Einer von uns dreien muß wachen, während die andern schlafen, und da werden wir losen, wer von uns der erste, der zweite und der letzte sein soll."

Damit waren der Mönch und der Bauer einverstanden, und nun wurde gelost, wonach denn der Barbier zuerst, nach ihm der Bauer und zuletzt der Mönch wachen sollte. Der Barbier wachte mir aller Treu, währenddessen seine beiden Reisegefährten wohlig schnarchten. Endlich, nachdem er alles getan, um sich munter zu erhalten, und die Langeweile zu verscheuchen, schnallte er sein Felleisen auf und langte sein Schermesser und übriges Handwerksgerät heraus, seifte den Kopf des schlafenden Bauern ein und schor ihm eine Platte, wie die des Mönchs. Als nun seine Zeit verflossen war, da stieß er den Bauern in die Seite und rief: „Auf! Auf! Nun ist die Reihe an euch!" Der Bauer erwachte, und als er schlaftrunken und aus Gewohnheit nach dem Kopfe fasste und keine Haare fand, ward er böse und rief: „Was doch der Barbier für ein dummer Kerl ist; da soll er mich wecken, und da hat er den Mönch geweckt."

NOCH EIN PAAR SCHWÄNKE

1. Die angebundenen Steine

Ein Handwerksbursche kam an einem Morgen, da es scharf gefroren hatte, ins holländische Gebiet und wurde von einem Kettenhund so heftig angefallen, daß er sich auf seinen Stock allein nicht verlassen konnte, sondern auch noch einen Stein aufheben wollte. Zu seinem großen Verdruß war aber der Stein angefroren, und der Hund biß ihn ins Bein. „Verrücktes Land“, rief er, „wo die Hunde losgelassen und die Steine angebunden werden.“

2. Unverschämtheit und Strafe

Ein Edelmann ging mit einem Mönch über das Feld. Als sie an einen Ort kamen, wo der Steg, der über einen Bach führte, weggenommen war, bat der Edelmann den Mönch, er möge ihn, weil er ja doch barfuß ginge, hinübertragen. Der Mönch ließ das geschehen, wie sie aber mitten in den Bach kommen, fragte der Mönch den Edelmann, ob er auch Geld bei sich habe. Er antwortete: „Ja!“ – „O!“ sagte der Mönch. „Geld ist mir zu tragen verboten“, und setzte den Edelmann mitten in den Bach.

3. Der Merkzettel

Es war einmal einer, der hatte eine fromme Frau, die hätte gern alles getan, damit sie in gutem Frieden mit dem Manne leben konnte, aber sie konnte ihm nichts recht machen. Da sprach sie zu ihm: „Lieber Hauswirt, schreib mir auf einen Zettel, was ich tun soll, damit ich es recht mache.“ Der Mann tat es. –

Da fügte es sich, daß sie miteinander auf eine Kirchweih gingen in ein Dorf zu ihren Freunden, und da waren sie guter Dinge. Der Mann lud mehr Wein, als er tragen konnte, und wurde betrunken. Da sie nun heimgehen wollten, mußten sie über einen Steg über ein Bächlein. Der gute Mann fiel vom Steg und schrie: „Hausfrau, komm mir zu Hilfe!“

Die Frau sprach: „Ich will geschwind heimgehen und lugen, ob es auch auf meinem Zettel steht, daß ich dir helfen soll!“

Als ihm das Wasser ins Maul ging, da kroch er selber heraus, und da er heimkam, zerriß er seiner Frau den Zettel und sprach: „Tu selber, was du meinst, daß es recht ist!“ Und jetzt lebten sie wohl miteinander.

4. Überlistet

Zu Straßburg war Verordnung, daß kein Barbier für das Bartscheren mehr nehmen sollte als einen Straßburger Pfennig. Es fügte sich, dass ein Bauer zu einem Scherer kam und fragte: „Meister, was gibt man, einen Bart zu scheren?“ – Der Barbier sprach: „Einen Pfennig.“ – Der Bauer sprach: „Könnt ihr mich denn nicht für einen Heller scheren?“ – Er sprach: „Ja!“ Der Bauer setzte sich nieder. Da schor ihm der Barbier den Bart nur halb und tat das Schertuch ab und sagte: „Fahr hin, das ist für einen Heller geschoren.“ Der Bauer sprach: „Der Bart muß auf der anderen Seite auch ab!“ – „Da sprach der Barbier: „So müsst ihr mir noch einen Heller geben!“ So machten zwei Heller einen Pfennig.

LANDSKNECHTSLIED – AUS DEM DREISSIGJÄHRIGEN KRIEGE

Es geht wohl zu der Sommerszeit, der Winter fährt dahin;
manch kühner Held zu Felde leit, wie ich berichtet bin.
Zu Fuß und auch zu Pferd, wie man nur ihr begehrt;
ganz munter besunder die beste Reiterei,
ein’ ganze werte Ritterschaft, Fußvolk ist auch dabei.

Auch sind viel schöner Stück im Feld wider des Feindes Heer,
wir alle halten Schutz, ich meld, und legen ein groß Ehr;
greifen den Feind stark an, da sieht man manchen Mann

mit Schießen, mit Spießen ritterlich fechten frei.
Uns kommt zu Hilf also geschwind die löblich Reiterei.

Wenn dann der Feind geschlagen ist, zeucht man dem Lager
zu;
sieht man, was übrig ist zur Frist und hat dieweil kein Ruh.
Es geht das Klagen an, wo blieb doch mein Gespan?
Begraben! Sie haben ihn funden tot allein.
Hilft nichts, es ist einmal gewiß, es muß gestorben sein.

Die Heere hatten sich einander genähert, und an einem Februartage waren sie zusammengestoßen. Sie verkrallten, sie verbissen sich ineinander, schwer und lärmend stand eine Wolke über der Schnee-Ebene, aus ihr kam der Hall der Musketenschüsse und Kartaunen, der Zusammenprall der Reiterregimenter, Ruf, Geschrei, und unaufhörlich Schüsse.

Nun war die Nacht gekommen, eine Winternacht wie viele vorhergehende, mit hellem, wehenden Himmel, der eilig in den dunklen Osten sank; der Mond stieg gelb in die Ebene, stumm schwebte er und in glasiger Rundung über dem zerwühlten Land. Da erst hatten die Heere sich gelassen, die Schwadronen waren zurückgejagt, gesunken die Standarten, erloschen die Flintenschüsse. Ein blutiger Feierabend, morgen würde die Flamme noch höher steigen, noch mehr Menschen fordern.

In der Dunkelheit schimmerten die Schneefelder, – waren sie nicht wie ein Tisch, darauf der Tod eben sein Mahl beendet nach einem ganzen, schweren Tage? Noch immer wanderte er über die Felder, – wenn ein Flintenschuß klang, sprang der Tod einem Verirrten von hinten auf den Rücken, der wollte schreien, riß den Mund auf, keinen Laut brachte er hervor, so fest umkrallte der Tod die Kehle. Er lächelte über das Wimmern, das aufstieg von den Feldern, und stieg langsam in das Lager des kaiserlichen Heeres, das am Hügel lag, vielleicht fände er da und dort noch einen Verwundeten, der in Schmerzen nach ihm schrie.

Da lagen die Wachtfeuer, ein höhnischer, kalter Wind riß und zerrte die Flammen auseinander, immer drohten sie zu erlöschen, aber dann waren sie doch noch da, und das Heer wärmte sich an den winzigen Flammen und hütete sie. Auf der andern Seite der Ebene glühten tausend andre Lichter zitternd und begehrend wie Raubtieraugen. Die Heere ruhten in der schweren Nacht. Still war das Lager, alle Geräusche ertranken in der Nacht, das Zittern der Pferde im Kreis der Karren, Klirren der Ketten und der Schlag des Fahnentuches an einer nassen Stange, das sich mit flackerndem Schatten in den Himmel warf.

An einem der tausend Feuer des Lagers lagen Landsknechte, in Decken, in Mäntel gehüllt, Deutsche, Franzosen, Tschechen. „Eine böse Nacht wird es werden", sprach einer halblaut, wer sollte zuhören – nur damit etwas gesagt wurde. – „Eine böse Nacht, ein verdammter Feldzug im Winter. Reut mich fast, daß ich zu den Kaiserlichen gegangen bin." – Schweigen. – Die Flammen zischen an dem nassen Holz entlang. Die Männer starren in die roten, glühenden Scheite, was sehen sie, was kann man im Feuer suchen? – Sie gehen in Gedanken den Tag zurück, der begann, als sie in der grauen Kühle des Morgens in langer Linie standen, eine stählerne, lachende Mauer, der Obrist auf dem Flandernhengst, ein Schrei war über das Feld geflogen: „Her! Her!", der Schlachtruf, und sie waren in den Nebel geritten, die Standarten schrien nach dem Qualm, und der Oberst vorn – der Oberst? Der lag da unten auf dem Feld, wer weiß es. Die Augen wandern in Gedanken die Linie entlang, wie? – Da ist eine Lücke, und siehe da, und immer mehr, es fehlen der kleine Franzose und der Ungar – wie viele es sind, kann niemand sagen, morgen geht es weiter. – Sterben hin, sterben her, Gevatter Tod, nur rasch, nur schnell, das ist dann noch eine Gnade ... Sie denken.

Ein paar Schüsse fallen. Die Männer horchen, es sind die Tschechen von der Feldwache. Alte und Junge sind an dem Feuer, manche sind fünf, zehn Jahre im Heere, in irgendeinem, heute hier, Herzbruder, dann auch einmal dort. Was war eine verlorene Schlacht, morgen gibt Frau Fortuna ein großes Glück! – Jetzt aber sind sie müde, ihre Herzen flackern so klein und verdrossen wie das Feuer. Die Wämser zerrissen, der Wind fällt über sie, es macht ihm Spaß, einen Weg zu den Wunden zu finden und sie aufbrennen zu lassen. Ein paar Junge liegen dabei, die einmal von zu Hause fortliefen. – Teufel, was ist der Wind kalt. –

„Nun währt der Feldzug schon zwanzig Jahre", sagt ein Alter, „nimmer ist ein End abzusehen." – „So ist der Krieg anfangen, als ich geboren wurde", wirft ein Junger ein, „Friede! Was ist Friede?!" – Schweigen. Das Gespräch flackert so schwer wie das Feuer. Der Rauch umhüllt sie und presst das Wasser aus den Augen. Einer wirft eine Frage in die Stille: „Wo ist Georg?" Ja so, der ist nicht da, hat ihn keiner gesehen, weißt du es nicht? So, nun haben sie ein Ding, darüber sie sprachen können, sich erwärmen. Der Georg ...

Ein verwetterter Bursche erzählt von ihm: „Ein toller Busch, achtet nichts, ist wild, ungebärdig, ich bin, meiner Treu, drei Jahre mit ihm geritten. Eines Tages liegen wir mit der Schwadron in Mainzer Gebiet. Fragt er mich: „Franziskus, hast du Zeit, zwei Stunden mit mir zu reiten, ich bin hier daheim, will mein Haus sehen?" – „Ja, Herzbruder, immer habe ich Zeit", wir hatten ein so faules Leben. Ritten wir eine Stunde durch qualmendes Land, nichts von Dörfern, kein Mensch, doch, blöde Bauern in den Haufen von Dreck und Stein. Wir ritten. „Sind wir bald da in deinem Dorf?", frag ich. Er lächelt. „Bald, Franziskus, wenn wir die Höh gewonnen haben, werden wir es sehen!" – Wie wir oben sind, sehen wir eine Öde vor uns. Wir reiten langsam hinunter. „Ist dein Dorf nicht bald da?" frag ich, „Herzbruder, ist dein Haus noch weit?" Da schaut er mich an, sagt: „Das ist es, das ist es", und lächelt; Santa Maria, lächelt. Was für ein Lächeln doch! – Wir reiten weiter, ich halt mich ein wenig zurück, lasse ihn vorausreiten; er starrt, na, was ist da noch zu sehen, Baumstümpfe, Hausbalken, räudige Hunde. Beugt sich mein Gesell vom Pferd und starrt auf den Boden, sieht danach mich an und sagt: „Franziskus, hier stand es", – richtet sich ganz auf, kalkweiß, wendet seinen Gaul, reitet davon, schnell, schnell, wir reden kein Wort, bis wir in unserm Lager ankommen." – Schweigen. „Wir sind alle so arme Teufel." – Da fällt ein Schatten über das Feuer; da sied aufschauen, ist er es, von dem Franziskus gesprochen. „So bist du auch gut über den Tag gekommen?" – „Mein es, ein schwerer Tag." – „Aber wie seid ihr ernst, Kameraden, das taugt wenig für morgen: Hol die Laute, Sebastian, ich will euch erwärmen." – Ja, da ist die Laute, Sebastian hat sie aus dem Marketenderzelt geholt. „So hört, Kameraden, als Friede war im deutschen Land, sang man diese Weise: Herzlich tut mich erfreuen ..." Fein und duftig schwebt die Melodie über dem Rauch – die Soldaten sinken langsam zusammen, – schweigen. – „Ein ander Lied, Kameraden, hab die Verslein vorhin gefunden auf der Wacht, ein Lied für uns, sind ja doch Reitersleut' – nun aufgerissen die Herzen der neuen Landsknechtsweise." Wie stählern und hart klingen da die Saiten, das klingt nach Marsch, Herzbruder, die Standarten wehn, die Lanzen wachsen in die Sterne ... Nun hört, Gesellen: „Es geht wohl zu der Sommerzeit ..." So singt er mit heller Stimme, – wie kommt das daher in gewaltigem Hauf! – Die Reiter traben in den Frührauch, am Abend ist die Schlacht zu Ende. Höre, nun klingt die Laute zart und leis, ein stiller Notruf, eine stumme, männliche Trauer: Wo blieb doch mein Gespan? – Sterben hin, sterben her, nur rasch, Gevatter

Tod, nur schnell, gib mir diese Gnade. – Langsam, schreiten die Klänge dahin, tauchen unter in eine dunkle, samtene Wiese ... So, ist die neue Weis' ... Er singt den ersten Vers noch einmal, da fallen sie zagend ein, beim zweitenmal klingt es, – nun ist ein neues Lied entstanden, wird morgen klingen ... greifen den Feind stark an ...

Stille. Die Gesellen schlafen, der höhnische Wind zerrt ohnmächtig am Feuer. Der Sänger sitzt da, der Schatten der Standarte fällt schwankend über den harten Boden, zuweil bewegt sich einer der Männer unruhig im Schlaf. Ein Schuß – nein, was tut der – der Schlaf überwältigt ihn, er legt sich an das Feuer, ein unruhiges Gesicht huscht durch seine Gedanken, ja, wie war das doch – in der Ebene hatte er nach einem Kameraden gesucht, lange, hatte ihn gefunden, die Nascht hatte eine zarte Eishaut über ihn gelegt. – Der Tod? – „Hilft nichts, es ist einmal gewiß, es muß gestorben sein."

Er sinkt zusammen, die Saiten geben einen verlöschenden Klang, die Fahne schwankt, die zarten Feuer glühen, die Heere schlafen.

IM APENNIN

In sanftem Bogen zieht sich mitten durch Italien der Apennin. Will der Reisende nach den Städten der Westküste, nach Genua, will er die Marmorbrüche von Carrara besuchen, oder nach Florenz, einmal muß er das Gebirge überschreiten, das heißt, die meisten fahren mit der Bahn einen halben Tag, dann sind sie in Genua. Spezia, Florenz, nun können sie stundenlang den brausenden Hafen sehen, die kühlen, weißen Schuttströme von Carrara, den wundervollen Ratsplatz von Florenz mit den schimmernden Standbildern. –

Wir lagen am Meer, heute wie viele Tage vorher, auf einer Klippe, warm, braun, die weit in das sonnige Meer hinauslief und draußen die Brandung empfing. Hörst du, wie die Welle singend dir warmen Steine hinaufschwillt, hell glasgrün, nun mit einem unwirklichen blauen Leuchten, draußen liegen ein paar Segler mit bunten Segeln, fast unbeweglich, wohin wollen sie? – Das kümmert uns wenig, aber nach ein paar Stunden sind sie doch auf dem ungeheuren Wasser, dessen Ende du nicht siehst, weitergerückt, einem kleinen Orte an der Küste zu, vielleicht nach Genua, wir sehen seine Lichter in der Nacht auf das Meer wandern. Ein paar Fischerboote steigen und sinken in der kleinen Bucht, und der Bootsmann ruft singend Worte, Kommandos. Und ganz hinten, auf den fernen Strand gehoben, blinken weiße und violette, blaue und rötliche Häuser, ein paar Zypressen flammen schwarz wie schmale Flammen. Dahinter ist das Gebirge mit tiefen Schluchten und Tälern. –

Wir liegen da und sehen dies und das, Wasser, Fischer, Möven. – Aber wie lange wollen wir an der Küste bleiben? Unsere Gedanken strömen denselben Weg. „Florenz" – sagt mein Freund, „wir wollen nach Florenz." – Das klang wie etwas Besonderes, Glänzendes, das schimmerte unvergleichlich aus der Tiefe der Gedanken, eine helle, freudige Landschaft stieg empor, eine weiße Stadt mit einem gewaltigen Dom, weitern Plätzen, alten Brücken, grauen Häusern. Der köstliche und dann der wilde Atem der Geschichte wehte über dieser Stadt, und, wenn ihr es versteht, große Menschen hatten die Stadt geschmückt mit Kapellen und Marmorwerken. – Florenz – sagt er, und wir wollten hin, diese Wunder wollten wir haben, am selben Tage wollten wir den Strand lassen und in das Gebirge hinaufsteigen, dahinter lag die Stadt in der Fruchtebene, wann konnten wir dort sein? – in vierzehn Tagen, wir hatten ja

Zeit, – in zwei Wochen würden wir auf einen Bank sitzen und den Dom sehen, die Paläste. –

Nun ist die Stadt fern, wir sind hinaufgewandert auf der Straße, immer höher winder sie sich, sie will auf dem Kamm der Bergketten wandern, endlos dehnt sie sich, teilt kleine Wälder mit ihrem hellen Band, hängt über tiefe Schluchten und klettert über Felsen. Aber die Sonne brennt immer, und der Wald ist zu Ende, nun sind noch kleine, verkrüppelte Bäume da, die in den Ritzen hängen, nun kommen gelbe, gedörrte Wiesen, tiefe, wasserlose Schluchten. Zuweilen treffen wir noch einen hochgelegenen Weinberg. Und es ist mir merkwürdig, irgend etwas in mir brennt und der Mund beginnt trocken zu werden, die Zunge, ach, was ist das für ein ekelhaftes Gefühl. – Vorhin trafen wir noch einen Bauern, der mit einem Maultier ins Tal ritt, und wir haben wenige Worte mit ihm gesprochen. Manchmal treffen wir Olivenbäume, ihre schmalen Blätter sind staubigsilbern und das Laub ist kraus, der Schatten dünn und wie ein zartes Gewölk. In der Tiefe liegen Dörfer, sie kleben frech und gewandt an den Bergwänden, da unten ist auch das Meer, ohne Ende, weit, blau, mit einem schmalen, weißen Strich am Rande, die Brandung ist es, aber wir hören nichts, wir hören nur unsere Schritte auf der weißen Landstraße, die in die Dämmerung läuft, das Rascheln einer Eidechse, oder war es eine Schlange, in den Steinspalten, irgendwo rollt ein Felsblock, vielleicht hat ein Hirtenjungen ihn gelöst, der in selbstvergessenen Einsamkeit ein paar Ziegen hütet, aber wo? – wir würden ihn gern aufsuchen, denn wir haben Durst und nirgends ist Wasser. Wir laufen, unser Gespräch wird vom Staub zerfressen, dazu sind meine Füße schwer, der Körper brennt und die Lippen werden trocken, – Fieber. –

Nun ist es dunkel, die Lichter der Stadt sind weit, der Himmel ist in das Meer gesunken mit seinen Sternen; sieh, dort ist das Meer, kleine, flimmerndbunte Lichter wandern, Dampfer, Segler, und nun ein gekrümmter Lichtstrahl über die Fläche, die Leuchtfeuer sprechen stumm und hilfsbereit. – Tief unten liegen Dörfer, aber wie weit sind sie, und wo ist ein Weg zu ihnen, – wir würden hinuntersteigen, denn der Hunger quält uns, kärglich waren die ganzen letzten Tage, der Durst fällt mich an und brennt im Leibe. Aber vielleicht treffen wir doch noch einen Menschen an dieser Paßstraße. Immer laufen wir, nun sind die Füße an den Trott im Staub gewöhnt, nun ist kein Gedanke mehr in uns; silbern, übermächtig schweben die Sterne in dem Raum, Wind bringt einen Duft von verbranntem Gras, von Harz, Weintrauben. Die Nacht ist kalt.

Der Wald ist nun ganz zurückgetreten und in die unsichtbare Tiefe gesunken, wir hören ein leises Rauschen. Nach ein paar Stunden kommen wir an ein Haus. Gott sei Dank, es ist ja schon zehn Uhr, wir sind müde, hungrig, durstig. Fieber brennt auch, bitte: signore, können wir hier nicht schlafen? – Er ist ängstlich, der gute, schwarzhaarige Straßenmeister, meine Freunde, es geht nicht, er beteuert, nein, es ist kein Platz, es ist, San Carlo, kein bißchen Platz im Haus. – Wie weit ist es denn bis zum nächsten Dorf? – Nun kann er uns loswerden, denn wir sind ihm unheimlich mit den staubigen Sachen, mit dem Knüppel, den fiebrigen Augen, – es ist noch eine Stunde, eine kleine Stunde, und es sind freundliche Leute dort, eccola. – Ich frage ihn, und meine Stimme klingt verbrannt, sie ist losgelöst von mir, gehört nicht mehr zu mir, ist entfernt. – Ob er ein bißchen zu trinken habe, wir haben solchen Durst, bitte. – Da holt er nach langem Zögern eine Flasche mit zwei Gläsern, und schenkt uns Wein ein, der süß und schwer ist und brennend in die Kehle läuft. – „Danke, mein Herr“, sagt einer, „gute Nacht“, – und wandern weiter, das kleine leuchtende Fenster versinkt in die Nacht, die Hoffnung sinkt mit.

Nach einer Stunde, – wo ist das Dorf? Irgendwo ist Hundegebell, weit, entfernt, es ist zwecklos zu fluchen, daß er uns belogen hat, – das Dorf liegt auf der andern Seite der Schlucht. – Aber dann scheint doch wieder ein Haus am Wege zu liegen, Gott, der Mut steigt wieder, es ist ja schon zwölf Uhr geworden, und die Augen zucken vor Fieber.

Aber als wir hinkommen, ist es ein Trümmerhaufen, irgendeinmal ist der Blitz eingeschlagen, wie starren die Wände und Fenster in die Nacht. Aber vielleicht finden wir hier eine warmen Stelle und Holz zu einem Feuer. Horch, es raschelt da etwas, Ratten? – brennen ein Streichholz an – es fällt mit ersterbendem Schein auf finstere Ecken, und immer raschelt es –, da steigt uns Ekel und Furcht empor, wir treten wieder in die Nacht, die ist unbarmherzig kalt und der Mond schwebt in harter Sichel. Weiter wandern wir, der Gedanke bleibt in dem zerstörten Haus, wir hätten dort bleiben sollen, wir hätten vielleicht eine warme Stelle gefunden, aber wenn Schlangen dort waren? – So laufen wir weiter. Hundegebell klingt auf, aber wir finden keinen Pfad in die Tiefe, die Straße ist bösartig.

Aber dann sind wir zu Ende; das Fieber krallt sich fest, die Riemen des Rucksacks schneiden ein in die Schulter, wenigstens scheint es so, denn der Körper schmerzt. Wir steigen von der Straße ein wenig tiefer in eine Mulde, daß der Wind uns nicht so unbarmherzig durchwehe. Das Grad ist hart, ja, es sind wohl nur Dornen, sie finden einen Weg durch die Sachen. Dann schlafen wir auf den Steinen, oder schlafen nicht –, Laub raschelt über mir, was ist denn das für Laub, da faßt die Hand eine kleine, harte Frucht; wilde Feigen sind es, wir stehen wieder auf uns holen ein paar aus den Zweigen –, wenn ein Zweig oder Dorn den Körper berührt, brennt es. – Was schmecken doch die Feigen bitter, sie sind noch nicht reif.

Dann liegen wir still da. Es ist, der Himmel steigt langsam nieder, aber seine Träume sind heute unbarmherzig wie die Nacht; wenn wir die Augen heben, sehen wir das zarte Gewölk von kleinen Olivenbäumen, und dahinter die starren, silberüberfluteten Berge, aber ihre Flanken sind leer, kahl, kein Wald, kein Rauschen. Hundegebell und der Ruf einer Glocke. Wie spät ist es, vier Uhr – unruhig schlafen wir ein.

Am Morgen, es ist ein Sonntag, wirft uns die Kälte und das Fieber empor. Und es kommt der gestrige Tag noch einmal, kein Wasser, kein Brot, der Staub gräbt sich seine Furchen in die Gesichter. Wir liegen am Tage im Schatten einiger Lärchen und sehen das Meer einen Tag weit an die Küste schlagen. – Am Abend, nun ist es nicht mehr so brennend heiß, laufen wir weiter, wir finden einen Weinberg und essen uns satt, wie kühl sind die Beeren, wie zart schäumt es auf der Zunge. – Noch einmal schlafen wir unter Olivenbäumen, aber dann muß doch auch das überwunden sein, am nächsten Tage neigt sich die Straße in die Tiefe, Wälder beginnen, Bauernhäuser kommen, und die Leute sind freundlich, das Fieber sitzt noch ein wenig im Kopf, aber ich habe es niedergeworfen. Florenz! – Dies Wort kommt über unsere Lippen. – Eines Tages sehen wir die grüne Fruchtebene zu unsern Füßen, silberne Wasserläufe, Kanäle, Weingärten, weiße Dörfer, dahinter blaue und schimmernde Berge, und diese Berge erscheinen und mild und gut, wir können sie ja aus der Ferne sehen und haben die Qual der Nächte nicht in ihnen.

Und eines andern Tages waren wir der Stadt nahe, wie weit war es noch, 15 Kilometer waren es, wir schliefen bei einem freundlichen Bauern vor Florenz.

Zuletzt aber saßen wir auf eine Bank in der Loggia die Lauzi, sahen die Marmorwerke, den Platz und die Menschen, den Dom, die Paläste –, die Berge waren in die Ferne gerückt, milde und warm schimmerten sie, die tiefen Schluchten und Täler waren zu kunstvollen, zarten Linien geworden, sie sahen nicht so aus, als hätten sie uns diese Nächte gebracht mit Hunger, Durst, Fieber, Staub. Jetzt waren wir in Florenz, und mit einem glücklichen Lächeln standen wir in Fiesole auf den grünen Hügeln und waren frisch, gesund, glücklich. Auch der Rückweg kam wieder, wir ließen die frohe Stadt Florenz, überschritten noch einmal den trostlosen Apennin und stiegen auf Maultierpfaden zum Meer hinunter, gingen auf schmalen Wegen an der Küste, an die die Brandung lachend klopfte, durchwanderten mit ängstlich schnellem Schritt die Eisenbahntunnels hindurch, ehe ein Zug kommt! – wanderten über Genua der französischen Grenze entgegen, die Welt war ja ohne Ende.

WEIHNACHTSGESCHICHTE VON EINEM VERLASSENEN MÄDCHEN

Die vielen, vielen Federbrieflein der Engel waren auf die Erde niedergeflattert, und ihr habt gelesen, meine kleinen Freunde, wie die Kinder sich freuten und das Christkind noch einmal schnell zur Erde flog, um zum Besten zu sehen. Aber es ist kaum zu glauben, einen Menschen hatten die Engel vergessen, bei einem war kein Federbrieflein angekommen, bei einem lieben, kleinen Mädchen Elisabeth – woran lag das? – Hatte der gutmütige und ein wenig vergessliche Nikolaus den Namen des kleinen Mädchens in seinem dicken Notizbuch vergessen oder hatten die Engel die kleine Gasse übersehen; es war ganz unverzeihlich. Aber mein großer Traumfreund hat mir erzählt, daß alles noch gut geworden ist und ich will euch auch ein wenig davon erzählen.

In einer engen und schmalen Gasse der kleinen Stadt, ganz weit hinten, wo die alten Häuser stehen und der kleine Fluß mutwillig über das Wehr springt uns stolpert, wohnte eine Frau mit ihrer Tochter Elisabeth. Und da der Mann bei einem Unglück starb, war die Frau allein und mußte bei den Leuten waschen oder Zimmer reinigen. Das kleine Mädchen Elisabeth war ein zartes und blasses Dingelchen, und obgleich die Mutter in der Nacht vor dem Schlafe ihr das Beste und Schönste von der Welt wünschte, blieb Elisabeth so blaß und zart und selten wurden ihre Wangen rot, sie konnte auch nicht so draußen spielen, denn in den engen und dunkeln Gassen waren wenig Kinder. Und nun war es schlimmer geworden, Elisabeth lag im Bett und die Mutter hatte das Bett in die warme Stube gerückt, ein bißchen an das Fenster, damit Elisabeth etwas sehen könne und nicht so ganz allein sei, denn die Mutter mußte arbeiten und Geld verdienen. Und es war um die Weihnachtszeit.

Nun war Elisabeth allein in der Stube, die Mutter war gegangen, vielleicht mußte sie noch auf eine Aufwartung; die alte Treppe war still geworden nach den Schritten, und Elisabeth lag im Bett und war allein.

Es schneite, das konnte sie sehen, unaufhörlich flogen die Flocken durch die dicke Luft und legten sich auf das Fensterbrett und die Dachrinne, und wenn zuviel an einer Stelle war, gab es einen lautlosen Fall, ein kleines Stäuben. Manchmal saß für einen Augenblick ein Sperling im Fensterbrett oder auf einem Vorsprung, und wenn er nach kurzem Plustern sich wieder in die Luft warf, stäubte es fein – still war es –, man hörte nicht, wie unten die Leute gingen, das Klingeln eines Wagens und ein Hundegebell klangen weit und der Lärm der fernen Stadt tönte nur wie das Rauschen eines Wasserfalls in die halbdunkle Stube. Elisabeth lag mit träumenden Augen und dachte innig und mit allen Gedanken an das Fest, das nun morgen sei, nichts könnte sie der Mutter schenken, sie lag ja krank im Bett, und wenn sie auch lange nicht in der Schule gewesen war und all die lieben Geschichten vom Christkind nicht gehört hatte, wußte sie für sich doch, wie das aussah, und sie würde das Christkind unter tausend Engeln erkennen. So im Träumen merkte Elisabeth, wie die Tür unten leise aufging, so leise, daß die alte Klingel vergaß zu rufen, und dann kam ein merkwürdig langsamer, tastender Schritt die Treppe herauf, und die Treppe blieb still und knarrte nicht; der Schritt hielt vor der Tür der kleinen Wohnung, dann kam jemand herein, ein merkwürdig alter Mann mit einem unsicheren Schritt, wie ihn alte Leute haben, war grau gekleidet, und kam leise auf das Bett zu. Viele Fältchen und Risse saßen in seinem müden, alten Gesicht. Elisabeth kannte ihn wohl, es war ein alter Mann, der nicht weit von ihrem Hause wohnte und zuweilen nach dem Rechten sah, wenn die Mutter nicht da war, aber niemand wußte so recht, wer und was er eigentlich sei, er war wohl weit gekommen in der Welt und oft hatte er der kleinen Elisabeth von fremden Ländern und Sternen erzählt.

„Du bist es“, sagte Elisabeth mit leiser Stimme und wandte sich nach ihm um, „guten Tag, Pate.“ Der kleine, greise Mann setzte sich an das Bett und fragte, „nun, Elisabeth, soll ich etwas für dich tun? Bist du hungrig oder durstig?“ Aber Elisabeth war nicht hungrig und schüttelte nur mit dem Kopfe. „Bist du müde, Elisabeth?“, fragte der alte Mann. Nein, Elisabeth war auch nicht müde, ach, den ganzen Tag hatte sie ja im Bett gelegen, und gestern und vorgestern, und vor allem, wie konnte einer müde sein, wenn morgen Weihnachten war. „Nein, Pate, ich bin nicht müde.“

Der alte Mann, den Elisabeth Pate nannte, ging an den Ofen und holte sich einen kleinen Schemel, setzt sich vor das Feuerloch und steckte ein paar Scheite hinein, daß ein kleiner Funkenregen in die dunkle Stube sprühte. Er war nun noch kleiner und sah in die Flammen. Da geschah etwas ganz Merkwürdiges – irgendwoher stieg eine leise, zarte und wundervolle Musik, niemand war zu sehen, die Töne wanderten sicher aus einer unendlichen Ferne, so zart und unwirklich klangen sie, und dann strahlte vom Ofen ein zarter Dämmerschein und aus dem Lichte flogen kleine Knaben, Flügel saßen an den hellen Schultern, und wenn die Flügel sich berührten, gab es einen knisternden Klang.

Niemand in der Stube sprach ein Wort. Elisabeth sah mit weiten Augen dies schimmernde Wunder, und als sie einen Blick zum Paten sandte, sah sie, wie er versunken in die Flammen schaute. „Pate", wollte sie flüstern, ganz leise, „Pate, woher kommt die Musik, woher kommen die Knaben", aber sie konnte nicht fragen, aus einer Ecke floß ein milder, guter Schein und darin blühte eine wunderbar zarte Blume auf. Sie neigte sich, und Elisabeth sah in die schimmernde Tiefe der Blüte, zarte Adern strahlten wie Wege und glänzende Pfade nach dem leuchtend dunkeln Grunde, und die Wände fingen an zu leuchten und zu glitzern. Seltsamerweise wuchs die Blüte vor Elisabeths Augen und zuletzt füllte sie die kleine, dürftige Stube. Gott, nun war die Stube zu der ungekannten, fremd und lieblich duftenden Blume geworden, die Wände warfen einen wunderlichen Schein, die Öffnung des Kelches war wie das Tor eines geheimnisvollen Schlosses, in dem Schätze, die niemand ahnt, verborgen sind, und wirklich waren die Adern, die von zartem Blut durchpocht waren, Kanäle und Wege. Eine tiefe Erschütterung kam über Elisabeth, und sie sah den guten Paten an.

Der war aufgestanden, und mit leiser Stimme, die Elisabeth warm und gut klang, wie sie es noch nie von dem alten Mann gehört hatte, sagte er: „Nun komm, Elisabeth, wir wollen zum

Christkind gehen und ihm sagen, daß sie dich vergessen haben."

Er trat zu ihr, fasste mit seiner alten, welken Hand die kleine, müde hand Elisabeths, wie seltsam war das, nun wanderten sie auf das Tor zu, jenes wunderlich blühende und schimmernde Blumentor, und als sie näher kamen, sah Elisabeth, wie durchsichtig die Wände waren, und wenn sie mit einem Finger die Wände berührte, erklang ein voller, klingender Ton, und an andern Stellen klang es zart und süß wie ein Glockenspiel. Der Weg wurde Elisabeth nicht lang, so sicher fühlte sie sich an der Hand des guten Paten, der mehr und mehr die unsicheren Schritte verlor und mit leuchtenden Augen in diese neue Welt hineinschritt.

Sie wanderten durch Tore von tiefem Grün, von hellem glasigen Blau, und zuletzt traten sie durch ein wunderbares Tor von purpurner Farbe auf eine lichte, blühende Wiese, da tanzten unendlich viele Kinder in Lust und Lachen. In einem Baum mit wehenden Blättern saßen kleine, merkwürdige Männlein und spielten, es war ein lustige Musik von Geigen, Flöten, Hörnern und Brummgeigen, und einer auf der Spitze des Baumes hielt eine silberne Pauke vor dem Leib und schlug herzhaft mit silbernen Schlegeln darauf, und jedes Mal stieg ein voller Goldton auf und schwebte wie eine runde glänzende Kugel über der vielstimmigen Weise. Da stieg in Elisabeth eine sehr tiefe Lust auf, mitzuspringen in einem der fröhlichen Kreise, aber sie fühlte mit einem Male einen kleinen Stich im Herzen, sie war ja krank, ach. Scheu und traurig fragte sie den guten Paten: „Wer sind die Kinder, die da so fröhlich tanzen?" – „Das sind die Kinderherzen, Elisabeth, die vor Freude tanzen und springen, und weil sie es auf der Erde nicht mehr aushielten, sind sie in den Himmel gekommen und tanzen auf den himmlischen Wiesen."

Langsam wanderten sie weiter, und Elisabeth hatte noch immer die klingende Tanzweise im Ohr. Der gute Pate wußte hier oben Bescheid, er ging an Wiesen und heiteren Seen vorüber, bis sie vor einem großen Haus standen, das wohl das wunderbarste von allen Häusern war, die Elisabeth in ihrem kleinen Leben gesehen hatte. Weiß und golden waren seine Farben, und auf dem Dache flatterten und wehten hundert weiße Fahnen, und im Hofe und auf dem Dache flatterten und wehten hundert weiße Fahnen, und im Hofe und auf den Treppen war ein Gelärm und Gewoge von kleinen Engeln, Herrgott, hatten die es eilig, was rannten sie nur so, einer an dem andern vorbei; und die Engel kannten den alten, grauen Paten. Das ging doch recht seltsam zu. Elisabeth wurde mutlos und sagte leise: „Guter Pate, ich bin so müde, komm, wir wollen nach Hause, Mutter wird bald kommen“, aber sie hatte nur solche Scheu vor den Engeln, die so weiß und lieblich und lustig aussahen, und wenn sie lachten, o, sie lachten eigentlich immer, war es, als rollten Silberkügelchen auf dem Boden, und Elisabeth war ja nur ein kleines, krankes Mädchen mit einem geflickten Kleide und dazu einer bösen Krankheit.

Aber der Pate sagte: „Komm nur, Elisabeth, hier kenne ich mich aus, wir wollen doch mal in der Schreibstube fragen, warum man dich vergessen hat“, und faßte sie fest bei der Hand.

In der himmlischen Schreibstube war ganz schrecklicher Verkehr, denn in diesem Jahre hatten sich die Kinder soviel gewünscht, und immer und immer neue Briefe geschrieben, daß die Post gar nicht zur Ruhe kam und die Straßen voller Wagen und Schlitten steckten. Aber nun war es fast zu Ende, denn heute Nachmittag, ehe die Engel zur Erde kamen, um die Verurteilung der Geschenke zu leiten, sollte noch eine Versammlung sein, wie jedes Jahr.

Ein freundlicher Engel trat zu dem guten Paten und sagte: „Grüß dich Gott, alter, guter Knecht, wen bringst du uns da?" Da erzählte der Pate dem himmlischen Schreiber, daß Elisabeth in diesem Jahr vergessen worden sei, und sie sollte doch auch eine Freude haben, weil sie krank wäre.

Der Engel sah mit ernstem Gesicht in vielen Büchern nach, und endlich hatte er gefunden, was er wollte. Ja, es war so, ein kleiner Engel, so ein lustiger Schelm, hatte die winzige Gasse übersehen und war an dem dunkeln Fenster vorübergeflogen, und Elisabeth hatte im Bett gelegen und das Rauschen der Flügel gehört, aber sie hatte nicht rufen können, weil ihr Herz so weh tat. „Es ist am besten", sagte der Engel lächelnd (wie gern hatte Elisabeth mit einem Male den freundlichen Engel), „es ist am besten, guter Pate, wenn du mit Elisabeth nachher in die himmlische Versammlung kommst", und sagte es leise zum guten alten Mann, damit Elisabeth es nicht hörte, „Christkind weiß den besten Rat für solche kranken, blassen Menschenkinder." – „Elisabeth", sagte der Pate, „hörst du, meine Kleine, nun darfst du keine Angst haben, wir kommen jetzt in einen großen Saal, in dem viele Engel sind! Also keine Angst." Und nun traten sie in den himmlischen Versammlungssaal, der an Herrlichkeit alle Schlösser der Erde übertraf; an der Decke schwebten goldene Sternkugeln und schütteten mildes Licht in den Saal, sie drehten sich, und wenn sie einander näher kamen in dem strahlenden Gewölbe, fingen sie an, wunderbar zu tönen. Und wie viele Engel saßen darin, sauber und mit frischen, lachenden Gesichtern, und sie sprachen laut durcheinander, es war eine vielstimmige zarte Musik. „Lieber Pate", flüsterte Elisabeth, „lieber Pate, wir wollen uns ganz hinten hinstellen, damit mich niemand sieht." Der Pate lächelte. Und dann nach einer Zeit wurde es ganz still. Elisabeths Herz fing an zu klopfen, lauter, und sie merkte nicht, daß es stach. Elisabeth meinte, sicher müßten alle Engel hören, wie laut ihr krankes Herz klopfte. Aber niemand wandte sich um. In der Stille hörte man nur, wie die Flügel der Engel leise knisterten und manchmal ein bißchen rauschten.

Dann aber stand das Christkind im Saale, von seiner kleinen Krone ging es mildes Leuchten, aber noch milder strahlten seine Augen. Die kleine Elisabeth fühlte ihr Herz bis in den Hals klopfen und bebte, als das Christkind mit klingender Stimme sprach: „Zuerst wollen wir ein Lied singen."

Da fingen die Engel an zu singen in einer über alle Maßen feierlichen Weise, und die Sterne drehten sich klingend, die Wolken schwangen in dem Lied mit, und Elisabeth hatte nie solche Musik gehört, ihr liefen die Tränen über das müde Gesicht.

Danach aber stand das Christkind auf und sah über alle Engel hinweg in die Ecke, wo der gute, alte Pate und Elisabeth standen, und sagte lächelnd: „Liebe Elisabeth, komm doch einmal zu mir."

Alle Engel wandten sich um, und dabei gab es ein Rauschen und Wogen – da sahen sie in der Ecke ein blasses, müdes, kleines Menschenmädchen und scheu und demütig schritt Elisabeth die Stufen herauf, der gute Pate kam mit. Und als Elisabeth oben stand, meinte sie, das Christkind gar nicht ansehen zu können, so mild strahlten seine Augen und so lieblich war sein Gesicht. Das Christkind sagte lächelnd: „Was sollen wir dir schenken, kleine Elisabeth, wir haben dich ja ganz vergessen?" Ach, hätte Elisabeth ein Wort sagen können, so hätte sie gesprochen: „Ich brauche nichts mehr, ich habe soviel Herrliches gesehen und nun zuletzt dich!" Aber sie konnte kein Wörtchen sprechen, so heftig schlug ihr Herz, und so schämte sie sich vor den tausend Engeln.

Da neigte sich das Christkind langsam über das kleine Mädchen und sagte: „Nun bist du ganz gesund, kleine Elisabeth, ganz gesund“, und küßte es. Da fühlte Elisabeth in strahlendem Glück einen kleinen Stich im Herzen und der gute Pate nahm sie in seine Arme. „Bringe sie zurück, guter Knecht“, sagte das Christkind, der Pate nahm Elisabeth in seine Arme und wanderte langsam aus dem Himmelssaal zurück, von niemand gesehen, kam er in die kleine Gasse, und fürsorglich legte er Elisabeth in das Bett.

Siehst du, als nun Elisabeth erwachte, strahlte die kleine Stube in hellem Licht, lächelnd sah sie die Mutter, und die Mutter umarmte Elisabeth und rief: „Das Fieber ist weg, nun wird sie gesund“, und hinter dem Lichtschein der Kerzen trat der alte Pate hervor und hatte ein gutes Lächeln im Gesicht, und Elisabeth zog ihn zu sich und sagte leise: „Aber du erzählst es keinen weiter, lieber Pate.“ – Der Pate lächelte und strich über den Kopf der kleinen Elisabeth.

ÜBERFAHREN

Der Abend ist von den Feldern in die Stadt gekommen: obgleich er sich beeilte, kam er ein wenig zu spät, schneller blitzten die elektrischen Lampen auf, schneller funkelten die Läden in die Straße, die der Abend mit seinem weichen Dezemberschatten überfluten wollte, wurde hell, wachte auf und sprach und flammte mit hundert Lichtern, Lampen, Kugeln. Scheinwerfer der Autos überflogen mit schreiendem Schein die Gesichter der Menschen, übergossen sie mit greller Farbe und rissen die stillen Wände der Häuser in das Licht. Abend in der Stadt, und was tun wir, meine Freunde? Wir gehen ein wenig durch die Straßen, wollen die Menschen uns anschauen, die an uns vorübergehen, bekannt, unbekannt, müde, verdrossen, lustig, der Abend übergießt sie mit Licht. Und dann wollen wir uns zu Hause erzählen, was wir gesehen haben, denn du sahst anderes als ich. Du sahst nicht den kleinen Jungen, der vor dem Spielwarenladen stand und seine kleine, schmutzige Nase an die Scheibe presste, daß sie merkwürdig aussah. – Du sahst auch nicht, wie er einen Groschen fand und vor Freude hochsprang, denn er konnte sich etwas kaufen. – Du sahst dann auch die Pferde auf der Straße stehen, ein Zucken lief über den dampfenden Leib, denn sie froren, weil der Kutscher solange abladen und dann warten mußte. Wir wollen uns dann auch davon erzählen, wie schön ein Pferdeauge ist und soviel menschliches Licht darin liegt, wie die Hunde frierend oder bellend über den glänzenden Schmutz liefen. Hast du schon gesehen, wie der Schmutz und die Nässe am Lichterabend anfangen zu glänzen und zu schimmern, als wäre es kein Schmutz, sondern köstliches Perlmutt, von einer unbekannten Hand über die Straße gestreut? Sieh, wie es da leuchtet, sich bewegt mit tausend Lichtern zittert und lächelt, und die Menschen sehen es nicht, sie haben keine Zeit, sie sind hungrig, und manche frieren auch. Die Wagen fahren, die Menschen gehen, hasten, lachen, die Autos gleiten mit aufgerissenen Augen in die enge Straße, die Straße summt vor Leben, und der milde Himmel knistert vor einem stillen, kaum sichtbaren Regen. –

Aber da wurde das Leben mit einem Male auseinandergerissen, schrie auf in einem merkwürdig hohen Schrei, die Menschen hielten an, die lange Reihe der Menschen auf beiden Seiten der Straße ballte sich, die Polizeileute kamen und drängten die Menschen zurück. – Langsam fiel Stille auf die Straße. – Ein Kind, ein kleines Mädchen, war über die Straße und in das Auto hineingelaufen, Gott, wie schnell ging das, ein kleiner Ruck, da schrie es auf, und das Autor starrte mit furchtsam aufgerissenen Augen auf einen hellen, nun von Schmutz überspülten Fleck, und er wurde rot und dann war es eine dunkle

Lache. – Das laute, ängstliche Rufen erlosch in der Stille, ein Mann kam, ein anderer half, sie hoben den Fleck auf – sieh, es war das Mädchen, schlaff sank seine Hand zurück, als gehörte sie nicht mehr zu dem lieblichen, zarten, beschmutzten, blutigen Körper, die kleinen Finger wurden welk, und eine Frau, eine ganz alte, welke Frau hielt den Kopf, über den krauses Haar in seinen Strähnen lief und der nun auch nicht mehr zu dem überfahrenen Leib gehören wollte. Die Menschen standen starr, was sollten sie auch sagen, nichts, Unsinn konnten sie sagen, wie war denn das – der Tod war mit einem Sprung aus jener finstern Ecke gestürzt, hatte das kleine Mädchen gepackt – nun starrten die Menschen in die Lichteraugen des Fahrzeuges und dann auf den dunklen Fleck am Boden, von dem das Leuchten kam. –

Die Mauer öffnete sich und die Männer trugen die kleine Tote, ganz behutsam fassten sie an, väterliche Hände hielten das Mädchen, und die Hände der alten, müden Frau waren ein recht merkwürdiges Totenkissen. Schrecken, Furcht, Neugier vieler Blicke fiel über der kleinen Leiche zusammen. – Nach und nach gingen die Menschen wieder auseinander, manchmal bleiben ein paar stehen, um einander zu erklären: wie war das möglich. Dann gingen die Menschen auf beiden Seiten der Straße weiter. Wagen und Autos glitten dahin über den schimmernden Schmutz, über die dunkle Lache am Boden. Menschen schritten darüber, manche wußten nicht, daß sie über Blut gingen, ohne Trauer mit einem Lachen, die Straße rauschte vor dem Leben, vergessen, daß der Tod hineingegriffen. Vergessen? – Jetzt gingen wohl die Männer und die alte Frau und noch ein paar Menschen eine dunkle, knarrende Treppe empor, fanden keine Worte, und legten die kleine, liebliche Tote der Mutter in die Arme, gingen hinaus, schweigend, denn sie wollten nicht hören, wie aus dem erstarrten Herz der Mutter ein Schrei aufbrach, ein stummer, blutiger Schrei, der mit seiner Trauer das Zimmer überschwemmte. – Die alte Frau, die den Kopf des toten, kleinen Mädchens gehalten hatte, ging ein wenig gebückt über die Straße; als sie die Hand ansah, fand sie einen zarten, hellroten Fleck, ein wenig klebrig schon; mit einer demütigen Bewegung wischte sie das Blut an die Schürze. Sie kam auch an der Stelle vorüber, an der die Kleine überfahren wurde, bückte sich mit zitternden Augen nieder, die Stelle zu suchen, die dunkle Lache. – Es war nichts mehr zu sehen. Da ging die alte Frau nach Hause, ein wenig schwankend, wie alte Leute tun, mitten durch die Straße, und das Leben rauschte und wogte, ein voller, schäumender Strom.

DER NIKOLAUSTAG
Aus einem Kinderheim

Gleich nach den Schularbeiten, die heute fein und fix wie noch nie gemacht wurden, geht ein Wispern und Flüstern und geheimnisvolles Gekritzel an. Die Kinder schreiben Wunschzettel für den Nikolaustag. Da suchte man den schönen Briefbogen mit dem Bilde hervor, läßt sich von Gertrud, die immer so geduldig die Wünsche der Kleinen erfüllt, Linien ziehen und schreibt so schön man nur kann und macht nur ganz wenig Fehler. „Les mal, Tante Klara“, ruft Gretchen stolz: „Liebes, gutes Christkind, ich will nicht mehr was Böses tun. Mach doch, daß mein Karakterbebi Mammer und Pap sagen kann. Viele Grüße vom Gretchen und Gretchen wohnt im Kinderheim.“

„Schön, Gretel, nur heißt das Mama und Papa.“ Da guckt das kleine Mädchen ganz erstaunt und sagt kläglich: „Aber du hast uns doch gesagt, wir nicht Vata und Mutta sagen, und da hab ich gedacht ...“ „Ja, Gretchen, die böse Orthografie“, lacht die Tante.

„Nun sind alle Wunschzettel fertig und ein goldenes Sternchen wird als Siegel daraufgeklebt. „Kommt schnell zum Vesperbrot“, ruft Tante Edith, „und dann ...“ „Und dann??“ fragen da zwanzig Kinder erwartungsvoll. „Dann gehen wir.“ „Wir gehen, wir gehen, wir gehen heute noch“, singen die Kinder und tanzen vor Lust. Schnell wird Milch und Brot verzehrt, und dann ziehen sich alle recht warm an, denn draußen liegt Schnee und die Sonne wird bald zu Bette gehen. Die kleinen Mädchen ziehen sich ihre roten Käppchen über die Ohren, der dicke Paul wärmt sich seine Winterärmel noch schnell in der Ofenröhre, worüber alle lachen. Die Jungens stecken ihre Hände in Fausthandschuhe, um besser schneeballen zu können.

Soweit hatte Tante Klara erzählt, und im Singen und Zuhören hatten die Kinder nicht gemerkt, daß der Weg zu einem freien Plätzchen geführt hatte, wo sie im Sommer oft Märchen gespielt hatten. Da ruft Lenchen leise: „Ich sehe ein Licht!“ – „Ich auch!“ – „Ich auch!“ – Und sie kommen näher und sehen im weißen Winterwalde ein Bäumchen stehen mit brennenden Lichtern auf den beschneiten Zweigen. Der Schnee glitzert, und darüber hin spinnen goldne Fäden wie Engelshaar. Tante Edith steht und singt: „Du Licht, vom lieben Gott gesandt in unser dunkles Erdenland. Du Himmelslicht und Himmelsschein, damit wir sollen himmlisch sein.“

„Hier sind wir beim Christkind“, sagt Robert, und seine kleinen Hände halten fest das Wunschbriefchen, das nun mit Engelshaar behutsam an den Zweigen befestigt wird. Danach fassen sie sich uns an den Händen, tanzen ums Bäumchen und singen: „Der Christbaum ist der schönste Baum, den wir auf

Erden kennen.“ Dabei sind die kleinen Wachskerzen fast niedergebrannt, sie zünden nur noch schnell die gute, alte Laterne an ihnen an. „Aber die Tüte! Tante Klara, die Tüte!“, ruft Hildchen wieder voll Neugier. – „Ja, Hilde, die kommt nun dran. Ihr wisst doch, morgen ist – “ „Nikolaustag, juhu! Da finden wir Äpfel und Nüsse im Schuh“, schreit Rudolf, der Reimer, dazwischen. Und Tante Klara spricht weiter: „Seht ihr, da hab ich gedacht, wir könnten den kleinen Waldvögeln auch mal einen Nikolaustag machen. Fegt nur schnell mit dem grünen Zweige dort den Schnee unterm Bäumchen fort. Dann streut ihr Sonnenblumen- und Kürbiskerne aus, die wir getrocknet haben. In die Zweige hängen wir die halben Walnüsse und Speckrestchen. Davon wird den kleinen Vögeln schön warm, wenn sie so etwas picken. Das wird morgen früh ein Piepen und Picken geben unter der kleinen Tanne! Nun aber löscht noch mit Schnee sorgfältig die letzten Lichtfünkchen und dann kommt. Dort steht schon der Mond und lacht“ – „Worüber lacht er denn?“ – „Über unsre gute, alte Laterne!“

Im Heimwärtswandern wird viel geschwatzt über den Wunschzettelbaum und ob wohl das Christkind noch in dieser Nacht sie holt. Und was wohl die Vögel morgen früh sagen werden, wie sie sich wundern und freuen und eins das andre rufen werden. Gewiß wird die kleine, kluge Meise auch dabei sein, die mag Walnüsse so gerne. Wir singen mit roten, warmen Backen und freude-blanken Augen:

Singt Gottes Lob den Winterbrauch,
Er ist so treu und gut.

So kommen sie über den mondhellen Schnee mit ihrer klapprigen Laterne. „Aber das war schön!“ ruft’s von der Abendsuppe bis zum Zubettgehen aus allen Ecken. „Jungs, habt ihr auch die Schuhe gut geputzt?“ – „Freilich, Tante Klara, morgen ist doch Nikolaustag!“

Und bei dem kleinen Mädchen kommt noch die schüchterne Bitte: „Erzähl doch weiter vom frohen Dorchen, die Geschichte ist doch noch nicht zu Ende.“ – „Nein, Kinder, heut wird es zu spät. Vielleicht träumt ihr den Schluß und erzählt ihn dann morgen selber. Und nun behüt euch Gott und gute Nacht!“

ALS ICH AN DER SCHRANKE STAND

Als ich an der Schranke stand und mußte warten, weil ein Zug herankam, ward ich ein wenig unmutig. Gerade, als ich um die Ecke kam, läutete die Glocke und die zwei schwarz-weißen Schrankenbäume sanken nieder. Ein Güterzug fuhr langsam durch. O, wie ächzte die Lokomotive, wie knirschten die Stangen an den Rädern, und pfeifend sprang der Atem der Maschine aus der Esse. Aber was für ein Zug kam auch hinterher, er wollte wahrhaftig kein Ende nehmen. Ich sah so gleichgültig die Wagen an, die vorbeirollten, und das Auge glitt über die vielen Inschriften und Buchstaben weg, ja, was sollte man da sehen, und dazu mußte ich an etwas anderes denken, es war doch verdrießlich, daß man hier warten mußte!

Da sah ich, wie die Wagen vorüberfuhren mit stählernem Singen, an einem Wort, schon war es vorüber, es hieß Sverige. – Wie? Das heißt doch Schweden – wie kommt denn der Wagen hierher auf die deutsche Bahn? Sieh, und nun rollen braune Wagen vorbei, da lese ich die Worte F. S. Italia. Aber ja, das habe ich sooft gelesen da unten, dieses Wort Italia, und denke dir, was in dem Wagen ist: Kisten voll goldener Apfelsinen! Siehst du nun nicht die hellen Früchte in den dunkeln Bäumen reifen aus dem zarten Grün zur gelben, saftigen Fülle, und dann, o, kaum zu glauben ist es, dann werden sie geerntet und liegen nun in Körben und auf Tischen und funkeln in der Hand der Menschen, die sie kaufen, wie kleine Sonnen, sie schweben in dem heiteren Glanz ihres Goldes über die Menge, sie blühen ja wie wunderliche kleine Sonnen mit einer seltsamen Süße im Körper. Ehe sie golden wurden, kamen viele Leute und pflückten die Früchte. Dann wurden sie in Kisten verpackt, und dann fuhren sie in großen Zügen durch die Ebenen und dann durch Tunnel, und obgleich so viele Kisten in die großen Städte wanderten, immer mehr kamen, Dampfer brachten sie in ihren ungeheuren schwarzen Leibern durch die Salzflut bis an die Hafenmauer. Da standen schon die Eisenbahnwagen und wieder wanderten die Apfelsinen in die schwarzen Höhlungen, verbreiteten einen lieblichen Duft, endlich waren sie in den Städten und konnten dann in den Schaufenstern liegen, bis die Hände der Menschen sie wieder nahmen und die Haut, die liebliche Sonnenhaut, abzogen, und das saftige Fleisch wurde gegessen.

Sieh, nun rollen sie vorbei, vielleicht sind nicht nur Apfelsinen drin, sicher auch Pfirsiche mit einer so feinen Sammethaut, und große, dunkle Weintrauben von den sonnenmilden Hängen der Berge und aus den Rebengärten der Ebene. Vorbei.

Nun kommen ein, zwei – sieh, es sind drei schwedische Wagen, was meinst du, was bringen sie nach Deutschland? Metall? Kupfer. Ja, Kupfer ist dort auf dem einen. Mit einem Male siehst du dort oben in Schweden, da, wo das Meer an die Inseln klopft und die großen Wälder rauschen, weißt du, wo die Lappen mit den Renntieren über die gelben Hochwiesen und Moore wandern, dort oben sind die Kupferbergwerke. Fremde Menschen arbeiten und leben dort, kein Wort verstehen wir von ihrer Sprache; von diesen schimmernden und zischenden

Werken im Norden zieht sich eine dünne, ununterbrochene Kette von Eisenbahnwagen auf den hellen Gleisen dahin. Kupfer bringen sie, Holz bringen sie, keine Grenze hält die Wagen auf, keine Feindschaft zwingt sie zum Stillstand, sie rollen, sie rollen Tag und Nacht, die Werke von Deutschland rufen nach ihnen. Vorbei!

DIE FAHRT INS NEUE JAHR

Die Sonne schien hell und blinkernd wie an einem Frühlingstage in die Kaffeestube, da flirrten die Tassen und Löffel, man hörte unter vielen dunkeln und klingenden Stimmen auch die tiefe, brummige des Onkels wie das Summen einer Hummel: „Lang' mich mal noch eine Tasse Kaffee, Mudding."

Die Gesellschaft unterhielt sich auf recht vergnügte und laute Weise, mitten hinein sah ein alter Mann, der viel aß und wenig sprach, nach dem Fenster und brummelte: „Was für schönes Wetter ist doch heute; als wäre es März", worauf die Gesellschaft sogleich zum Wetter überschwenkte, und ein Junge nahm es zum Anlaß und sagte: „Mudding, nun kann ich doch gehen?"

Er stand geräuschlos auf, stellte seinen Stuhl an den duftenden Tisch zurück und ging schnell über die weißgescheuerte Diele. Immer schon, während des Essens hatte er daran gedacht, daß er ein Boot hatte, Himmel, ein kleines Segelboot, das nun wie ein Füllen durch die Wellen springen konnte, wie ein Traber, ein Preisrenner über den farbig getupften See stampfen, jagen würde, nein, er wußte keinen Vergleich für dieses Segelboot „Elvira".

Henner ging also durch den Garten mit den Birnbäumen, riß die Pforte auf, daß sie schreiend hin- und herklappte, und als er niemand sah, pfiff er laut den Anfang eines friesischen Seeräuberliedes. Natürlich, hallo – ja, das war Jan.

Jan, der Häuslerjunge, schob sich langsam an der Planke entlang, die Hände in den unergründlichen Taschen der Lederhose, einen Schal um den Hals, langsam, man langsam. „Tag", sagte er, „Tag."

Also Jan war ein Häuslerjunge, das heißt; er wußte schon lange nicht mehr, wohin er gehörte; seit Vater und Mutter tot waren, war er bei einer alten Tante, die wie alle guten Tanten ihn erziehen wollte und deshalb Predigten hielt, sonst aber war er selbständig, und am meisten in diesen Feiertagen, niemand dachte an ihn, alle hatten mit ihrer Freude zu tun, die im Herzen unterzubringen; wer sollte da an Jan denken, mit den braunen Fäusten und den braunledernen Hosen, die zwischen lang und halb kurz waren. Es war Neujahr heute; das nicht zu vergessen.

So, da war Jan. „Na, das ist schön, Jan, daß du gewartet hast, wir haben solange Kaffee getrunken", sagte Henner, dabei griff er in die Jackentasche und holte mit voller Faust eine Masse heraus, die über und über von Rosinen leuchtete und die Jan mit zwinkerndem Blick als Matzkuchen erkannte. „Danke", er begann schweigsam und nachdrücklich zu essen, während sie den schmalen Weg zum See hinabgingen, denn dort war das Boot, – das Boot!

„Hast du mein Boot gesehen, Jan, hast du ...?" Ja, natürlich hatte Jan längst das Boot gesehen, er hatte es schon genau untersucht und gefunden, daß das Segel nur so an der Leine emporflog, es war auch ein Proviantkasten dabei, ein kleines Wasserfaß, nun, der Sommer konnte gut werden.

„Hast du auch die Fahne gesehen, Jan?" Ja, auch die Fahne, da ist ein roter Blitz in schwarzem Grunde. Sieg bedeutet das, frohe Fahrt. Jan aß seinen Kuchen, fuhr mit der Zunge ausgiebig um den schmalen Mund und mit den Händen an die Hosenbeine; so –.

So, und dort war das Segelboot, Doria, das war ein schmuckes Ding, es wiegte sich knarrend im Wasser, über dem frischen Winde dahinjagend und die Fläche kraus und ungebärdig machten und ein flammendes Farbenspiel entfachte, Wie zwei Kapitäne standen die Jungen am Stege. Jan legte seine braune Hand an die Kosakenmütze und sagte: „Donner, Kapitän, ein gutes Schiff, dein ‚Elvira' – na, laß uns man einsteigen."

Mit einem Sprunge standen die Jungen im Boot, sahen noch einen Augenblick mit zärtlichen Blicken auf das kleine, weiße Segelroß, das die heranstürmenden Wellen leichtfüßig empfing und zerschnitt; schnaubte es nicht, wieherte es nicht? „Hallo! Löst die Anker", schrie Henner, „auf die Segel!" Jan löste die Leine. Rauschend fuhr das Segel an dem kleinen Mast empor, daß das Boot im angreifenden Winde von einer Seite zur anderen flog. „Löst die Anker!", schrie Henner, und Jan kniete leicht nieder, löste den Knoten, saß mit einem Ruck am Ruder, und das Boot sprang mit ein paar Sätzen auf der See.

„Du bist der Kapitän, Henner, gib Befehle", sagte Jan. Seine Augen in dem brauen Indianergesicht funkelten vor Lust und sahen in die schimmernde Weite. Henner kniete am Bug und äugte, die Hand am Auge, auf den wehenden See. „West-Süd-West das Ruder!" schrie er, „backbords ein Amerikaner!" „Hallo!" und seine Jungenstimme klang wie ein Entenschrei über dem Wasser. „Volle Fahrt, Steuermann, volle Fahrt!" Und Jan saß lachend am Ruder und lenkte die „Elvira".

Ha, hast du ein solches Boot schon einmal gesehen, sieh doch, wie es vorwärtsreitet, immer durch, gerade hinein in die krausen, singenden Wellen, so am Wind vorbei, höre nur, wie das Segel rauscht und fällt, jetzt tanzt es unter der straffen Leine, vorwärts, und die Wellen jagen vorbei, bleiben weit zurück – das ist die Fahrt über den See, durch dieses farbige Wunder, durch die grünen und blauen, die unendlich tiefblauen Räume, jetzt Jungens, fahren wir über Aladins Wunderschloß, sieh nur hinab, wie das leuchtet und vorn vor dem Bug schäumt.

Henner kniete am Bug und schrie seine Befehle, er jubelte: „Ost-Süd-Ost das Ruder, Junge, Jan, was fährt die ‚Elvira' schön!" – Langsam ließ Jan das Boot am Winde wenden, sie waren weit weg vom Ufer, und mit zusammengekniffenen Lippen lenkte er die „Elvira" dem Stege zu.

„So, Jan, nun laß mich mal steuern", schrie Henner durch den Wind und kroch vom Bug zurück. Jan kniete nieder, rückte zur Seite, reichte ihm die Leine, hier, Henner, die Leine, so – da stürzte ein Windstoß fauchend in das Segel, schlug es knatternd zur Seite, riß die Leine aus Henners Hand, das Boot stürzte wie irrsinnig in dem Wasser hin und her, Jan war aufgesprungen und wollte das Segel fassen. Ein neuer Windschlag überfiel das Boot, „Elvira" schlug klatschend um.

Jan stieß prustend mit einem Schlage aus dem grünen quirlenden Wasser auf, das kalte Wasser zerriß fast die Brust, er warf sich auf die Seite und arbeitete sich schwer vorwärts.

„Henner!" gurgelte und schrie er, wenn die Wellen ihn hoben, „Henner! –" Ja, da glänzte der nasse Kopf, nun vorwärts, es sind noch fünfzig Meter. „Henner – das Boot?" – „Laß das Boot!" Jan tauchte mit einem Ruck, daß es wie Eisberge über ihm zusammenstürzte, nein, umsonst war er nicht Jan, und die Stiefel müssen ab, müssen, Hölle – also das ging, und er tauchte wieder auf, sah mit einem schiefen Blick nach dem glänzenden Kopf Henners, der mühsam in den Wellen stieg und sank. „Henner! Wie? Kannst du noch? Nein?" – „Die Stiefel!" – Nein, Henner hatte Schnürstiefel.

Da lagte sich Jan auf seinen breiten Rücken, griff den blassen Kopf Henners und schwamm zu Ufer.

Endlich, und es war zu Ende, die Funken tanzten vor ihm, und die See tanzte wie ein Silberspiegel, ein ungeheurer, der alles – O, nun lag er am Stege, brach sich, sah das Boot wie einen Fisch schaukeln, dann faßte er den Erschöpften, und unter Stolpern und Sturz schleppte Jan seinen Kapitän von der „Elvira" durch den winterlichen Garten, stieß die Haustür auf, und wie ein nasser Seehund fiel er mit Henner über die Schwelle der Kaffeestube.

Dann wurde es ihm so wunderbar dunkel, er merkte, wie Henner aus seinem Arme genommen wurde, er sank, so war es Jan, gegen eine wunderbar schwarze Mauer, und sie gab nach, immer mehr, wurde wie Samt, dann war es ein Abgrund, in dem er stieg und fiel, und eine brummelnde Stimme sprach aus dem Abgrund: „Diese Jungs, diese Jungs, so was, man gleich ins Bett, Mudding."

Als Jan erwachte, lag er in einem großen, wunderbar weichen und weißen Bett, er schielte ein bisschen an sich herunter, Doria, da hatt' er ein weißes Hemd an und nicht das rotkarierte, und dann sah er zur Seite – da lag Henner und lachte ihn an, dann schob er seine Hand in Jans braune Faust. Und wer saß dann am Bett, das war doch Henners Mutter, sie fiel Henner um den Hals und dann auch Jan, tja –. Das war sehr merkwürdig, weiß Gott, und zuletzt sah er am Bett einen Tisch, da stand Kuchen drauf, Matzkuchen, in dem die Rosinen wie Steine und Milchstraßen funkelten, Jan begann langsam und nachdrücklich zu essen. Jan, Jan willst du dich durch den großen Kuchenberg ins Schlaraffenland essen? Jan aß, dann lag er mit offenen Augen und wischte mit der Zunge beruhigt um den schmalen Mund.

Aber es ist noch nicht zu Ende, es kam noch das schönste. Die Tür ging auf, ein Mädchen brachte einen Weihnachtsbaum mit brennenden Lichtern und stellte ihn auf den Tisch vor Jan, dann kam die ganze Kaffeegesellschaft und brachte wunderbare Dinge, da war eine Strickjacke, eine Pelzmütze, ein Taschenmesser, Schokolade, und zuletzt kam der alte, brummelnde Onkel, suchte lange in einem Beutel, und legte drei blitzende Taler auf den Tisch. Jan wurde verlegen, ach, es war ihm zum Heulen, denn er war ein Häuslerjunge ohne Weihnachten, und nun war es doch gekommen, und wie!

Er dachte: ‚O, Mudding, das hättest du erleben sollen, so ein Weihnachten am Neujahrstage.' Dann sank er in einen tiefen Traum: Die drei Taler wurden zu einem blitzenden Silberhaufen, er konnte damit einen richtigen Segler kaufen, einen, der vor Kap Horn und Kap Guardafui nicht zurückschreckte, „Elvira" sollte er heißen, seinetwegen konnte Henner Kapitän drauf sein, aber er wollte am Steuer stehen, hallo, Ost-Süd-Ost, volle Fahrt, volle Fahrt, Steuermann, und auf dem freien, stürmischen Ozean in den Nächten, wenn die Sterne in die Flut sinken – übrigens war da auch ein wunderbares Taschemesser, und – aber er brachte die Dinge nicht mehr auseinander, Jan schlief ein, ein glücklicher, kleiner Junge.

JAGD IN DER URZEIT

Ein Ruf schwoll donnernd über das Gelände. Die Kraniche stoben erschrocken davon mit hellem Schrei, die Enten fuhren prasselnd auf, der schwarze Stier drehte sich schwer in mulmigen Moorwasser und blinzelte mit bösen, starren Augen in den Sumpf. Rücken an Rücken standen die Büffel im Moor, vorhin waren sie wie eine schwere, schwarze Wolke den Hang hinabgestoßen. Die Kälber suhlten sich, zuweilen schnauften sie und der Schlamm klatschte auf die ungeheuren Rücken. Die Hitze brannte über dem Sumpf. Da schrie es wieder mit ungefügem Trompetenton, nichts war wie dieser Ruf, und die Stille danach noch drückender. Die Büffel hoben die Köpfe, eine Mauer von schlammigen Zottelleibern stieg empor aus dem Sumpf und grollte den Hang hinauf, sie wichen diesem Laut, der näher kam.

Und dann trat aus dem Düster ein Tier, ein ungeheures Wesen, wuchs wie ein Riese, riß die Nebelschwaden auseinander, warf den Rüssel mit einem donnernde Schrei in die Luft; wie eine Mauer standen die Flanken, wie gespenstische Sicheln stießen zwei Stoßzähne vor, und ein Gewirr, ein Dickicht von Haar und Zotteln hing um das Tier.

Das Mammut zertrat den Sumpf, nichts widerstand ihm, es ging, stampfte durch die Moore, und wenn es schrie, krochen die Wälder in sich zurück. Wie ein Herr schritt es.

Aber auch Herren schreiten zuweilen in den Tod. –

Ein Ruf scholl durch das Moor. Da stand die schwarze Mauer der aufwärtsziehenden Büffel für einen Augenblick still, erstarrte, wandte sich und donnerte hinab. Was war da geschehen, es lagen zwei Büffel in dem Sumpfgras, sie stöhnten, sie zerstampften den Boden, und dann waren sie verendet. Ehe der Leitstier stille stand und äugte, war es rasend aus dem Gras hervorgebrochen, Menschen waren es, sie schlugen dem Stier dröhnend steinerne Äxte in die Stirn, daß sie brach, sie rannten ihm Speere mit Steinspitzen in den Leib – Halali. Dann stand einer dieser Menschen auf dem Büffel, der regte sich nicht mehr, und schrie in den Sumpf, das Blut der toten Tiere strömte über sein Gesicht, dann rissen sie den Tieren die Leiber auf, ihre nackten Körper dampften vor Schweiß.

Da schrie das Mammut wieder, lauter als vorher, der Wald donnerte unter einem Fall, das Gebrüll klang nach Not und Sturz, und wieder und immer wieder schrie es. Da riß einer der Männer sein Steinbeil aus dem aufgerissenen Leibe des Büffels, spähte einen Augenblick, rief den Arbeitenden Worte zu, sie stürzten hinter ihm her, verlassen lagen die toten Tiere. –

Horch! Nun wieder! Immer dieser Ton! – Und nun sind die Menschen dort an der Grube, in der das Mammut liegt und brüllt, nicht herauskann, ohnmächtig liegt es da. Halali, da sind die Männer und der Häuptling stellt sie auf, die Blutgier steigt, was wird das für Fleisch geben im Dorf, heran nun, und nun klettern sie über die Stämme und sind wie Wölfe, hängen an dem ohnmächtigen Riesen, der trompetet, aber die Jäger, nein, sie lassen nicht los, hinein die Steinäxte, aufgerissen die Seiten, und der Rüssel wirft sich in die Luft und faßt einen der Männer, und er stürzt dann schwer nieder. Die Männer schreien einander zu, sie schmettern die Waffen nieder, immer, die Augen sind nun Blutströme, und als das Mammut seinen Schrei noch einmal ausstößt, ist es am Ende, aber auch die Männer sind müde vom Schlachten, sie stehen um die tote Riesenbeute. Und einer von ihnen steht auf dem Schädel und hebt die blutigen Arme zum Himmel, er spricht, er ruft in wilden, fremden Worten, und die Männer schreien danach. Was sagt er? Ruft er einen Gott an? Sagt er: „Unsre lange Arbeit ist gelohnt. Der Herr der Wälder, der Riese mit der Gewitterstimme ist tot. Unser Dorf hat Fleisch"? Ja, das wird er wohl sagen. Und danach steigt ein alter, weißbärtiger Mann hinauf und spricht beschwörend fremde Worte, und alle Männer fallen auf die Erde, denn der Zauberer sagt ihnen: „Der Gott, der den Herrn der Wälder haßt, hat uns geholfen!" – Boten werden ins Dorf geschickt, das sind Höhlen am Flussbett: die Männer aber zünden Feuer an, ein Wall von Feuern brennt um den toten Riesen, die weißen Stoßzähne leuchten wie Sichelmonde in der roten Nacht, die Jäger haben mit den Beilen Fleischfetzen abgerissen, braten es, und liegen feiernd um die Flammen.

Die Wölfe haben den Blutgeruch gespürt, ihr Geheul zieht sich näher und näher im Kreis um die Fallgrube. Aber die Feuer werden sie abhalten. Die ganze Nacht werden die Wölfe um die Flammen lungern, dort liegt der tote Herr der Wälder, und die Männer schlafen, satt und mit vollem Magen.

ETWAS VON DER POST

Vater hat einen Brief an den Onkel in Bremen geschrieben, schnell, Fritz, schaffe ihn zur Post. Fritz klebt noch eine Marke darauf, wirft den Brief in den Kasten, dann tritt der Brief seine lange Reise an. Lange? Nein, denn es geht ja wie der Wind. Der Brief kommt zu einem Beamten, der drückt einen Stempel darauf, dann werden sie sortiert, der muß die Strecke nach Magdeburg, der nach München, jener nach dem Rheinland, und wer weiß wohin. Nach zwei Tagen ist der Brief oben in Bremen, so schnell geht das, die Züge sausen über die blitzenden Schienen und drin im Postwagen sitzen die Bahnpostbeamten und verteilen die Briefe nach der ganzen Welt, nach Italien, der Schweiz, Frankreich und sie sind in vier oder weniger Tagen dort; die dicken Postsäcke werden auf die Dampfer gebracht, und die fahren durch den Ozean nach Amerika und dann treten sie noch einmal eine kurze Reise an mit den schnellen amerikanischen Zügen in die Städte oder auf das Land, wo die Farmen stehen, und in die einsamen Wälder, wo Blockhäuser sind, der Bär und Wolf noch durch die Lichtungen traben. Da bringt vielleicht ein Postreiter die Briefe hin, aber sie kommen doch in die entfernteste Ecke von Japan und Australien.

Ja, so schnell ist das nicht immer gegangen, die Eisenbahnen, die ein schimmerndes, stählernes Schienennetz um die Erde gezogen haben, gibt es noch nicht sehr lange, denn was sind hundert Jahre in den vielen Tausenden von Jahren, die schon vergangen sind? Ihr wißt schon aus Lesebüchern, wie in den Zeiten, ehe die Lokomotive pfiff, die gelben Postwagen auf den Straßen fuhren, und der Bruder Postillon in das Horn blies, wenn er ins Städtchen fuhr. So wurden die Briefe befördert, aber das dauerte ein gut Weilchen, ehe da ein Brief an seinen Ort kam.

Und ganz früher, ich meine vor fünf- oder sechshundert Jahren, da sah es noch merkwürdig in Deutschland aus. Kleine Städte mit engen und finstern Gassen, hochgiebelige Häuser, die alle Vierteljahr einmal niederbrannten, keine Laternen, keine Sauberkeit, das Vieh auf den Straßen; denkt euch nur, wenn jetzt die Kühe noch über den Entenplan ziehen würden, und ein alter Hirte noch ins Kuhhorn blasen sollte. So war es damals, Post gab es überhaupt nicht, und die Leute wußten gar nichts voneinander; wenn in Königsberg ein Brand ausgebrochen war und hatte viele Gassen niedergelegt, oder bei einem heftigen Sturm an der Elbemündung waren drei reichbeladene Hamburger Schiffe der Kaufherren mit vielen Zentnern Zimt oder fremden Gewürzen untergegangen, das erfuhren die Leute gar nicht oder erst nach sehr langer Zeit, wenn ein Spielmann von weither in die Stadt kam, der wußte ja alles in der Welt, und der sang denn den Leuten um einen Becher Wein die Mär von den untergegangenen Schiffen. Und wenn nun Peter Brauer in Merseburg in Magdeburg einen Bruder hatte, und wollte ihm gern einmal Nachricht zukommen lassen, was tat er da? Er schrieb sorgfältig alle Grüße auf Pergamentpapier, schnürte es fest zusammen, versiegelte es, und das gab er einem Bekannten, der zufällig mit einem Lastwagen nach Magdeburg fuhr. Peter Bauer sagte: „Seid so gut, Nachbar, und bringt dies Brieflein meinem Bruder, Ihr sollt einen guten Lohn von ihm und mir erhalten.“ Der Nachbar fuhr los, kam nach zehn Tagen hin und gab den Brief ab. So war es mit der Post schlecht bestellt.

Da war es der Kaiser Maximilian, den ihr auch unter dem Namen „Der letzte Ritter“ kennt, der rief 1516 einen adligen Herrn Franz von Taxis zu sich, und dieser richtete eine Postlinie ein, die von Brüssel bis Wien reichte und über Speyer, Augsburg und andere deutsche Städte ging. Ihr müßt wissen, damals war Deutschland ein großes Reich, zu dem auch Österreich und Belgien gehörten. Und der Kaiser lebte einmal in Wien, und wenn es ihm gefiel, auch einmal in Brüssel. Es ritten also nun Reiter von Brüssel los und brachten kaiserliche Eilpost nach Wien, dann aber auch Brief von Kaufleuten und Handwerkern. Dazu kam eine regelmäßige Fahrpost, und die Postsachen wurden befördert, wenn auch sehr, sehr langsam. An diese erste Postlinie schlossen sich dann auch andere an, von Hamburg nach Süddeutschland, ganz langsam wurde das Reich mit einer Reihe von Postlinien überzogen, und alle gehörten der Familie Taxis. Ungefähr um 1600 wurde ein Edler von Taxis zum Generalpostmeister ernannt, und dieses Amt blieb in der Familie, es war erblich; so verdienten sie viel Geld.

Aber ganz sicher war es doch nicht, und manche Länder hatten keine solche taxische Postlinie, wie Brandenburg oder Sachsen.

Endlich nach ein paar hundert Jahren zerfiel das Deutsche Reich in viele Einzelstaaten, große und kleine, und viele dieser Länder hatten ihre eigene Post mit besonderem Porto. So wurde ein Brief schrecklich teuer. Besser wurde es, als 1850 der Deutsch-Österreichische Postverein gegründet wurde, 1868 kam dann der Norddeutsche Postbezirk zustanden, schon zwei Jahre zuvor hatte Preußen den Fürsten von Thurn und Taxis – soweit hatten die es gebracht! – die ganze Generalpostdirektion in Frankfurt a. M. abgekauft, und endlich, 1871, wurde die Deutsche Reichspost geschaffen, und vielleicht wißt ihr auch schon etwas von dem Generalpostmeister Stephan. Nun konnten die Leute Briefe schreiben, soviel sie wollten, und brauchten auch nicht mehr ein Vierteljahr zu warten, ehe wieder eine Nachricht kam. Je mehr Bahnen gebaut wurden, je bessere Maschinen in den Dampfern pochten und hämmerten, um so schneller reiste der Brief, und wenn du heute einen Brief an einer Verwandten oder Bekannten in der Schweiz in den Briefkasten wirfst, so ist er in zwei Tagen dort, und wieder nach zwei Tagen kann dir der Bekannten einen Gruß aus Zürich oder Bern schicken.

KAMPF ZWISCHEN ZWEI STÄMMEN IN DER PFAHLBAUZEIT

Ihr habt in der vorigen Nummer gelesen, wie vor vielen tausend Jahren die Menschen noch in Höhlen am Fluß lebten und mit Steinbeilen und Speeren, mit Steinspitzen den Büffel und das Mammut jagten. Heute führe ich euch ein paar Schritte vorwärts.

Ein paar Jahrtausende sind vergangen. Die Menschen leben nicht mehr in den düstern Höhlen, in denen sie Feuer anbrannten und große Fleischfetzen über der Flamme brieten, jetzt können sie Häuser bauen, Schilf- und Rohrhütten, und damit sie sicher sind vor Tieren und Feinden, haben sie ihre Häuser auf Pfählen erbaut, hoch über dem Seespiegel, große Boote, die sie mühsam durch Feuer und Beil ausgehöhlt haben, schaukeln sich unten. Woher weißt du das?, fragt ihr. Das will ich euch ein andermal genau erzählen, heute nur das: in einem See, der durch Abfluß Wasser verliert und immer flacher wird, findet man eines Tages, im Schlamm steckend, eine große Menge von Pfählen, in merkwürdig regelmäßiger Ordnung aufgestellt, man findet Tierknochen und an anderen Stellen Gewebe, Waffen aus besonderen Steinen, Speerspitzen, auch kleine geschnitzte Figuren. Das waren Menschen, die vor tausenden von Jahren lebten, und die Forscher nannten diese Zeit Pfahlbauzeit. Und da ist die Geschichte von dem Kampf der zwei Stämme:

Wo der rasch und grün dahinströmende Fluß sich zu einem kleinen See verbreitert, liegt das Pfahlbaudorf. Eine große Zahl von Rohrhütten steht auf den Pfählen, von Hütte zu Hütte führen Stege, und zu größerer Sicherheit ist eine stark geflochtene Mauer von Weidenzweigen errichtet worden, denn die Menschen im Pfahldorf müssen seit Monaten auf der Hut sein. Schweigend und von unergründlicher Tiefe liegt dort drüben der Wald, der Schrei schwarzer Nebelvögel hallt aus ihm, Büffel durchbrechen das Dickicht. Die Männer vom Dorf haben in mühsamer Arbeit den Urwald am Ufer beseitigt, und auf den Sumpfwiesen weiden die Kühe, gezähmte Büffel. Die Feuer brennen in den Hütten, die Frauen sind bei der Arbeit, die Buben hocken in den Kähnen und springen mit Kreischen in die grüne, klare Flut, rennen auf den Stegen und kümmern sich wenig um die Erwachsenen, die da sitzen und schaffen. Die Männer sind bei der Arbeit, sie schärfen die Pfeilspitzen, sie spitzen die Speere, schneiden Schäfte für Pfeil und Wurflanze, die Messer schleifen sie auf den Steinen; das klingt nach Kampf, das riecht nach Blut und Feuer; schweigend sitzen die Männer in der Ratshütte und arbeiten. Kriegszeit, Notzeit! Denn ein fremder Stamm ist ins Land gedrungen, das allein den Menschen vom Pfahldorf gehörte, kleine, schwarze, zwerghafte, tückische Menschen sind nun da, und hausen stromauf in den Schluchten, tanzen wilde Tänze um die Feuer und bemalen sich; o es steht noch ein bitterer Kampf bevor zwischen diesen Schwarzen, die eine wirre, dunkle Sprache führen, und den großen, starken Männern vom Pfahldorf.

Die Männer arbeiten, und es ist der Zauberer bei ihnen, der spricht und betet, ja, er fleht murmelnd um Waffensegen:

„Großer Gott, guter Gott des Sees und der finstern Wälder, sieh deine Männer, gib ihnen harte Axt und scharfes Messer, gib ihnen Mut und Ausdauer gegen die Zwerge." Es ist ein alter Mann, unter dem Bärenfell fallen weiße Strähnen hervor.

Die Männer arbeiten und denken an drei Späher, die sie vor zwei Tagen absandten nach dem Süden, stromauf, das Lager der schwarzen Menschen zu erkunden, zu sehen, ob sie rüsten. Zwei Tage, und noch immer haben die Männer kein Boot gesehen, das stromab käme. Der Häuptling schlägt sein Beil scharf, er schlägt Bitten an die Götter hinein, niemand weiß ja, wie stark die Fremden sind, die Einbrecher, die Diebe – und wo sind die Späher?

Rief da nicht jemand – wie – rief der Wächter an dem Zugang nicht Egil, den Häuptling. Auch rufen Buben – da erhebt sich Egil und schreitet hinaus, das Beil in der Hand. An der Brücke ist Gedränge, die Buben weichen zur Seite, zurück da, Frauen, wenn der Häuptling kommt, was ist da. Der Häuptling sieht hinunter, da an der Brücke sind Männer und heben mühsam etwas aus einem Boote. Egil tritt mit zusammengebissenen Lippen und blaß einen Schritt zurück. – Die Späher – tot, da legen die Männer sie hin, also war ihr Weg umsonst, also haben die Fremden sie entdeckt, als sie am Anhang lagen und in das Lager sahen, tot, die Brust zerrissen von Beilhieben, das Haar verfilzt und blutverklebt, tot, auch sein Sohn, der flinke, gute Läufer Uwo.

Egil, der Häuptling wendet sich. „Blas ins Horn", spricht er zum Wächter, und dumpf, drohend brüllt es das Pfahldorf aus dem Frieden. Not, Not, bläst es, die Feinde kommen. Und zu den Männern, die trauernd auf die Toten sehen, spricht er: „Schafft sie in das Waffenhaus."

Es ist still in dem Dorf, sie rüsten, die Buben arbeiten mit, die Frauen bessern noch die Wälle, die Männer feilen und schärfen,

Rache, glüht es in ihnen, und sie sehen, wie die drei überfallen und dann zum Hohn auf dem Fluß hinabgeschickt werden. Der Zauberer sitzt im Kreis der Männer, und singt mit dumpfer Stimme: „Unsere Späher schickten wir aus, unsere Besten fuhren auf dem grünen Fluß hinauf, schlichen sich durch die Wälder, und Uwo, der schlanke Hirsch, führte sie. Wer zerriß ihre Brust, wer tötete sie, wer höhnte sie? Eine schwarze Wolke wird von Süden kommen, und um die Flußbiegung werden Boote kommen, und die Männer des Dorfes werden sterben, wenn du es willst, Gott der Wälder und Sümpfe."

Lange stehen die Männer an den Brüstungen, klopfen die Herzen nicht laut wie Glocken, starren auf den Fluß, ja, sie müssen kommen.

Und mit einem Mal sind die Boote da. Die Fremden rudern rasend schnell, sie wissen, daß die Männer gerüstet sind auf dem Dorf, heran, heran, schreien sie in ihrer wilden Sprache, schnell, damit wir den Pfeilen entrinnen. Egil, Egil, da sind sie, und ruhig zielen die Männer, die Pfeile zischen und wenige sinken im Wasser. Die Boote stürzen heran, wie sind die schwarzhaarigen Menschen bemalt, wie sie rufen und brüllen vor Wut, vor Begierde, so, da stürzt einer in den Fluß, die Männer schießen, aber sie umzingeln das Dorf, einmal sind sie oben, klettern, stürzen und gurgeln, schreien im Wasser und versinken, und abermals steigen neue empor. Nun können sie ihre Waffen gebrauchen. Egil, Egil, wie donnert dein Beil, du willst den Sohn rächen, den Besten und Starken; die Männer kämpfen um das Dorf, ihre Steinäxte schmettern, die Fremden kleben wie Kletten an den Pfählen. Hinunter, da schlägt Egil einen zurück, und dann wird es zu einem Ringen und furchtbaren Kampf auf den engen Stegen und in den Hütten.

Wie viele Männer liegen da und ringen mit dem bitteren Gesellen Tod; Egil aber kämpft, und er ruft seinen Männern zu, er ist allein, denn der Zauberer ist tot, gestürzt, der singende Mund ist verstummt.

Wie eine blutige, furchtbare Ewigkeit scheint es, da sind die Fremden zurückgeschlagen und wenige fliehen. Egil steht mit den Männern hinter den Wällen und sie schießen Pfeile. Ein blutiger Tag. Die Frauen tragen die Toten herbei und die Männer stehen stumm um die Gefangenen. Wann sollen die Frauen die Toten waschen, wann soll ihnen das Grab zuteil werden. Jetzt nicht, auch morgen nicht, es müssen neue Pfeile, neue Äxte geschaffen werden, die Krieger und Kindern sammeln die feindlichen Waffen und schärfen die neuen. Egil, der Häuptling, steht mit einigen Wächtern auf der kleinen Warte und starrt nach dem Süden. Werden sie wiederkommen? Ja, gewiß, aber wird es schon morgen sein? Da beschließt er, einen Boten nach dem Pfahldorf im Norden zu schicken, sie sollen Männer senden, sie sollen schnell kommen. – Die Boten gleiten den Fluß hinunter.

Noch ein solcher Tag, und die wenigen, die übrig bleiben, müssen auswandern und die Hütten verlassen. Egil wendet sich um und sieht die Hütten. Die Feuer brennen, ihr Schein flackert heraus in die Dämmerung, und die Totenlieder klingen auf. Man hört das Schleifen und Kreischen der Waffen. Neue Tote werden kommen. Egil sieht in die Dämmerung und faßt sein Beil. Es ist ihm, sein gefallener Sohn Uwo stehe vor ihm, und mit ihm die Toten dieses Tages, die starken Männer vom Pfahldorf.

DIE SCHWÄNE

Eines Tages mitten im Januar wehte ein milder und warmer Wind über die Stadt, der Himmel wird weit und groß, er hängt wie eine blaue Seidenflagge über den Gassen und Plätzen, und die Krähen fliegen unter ihm mit lautem Schrei, der heute heller klingt und verheißungsvoller als sonst. Es ist auch gar nicht zu verwundern, daß die Sperlinge heftiger lärmen in den kahlen Gärten, bitte, bei solch einem wunderschönen Tage, daß die Leute es sich als allererstes sagen: „Das ist ein Tag, wie, Herr Nachbar, als ob es Lenz werden wollte."

Der Teich, auf dem einen Tag lang die Schlittschuhe die blinkenden Linien und Bogen zogen, ist wieder offen, er blinkt wie ein wunderbares Auge, und alle Dinge zittern auf der Fläche. Die Kinder spielen am Teiche, sie fahren mit kleinen Wagen auf dem breiten Strandweg, sie rufen, lachen, lärmen, ihr helles Lachen und Schreien dringt in die milde Luft. Nun rufen sie die Schwäne, die langsam auf dem Wasser schwimmen: „Komm, Hans, komm." Siehst du, die Schwäne kommen heran, sie kennen doch diesen Ruf schon von vielen Sommertagen, wenn die Mütter mit den Kinderchen am Teiche gingen. Da gab es Semmel und Gebäck und allerlei Gutes; den Ruf kennen sie, langsam schwimmen sie an das Ufer, warten ein bißchen, aber die Kinder haben nur aus Spaß gerufen, die Schwäne bekommen nichts, keinen einzigen Brocken. Erst schwimmen sie noch ein wenig zögernd am Ufer entlang, und dann kehren sie um in die Mitte des Teiches, treiben langsam auf und ab. Dann wird es wieder still. Die Kinder gehen nach Hause oder spielen an einem andern Sandhaufen. Die Schwäne bleiben allein, einige segeln langsam in das alte Haus, waten im Schlamm oder sehen gleichmütig auf die Stadt, die dort drüben lärmt und in den trüben Dunst des Spätnachmittags sinken will, nur zwei schwimmen noch immer draußen, unermüdlich, zuweilen rauschen sie mit den Flügeln, das Wasser schäumt und sprüht, und dann segeln sie schneller. Was ist denn in sie gefahren?

Der helle Tag, die warme, wehende Luft, die weißen Wolken dort oben, das ist ihnen ins Herz gedrungen, sie denken, sie denken und in den Schwanenherzen klingt es von Erinnerungen. Diese beiden Schwäne, die wir kurzerhand Troll und Grau nennen wollen, wie viele ihrer Artgenossen, diese Schwäne, diese Schwäne hören mit einem Male fremde, glockenvolle Töne in der Luft und ein wildes Rauschen von vielen Flügeln, stärker als der Wind in den Pappeln, wie eine Brandung an der See, seht ihr, Troll und Grau, die langen Züge der Schwäne in der klaren Luft, seht ihr, wie die Sonne in den brausenden Schwarm fällt mit tausenden Goldlanzen, und nun ist der Zug der Schwäne eine Engelswolke, die knistert und singt, schwebt und steigt, hört ihr den Ruf, den Wanderruf eurer alten Kameraden von den einsamen Seen und Sümpfen? Ja, nun fallen sie tiefer in die Erinnerung, sie können sich gut besinnen, daß mitten im dichten Schilf ein Nest war; als sie auf der Welt waren, hörten sie ein donnerndes Rauschen. Vater sagte: „Das ist die See", und sie wußten nicht, was das ist, die See.

„Weißt du noch, Grau", sagt Troll und dehnt knisternd die weißen gebogenen Federn, „weißt du noch, wie Mutter immer ängstlich war und nicht wollte, dass du fliegen solltest, denn du warst gar zu klein, Grau. Und im Anfang war es auch schwierig, gut zu tauchen und gründeln, Vater hielt sehr darauf, daß wir es sorgfältig lernten."

„Und dann der erste Flug, Troll", flüstert Grau und treibt so langsam auf dem dunkelnden Wasser. „Glaubst du, ich könnte vergessen, wie wir zum ersten Male flogen, so geradenwegs in die Wolken hinein, daß ich dachte, wie werden sie doch nicht anstoßen und schmutzig machen. Nein, es ging, wunderbar ging es, hoch konnten wir fliegen, und zum ersten Male sahen wir: die See. Die donnerte und rauschte ..."

„Ja, Grau, und eines Tages waren wir auch dort und hatten Freunde, kennst du noch Silberschnee, die Möwe, und das

Blesshuhn und den Seehund Trolle?" Ja, gewiß kennt Grau die verschollenen Bekannten noch, niemals werden die Erinnerungen aus dem Schwanenherzen schwinden. Wie war es denn möglich, daß das eines Tages zu Ende war, nach einer so kurzen Herrlichkeit, nach so kurzem Flug? Hände packten sie, Wunden wurden gepflegt, die Flügel verschnitten, nach einer dunkeln Fahrt waren sie in dieser Stadt, auf einem Teiche, den sie überfliegen wollten in ein paar Flügelschlägen und mit einem Glockenschrei – o Himmel, als sie die Flügel entfalteten, rauschten sie nicht, sie trugen auch nicht, die Schwäne sanken schwer ins trübe Wasser, niemals können sie fliegen, der lange Flug mit den Kameraden zu Ende, endgültig vorbei. Ein alter Mann in grüner Mütze sorgte für sie, Troll und Grau und die andern Kameraden schlafen nun nicht mehr unter dem wehenden klaren Sommerhimmel, sondern in einem strohgedeckten, düstern Häuschen, die Wellen plätschern nicht mehr, denn das hier sind keine Wellen, und die Brandung hört man nicht, nicht das Gebell des alten griesgrämigen Seehunds, nicht das Hämmern und Pochen der See. Sie sehen Kinder und große Menschen am Ufer und lassen sich bewundern, nur manchmal dehnen sie die Flügel und schießen schnell und zornig durch dies trübe schlammige Wasser.

So sind die Erinnerungen, die Troll und Grau wieder aufsteigen lassen an diesem Tage, der so warm und hell ist, noch in dieser Stunde des Spätnachmittags, da schon der Schein der Sonne milchig auf die Häuser sinkt. Sie schwimmen, immer fahren sie dieselben Kreise. „Grau, alter Bruder, denke, wir waren freie Schwäne", ruft Troll zornig und wirft die Flügel auseinander, sie sprühen, sie rauschen, seine Füße treten das Wasser, es schäumt und perlt, und nun heben sich die Flügel und schlagen die Luft, und die Füße heben sich vom Wasser – Troll fliegt, er hebt sich über die Wasserfläche. „Grau, alter

Genosse, fliege, fliege, es geht – " Da beginnt auch Grau zu rauschen und zu schlagen, nun gleiten sie, nun fliegen sie, nun sind sie nicht mehr unsicher, sie fliegen. „In die Freiheit", ruft Troll und ihm klingt sein Schrei und die Antwort wie in den Tagen, als sie mit den andern über die See flogen, glockenvoll und siegreich. „In die Freiheit – " Nun schweben sie über dem Teich, höher, o, was ist das für eine Lust, das Wasser da unten zu sehen, und die Häuser so klein und die Lichter, die nun anfangen mit hellen Augen zu winken.

Aber mitten im Flug merkt Troll, wie er die Flügel schlagen muß, mehr, immer mehr, immer schneller, und das Herz beginnt rasend zu klopfen, wie er es nie spürte, und der Körper wird mit einem Male so schwer, – mühsam wird der Flug, nun sind sie über dem Moor und Sumpf, schweben mit schweren, steifen Flügeln, keines will es dem andern sagen, wie schwer es ist, dieses Fliegen nach einer so langen Gefangenschaft.

Aber zuletzt sausen sie im Gleitflug nieder, stürzen schwer auf das mulmige Moorwasser. Das ist so eine elende, brackige Suppe, nichts von der silberklaren, kühlen Brandung, in der sie auf und nieder ritten mit vollem Schrei.

So ist also der Flug zu Ende, so werden sie nie wieder frei fliegen können, immer wird ihnen ein alter Wärter Futter bringen, und sie werden es nehmen, denn sie müssen ja sonst verhungern.

Langsam, langsam gleiten sie auf dem Moorwasser, die Wolken am dunklen Himmel werden bald in der Nacht verschwinden, die Sterne am Himmelsbogen herausziehen, andre Sterne, heute sind sie ihnen gleichgültig, bitter und traurig sitzt in den Schwanenherzen der Gedanke, daß sie nie mehr fliegen werden. Sie verstummen und nach einer Zeit finden sie im Schilf einen Platz. Der Wärter wird morgen früh sehen, daß zwei fehlen, er wird sie suchen und finden. Troll und Grau werden sich nicht wehren. Dann wird am Abend in der Zeitung stehen: Heute waren zwei Schwäne ausgeflogen, der Wärter fand sie am hintern Gotthardteich. – Und niemand wird daran denken, warum die beiden Schwäne wegflogen.

DAS FIEBERMÄRCHEN

Kaum einen Tag war ich in der großen Hafenstadt im Osten, kaum hatte ich die wehenden Palmen einmal gesehen, kam das Fieber über mich, so schnell, so heftig und überwältigend, daß ich mich mühsam noch in meine Stube schleppte, die ich in einem alten, grauen Haus gemietet hatte, und auf dem Lager zusammenbrach. Nun kam es, nun würde es mich überfallen, mörderisch, es war mir, ein eisiger Reif hätte sich um meine Augen gelegt, aber die Höhlen glühten wie Vulkane, es schien, als brause eine Wolke von kleinen Flügeltieren in den Adern, jedesmal, wenn sie mit den grünen Flügeln an die Aderwände klirrten, war es, die Hülle bräche, und das Herz schlug wie eine Glocke an die fiebernden Wandungen des Leibes, jeder Schlag war Schmerz.

Da lag ich, es schien ein ununterbrochenes rasendes Hämmern in der Stube zu sein, woher kam das, es war doch niemand in dem Haus, warum schlug sich der Hammer so schmerzhaft in mich – das war mein Herz. Und im Dunkelwerden des Zimmers spürte ich ein unbegreiflich schwellendes Donnern, es klang wie ein tiefer beruhigender Baß und danach wie ein fremdes Lachen: das Meer rauschte vor dem Hafen – und schon schwebend in der Dämmerung des Fiebers ahnte ich, daß in diese ruhige übermenschliche Stimme der Arbeitsruf der Fischer in den schlanken Booten eingebettet sei, die weit draußen auf- und abstiegen, der wehende Wind in den Palmen und das Summen der Stadt.

Ich verging vor Durst, niemand kam die Stiege herauf, mir zu helfen; wollte mir niemand helfen, war ich so einsam in der Stadt? Horch, das Wasser rauscht dunkel und voll Glanz, und hier liegt ein Mensch im Fieber.

Wie ich nach einem wilden Anfall wieder still und ermattet lag und sinnlos in die Dunkelheit hineindachte, öffnete sich leise die Tür und es trat ein Mensch herein.

Gehörte er zu diesem Haus, wie kam er hierher, hatte er erfahren, daß ich krank sei, und wie konnte er es erfahren haben? Mit einer leisen Verbeugung trat er an mein Bett, ich konnte erkennen, daß dieser Mensch ein dunkelbärtiger, älterer Mann in eine Tracht gehüllt war, die ich in diesem Lande noch nie gesehen hatte. In einer merkwürdig singenden Stimme fragte er mich etwas, ich verstand kein Wort davon, ich spürte nur den beruhigenden Ton der Stimme, die wohl gesprochen hatte: Du bist krank? Er legte seine Hand auf meine, und im Augenblick war es mir, als flösse alle Glut, die eben noch in meinem Leibe gebrannt hatte, wie ein brennender Strom durch diese Hand in den Fremden.

„Wenn du ein Arzt bist", flüsterte ich, o, vielleicht verstand er mich, ich weiß, niemals habe ich meine Stimme so heiser, so ausgebrannt und gequält gehört, „wenn du ein Arzt bist, so gib mir zu trinken." Und ich wußte, daß es geschehen würde. Der Fremde nickte, rief ein fremdes Wort zur Tür, sie ging leise auf, ein Mensch, ein Sklave, ein Diener des fremden Mannes trat ein und trug einen schimmernden Kelch, in dem wie eine dunkelrote Flut Wein schwankte, und das Dämmerlicht fiel weich auf die Verzierungen des Kelches.

Ich hob den Becher an die rissigen Lippen und süß, erquickend trank ich den Wein. Da war es mir, die Hülle, die im Fieber über meinen Augen gelegen hatte, fiele ab, aus dem dunklen Grunde des Getränks stieg etwas empor, etwas Merkwürdiges, nun zitterte es grün und ein weißer Ring lag darum, ich sah eine Insel aufsteigen aus unermesslicher Tiefe. Die Insel tauchte hinab und verschwand, ein anderes Bild zitterte mir entgegen, ein Gesicht von unbeschreiblicher Schönheit, liebliche Blässe lag unterm schwarzen Haar, und es schien, ihr Mund, der zart geschwungene Sichelmund, spräche etwas, aber ich verstand es nicht. Als ich den Blick vom Becher hob, schien mir die Stube noch dunkler und trostloser; ich fühlte mich einer merkwürdigen Sprache fähig.

„Fremder, was ist mit der Insel?“, sagte ich; der Mensch verneigte sich und antwortete: „Du bist der Auserwählte, Herr, das Boot wartet unten.“ Er winkte, es traten vier Diener herein, hoben mich in eine Sänfte und trugen mich die Treppe hinunter. Niemand war auf der Gasse, die Diener trugen mich an das Meer, über einen weichen Strand, der in der Dunkelheit blaß funkelte, und ich sah, wie in der schwellenden Flut ein langes Boot lag, in dem stumme Bootsleute saßen. Jetzt hörte ich den Donnermund des Meeres gewaltig, nichts kam diesem Laute gleich. Die Sänfte wurde niedergelegt, der Fremde trat mit einer Verneigung vor mich und sagte: „Das Boot ist da, Herr, es ist alles gerüstet zur Fahrt.“

Ich trat aus der Sänfte, frisch, leicht, als wäre nie Fieber in mir gewesen, und stieg in das Boot ein, das mit wenigen Sätzen in die Dunkelheit hineinschoß. Stumm ruderten die Männer, stumm saß der Fremde am Bug und starrte in das Meer. Es schien, als seien wir in wenigen Minuten mitten im Meer, es war still, die Brandung war verschollen. Mein Herz schlug und bebte, mußte jetzt nicht ein Wunder kommen, das große Wunder, mein Herz schlug der unbekannten Insel entgegen. Wie ich den Blick einmal auf den Boden senkte, erschrak ich; ich saß in einem durchsichtigen Boote, ja, es war, als gehe von ihm ein Leuchten und Strahlen aus und dringe in die Tiefen. Ich sah hinunter, da wogten Wälder im Strom hin und her, Wesen, unheimliche Tiere glitten dicht unter dem Boote, und sie blickten mich von unten an, zuweilen streiften sie den Kiel mit einer leisen, klingenden Erschütterung. Sah ich denn nur allein, sahen die stummen Ruderer nichts? Wie ich den Blick hob, erschrak ich wieder, es saß vor mir auf dem Bootsrand ein Vogel mit dunklen Augen, die wie Perlen funkelten. Der Vogel, ja, wie kam er hierher in diese Stille, in die Weite? Der kleine, schwarze Vogel begann zu singen, leise, innig, wie ich es noch nie gehört hatte, er bewegte den schwarzen Kopf in einem seltsam wiegenden Rhythmus; und ich hörte entzückt zu. Mein Herz fragte: „Wer bist du, kleiner, schwarzer Vogel, wie kommst du hierher in die Stille?" Sieh, der Vogel begann da zu sprechen: „Ich weiß, wohin du fährst, du willst zur Insel." – „Ja", sagte ich, „wo liegt sie, mein Herz hat Verlangen danach, ich verlange nach der Prinzessin." Mir schien, der Vogel lächelte über mein Verlangen, er sprach: „Ich will dir helfen, denn die Prinzessin Yamo ist meine Gebieterin, erschrecke nicht", da flog er auf meinen Arm, stieß den schwarzen Schnabel hinein, ein Tropfen Blut glänzte darin, und dann war es eine dunkelrote Perle. „Öffne die Hand", sagte der schwarze Vogel, und die Perle rollte in meine Hand. „Sieh hinein." Da erblickte ich, deutlicher als in dem Getränk der Fieberstunde, die Insel, grün stieg sie aus dem zitternden Ring der Brandung, die Flanken der Felsen waren wie mit einem weichen Fell von Wäldern umhüllt, und in der Ebene erblickte ich einen Palast mit hohem Turm. Zuletzt aber wuchs mir das Bild der Prinzessin in süßer Blässe entgegen, ich meinte, den Duft ihres Haares zu spüren und das Wort zu hören, das sie mir sagen würde, wenn ich käme, wenn ich käme. Mein Herz fing an zu jubeln. Der Vogel schwang sich mit der Perle vom Bord auf und rief: „Verzage nicht, die dir die Perle gibt, die ist es." Da war er verschwunden und wir fuhren stumm im Meer.

Da begann es schneller und schneller lichter zu werden, ein Schein brannte am Himmel auf, wuchs, – wie, das Boot? – das wurde kleiner, wo waren die Männer, wo war der Fremde, wo – mein Herz begann einen Augenblick zu zittern, da aber fühlte ich, wie Kraft mich durchschoß, und, wie seltsam war es, eine fremde Küste mit grünen Wäldern an Felsen wuchs mir entgegen, immer mehr, und ich stieg empor, und stand still an einem fremden Strand. Da klang eine Stimme, schwer und dunkel, was ich ahnte: „Dies ist die Insel der Prinzessin Yamo." Ich blickte empor, aber ich sah niemand. Mein Herz sagte bewegt: „Nun will ich zur Prinzessin", und nach langem Wandern durch die Wälder gelangte ich durch eine wunderbare Ebene vor das Schloß. Man schien auf mich gewartet zu haben, fremde Menschen traten mir entgegen und verneigten sich. Ich aber fragte nur: „Wo ist die Prinzesssin Yamo?" O, ich hatte sie nicht vergessen, und meine Hoffnung war so groß und schimmernd.

Ich begann die lange Treppe zum Schloß hinaufzusteigen, und erkannte, daß oben, da, wo eine wunderbare Säulenhalle sich erhob, ein Mädchen stand, und je näher ich kam, um so mehr begann mein Herz zu jubeln: „Yamo, Yamo, wie ich dich liebe." Ja, mein Herz mußte mir vorausgeeilt sein und ihr diese Worte gesagt haben, denn ich erkannte, wie sie mir entgegenlächelte und sich zu mir neigen wollte. „Yamo", wollte ich sagen.

Da begann unerwartet und schnell eine Wolke aufzusteigen, sie schob sich zwischen uns, das Bild Yamos wurde blaß; was rosig und zart geleuchtet hatte, wurde dunkel, und die schwere Stimme, o, wie ich sie haßte, sagte: „Weiter, Erwählter, du bist nicht am Ende."

Mit tiefer Bitterkeit begann ich auf der Treppe weiterzusteigen, nichts war vor mir als die Wolke, die dunkel über dem

Land lag, ich schritt, ich wußte nicht mehr, wie lange ich stieg, und es wurde mir schwer, denn ich war ganz allein. Aber hatte mir nicht der kleine schwarze Vogel gesagt: „Verzage nicht"? Ich wollte weiter, nein, ich wollte den Mut nicht verlieren.

Zuletzt aber zerriß die Wolke, ich stand auf einem Felsen und sah tief unten, als wäre ich lange Jahre gestiegen, die Länder, die Meere; eine tiefe Angst kam über mich, vielleicht hatte ich mich nun verstiegen und würde Yamo für immer verlieren.

Ich sank zusammen mit schwerer Bangigkeit und schlief ein.

Als ich erwachte, war ein seltsames Dunkel um mich. Nein, ganz dunkel war es nicht, ein kleines Feuer brannte, aber wo war ich? Was war das doch, ich stand still, ich konnte mich nicht rühren, nicht die Arme bewegen, nicht den Kopf, stumm stand ich und ein kleines Feuer brannte vor mir, ein Mensch kniete dort und murmelte. Lieber Gott, dachte ich, was will der, warum kann ich nicht mehr sprechen? Die falschen Mächte hatten mich verwandelt und die wilden Stämme der Berge verehrten mich, ich war ein stummer Heiliger.

Da oben in dem Tempel stand ich, und ich fühlte, wie die Jahre sich über mich legten und ich grauer wurde, mein Herz aber klopfte innen: Yamo. O, ihr Bild kannte ich noch, niemals hatte ich es vergessen.

Eines Tages scholl Lärm und Trompetenstoß durch die Stille, die Tür wurde aufgerissen, ich sah bebend draußen einen langen Zug von Reitern – ein Mädchen trat ein und ging zu mir hin, legte eine kleine dunkelrote Perle in meine Hand – es war Yamo, – wie, waren denn die Jahre vergangen, daß ich hier oben in der Stille stand. Yamo, jubelte mein Herz, es war mir, alle Last sinke von mir – und mit Jubel stieg ich herab und nahm Yamo, die nun endlich gekommen war, in meinen Arm. Ihre Augen waren warm und herzlich, sie war die Prinzessin

Yamo. Ich sprach: „Wir wollen hinuntersteigen und übers Meer in mein Schloß."

So geschah es. Ein Boot lag unten, am Strand, es schoß strahlend über das Meer, und wir saßen darin.

Als die Dunkelheit über das Meer fiel, stieg eine schwere Müdigkeit in mein Herz. Yamo flüsterte: „Bist du krank?" Ich lächelte noch und sagte: „Das wohl nicht, Prinzessin, aber lege mir deine kühle Hand auf die Stirn."

Es war so wohltuend, die kühle Hand auf der Stirn zu wissen. Meine Gedanken wurden so schwer, es war mir, ich schreite noch einmal den Berg empor und würde so stumm wie im Tempel, ehe Yamo kam. „Yamo", sagte ich und fiel in schweren Schlaf.

Als ich erwachte, stand die Dunkelheit im Zimmer und eine kleine Lampe am Bett konnte sie nicht verdrängen.

Ein fremdes Mädchen saß am Bett und legte mir ein duftendes Blatt auf die Stirn, so daß Kühle und Erquickung über mich kam. „Endlich sind Sie erwacht", sagte das Mädchen in der Sprache dieser Stadt, die ich verstand, „das Fieber ist nun ein wenig gesunken." Ich schweig und lag in großer Mattigkeit auf dem Lager, ein Name kam stumm über meine Lippen – Yamo. Aber nun war wohl die Wolke, die uns einmal trennte, immer zwischen ihr und mir.

DER KLEINE, GRÜNE LUFTBALLON

Eine ganz merkwürdige Geschichte.

Einmal, als Jahrmarkt war und die sommerliche Luft noch am Abend erfüllt war von Lärm und Lachen, dem Ruf der Verkäufer, daß es hier nur und an keinem andern Orte die beste, billigste unübertrefflichste Ware gäbe, als sich die Menschen laut und fröhlich wie Schlangen hin- und herzogen und überall standen und wenig kauften, geschah es, daß ein kleiner Junge, so ein richtiger, kleiner frecher Kerl, einen Mann anrempelte, der Luftballons verkaufte, und wie anrempelte, denn der Mann ließ vor Schreck seine Luftballons los und wollte wütend nach dem Jungen fassen, aber der war weg und hatte sich verkrochen, und noch ehe der Mann begriff, waren die Luftballons aufgestiegen, und schimpfend sah er den kleinen Bällen nach, die sich langsam voneinander lösten und wie grüne und blaue, buntfarbige Erdkugeln über der Helligkeit sich drehten und segelten. Es war ein seltsames Bild, wie sie so einzeln hinschwebten, zuweilen gerieten sie in einen Lichtstrahl, der von den vielen Feuern aufstieg, und dann funkelte der kleine Ball und auf seiner glänzenden Haut war für den, der so gute Augen hatte, dies zu sehen, der ganze Jahrmarkt mit seinem verwirrenden Leben sichtbar, ganz klein und deutlich.

Die Luftballons stiegen und sanken, und der Wind, der mild über den Markt fuhr, machte sich ein Vergnügen und blies sie bald hierhin, bald dorthin, und jagte einen von ihnen mit einem leisen Knall an die große Uhr am Rathausturm, die wie ein leuchtendes Auge auf das Leben unten sah. Und die Uhr knarrte erschrocken: „Hoppla“, und der große Zeiger sprang gleich eine Minute weiter. Der kleine, blaue Ball sagte mit leiser Drehung: „Verzeihung“, und flog in seiner Verwirrung über das Dach, wo er in einer Ecke hängen blieb, so war es für ihn zu Ende. Am nächsten Tage würden die Kinder ihn dort oben sehen und rufen: „Hallo! Ein Luftballon!“ Er würde noch einige Zeit hängen und dann zerplatzen, seine Haut war ja so dünn und zart.

Was aber geschah mit den andern, die mit ihm aufgeflogen waren? Segelten sie nun über dem Walde, flogen sie über dem See und die letzten Häuser der Stadt? Hier war einer hängen geblieben, dort still zur Erde gesunken, und zuletzt waren sie weit auseinander und verschwunden.

Einer aber flog stumm und rund über den Wald, und die dunkeln Bäume reckten sich vergeblich nach ihm auf, er schnellte mit einer spöttischen Drehung ein wenig höher. Als er über den See flog, erschrak mit einem Male die Entenmutter im Schilf, als ein dunkler Schatten lautlos über das Wasser flog, was mochte das sein? War es eine Eule?, nein, die schrie zuweilen in ihrem Fluge doch auf; sie kannte den Ball nicht und war doch ein wenig beruhigt, als der Schatten vorüber war. So still war es, niemand mehr wach, und die Tiere schliefen, der Fuchs knurrte im Traum, das Eichhörnchen reckte die kleinen Krallen, als es an den Tag dachte, der Marder saß still und mit glänzenden Augen auf dem Baum, als der kleine Luftballon vorüberschwebte. Der Marder kauerte sich zusammen, und mit bösem Ton knurrte er: „Wer bist du?“ Aber der Ball trieb vorüber und antwortete nicht. Die Eule, die ihr Nest verlassen hatte, um auf einen mörderischen Raubzug zu gehen, schwang sich mit einem Flügelschlag zurück in das Dunkel, aus dem sie kam, und wartete still. Der grüne Luftballon aber wußte nichts davon, daß er Angst und Furcht brachte, und schwebte stumm über die Ebene.

Wir wissen nicht, was er gesehen hat; wäre er zurückgekommen und hätten wir seine Sprache verstanden, so hätte er erzählt, und kein Ende gefunden. Er hätte berichtet, wie die Städte da unten immer kleiner würden, und endlich nur wie leuchtende Flecken in der Dunkelheit lagen, wie lange Reihen schimmernder Punkte blitzschnell über die Erde glitten, hier hielten und immer weiter sausten. Der kleine Luftballon wußte nicht, daß dies die Eisenbahnzüge sind, die in der Nacht über den Erdball fahren. Er hätte davon erzählt, wie das Land ein Ende nahm, und das Meer wie eine dunkle Schale sich ausbreitete, und manchmal ein Lichtstrahl in der Dunkelheit aufsprang und winkte und rief, dem Schiff auf dem Ozean, das Furcht vor den Klippen hatte.

In der Zeit aber, in der ich euch erzählte, was er gesehen hat, dieser kleine, grüne Luftballon, wäre er aufgestiegen, so hoch, daß die Erde ihm wie ein großer Ball mit einer hellen Fläche erschien, und er schwebte empor und wunderte sich, was das für eine Riesenkugel wäre. „Wer bist du?", frage der kleine Luftballon schüchtern, er kam sich ja so klein und winzig vor. „Wer bist du?" – „Ich bin die Erde, auf mir wohnen Millionen von Menschen, auf mir sind Länder und Meere." – „Ach", flüsterte der kleine Luftballon, „Verzeihung", und glücklicherweise kam ein Windstoß und riß ihn weiter und weiter. Er schämte sich, denn auf ihm war nichts, kein Erdteil, kein Meer, nur eine dünne, zarte Haut.

Ein bißchen hilflos schwamm der kleine Luftballon im Weltraum herum. Da kam er zum Mond. Der Mond, der gerade rund und pausbackig war, glänzte hell, und als nun der Ball vor seinen Augen herumtanzte, schimpfte er mächtig los: „Das ist unerhört, mir so im Gesicht herumzutanzen, wer bist du denn und was treibst du dich hier herum, kleiner Kerl", und er blies seine Backen mächtig auf, und das machte, daß auf der Erde das Wasser auf der einen Seite zurücktrat und der Boden sichtbar wurde, und auf der andern Seite wuchs das Wasser an, wurde mächtiger und wilder, das nannten die Menschen Ebbe und Flut. Der Mond konnte sich nicht beruhigen, da war der kleine, grüne Luftballon schon längst weit weg und sah nur noch, wie der Mond immer noch schimpfte, und dann auf einmal still wurde, denn die Erde war auch zornig geworden und war böse auf den Mond und sagte: „Du dicker Kerl, was bläst du dich so auf, daß wieder so viele Menschen ertrinken müssen. Schäme dich mal, na, übrigens ist deine Zeit bald herum, dann hast du einen Monat Zeit, dir deine Dummheit zu überlegen." Schüchtern sagte der Mond: „Aber Erde, daran ist doch nur dieser kleine Ballon schuld." Aber er sah ihn nicht mehr, denn der kleine, grüne Freund flog schon weit vom Mond entfernt und kam zu den Sternen. Auf einmal erschrak er mächtig, ein Rauschen und Zischen durchfuhr den stillen Weltraum, was war denn das, und da schrie es ihn schon an: „Aus dem Wege, keine Zeit, hallo", und da fuhr es schon wie ein Blitz mit langem Schweif hinunter, flammte auf und erlosch. Von dem Luftzug, das kann man sich denken, drehte sich der kleine Ballon, daß er ganz schwindlig wurde und gar nicht mehr zur Ruhe kam.

„Ja, mein Freund, das war eine Sternschnuppe, die ist eben zur Erde gereist; da bist du wohl schön erschrocken, das kann ich mir denken", sagte eine Stimme neben ihm. Als der kleine Ballon sich umdrehte, war ein großer Stern neben ihm mit einem langen Schweife. „Ich bin ein Komet", sagte der fremde Stern, „aber deinesgleichen habe ich hier noch nicht gesehen, merkwürdig, wie ist dein Name?" Der Luftballon sagte ganz leise: „Ich bin ein Luftballon." Aber der Komet hatte den Namen noch nie gehört, und er kannte doch gewiß eine große Menge von Sternen. Ja, er kannte nicht nur die Sterne dieser einen Welt, er war durch mehrere Welten geflogen: „Ja, was bist du denn eigentlich?", fragte er. „Ich weiß es nicht", flüsterte der kleine Luftballon. „Sieh mal, kleiner Freund, pass' mal auf, du verstehst mich nicht. Ich bin der Komet und bestehe aus Feuer, und ich sause hier im Weltraum herum. Ich bin ganz glühend, darum ist es auch besser, mir nicht zu nahe zu kommen. Weißt du, ich bin ein bißchen leichtsinnig und tanze aus der Ordnung, dabei kann es mir schlecht gehen, denn wenn ich mal nicht aufpasse und renne an einen Stern, dann ist es aus mit mir, ich zerplatze, und dann suchen die Professoren und gelehrten Männer auf der Erde, wohin ich geflogen bin, und dann sagen sie: Der Komet ist verschwunden. Überhaupt die Erde, ist sie dir nicht unfreundlich gekommen?" – „Ja", flüsterte der kleine, grüne Luftballon, „sehr unfreundlich", und wurde ein bißchen zutraulich. „Die Erde", sagte der Komet und zog seinen leuchtenden Schweif ein bißchen heran, daß die Funken stoben, „das ist was ganz Merkwürdiges. Sieh nur mal die beiden weißen Ringe da oben am Ende an, das ist lauter Eis; die Erde ist schon recht bejahrt und könnte ruhig weg. Und dann diese Flächen, diese hellen und dunkeln Striche, es ist alles merkwürdig." – „Ja", sagte der kleine, grüne Luftballon, „das sind die Länder und das Dunkele sind die Meere", und war froh, daß er auch ein bißchen wußte. „Hm", sagte der Komet, „und wohin geht die Reise nun, du kleiner Kerl? Ich selbst fahre jetzt weiter, mit mir kannst du nicht reisen, das wäre auch zu gefährlich. Ich werde mal meine Freunde am Neptun besuchen, und du?" – „Ich weiß es nicht", sagte der Luftballon, „ich weiß überhaupt nicht, wohin ich reisen soll." – „Am besten ist es, wenn du zur Milchstraße fliegst, dort findest du vielleicht jemand, der dir weiterhilft. Und nun gute Reise" – damit sauste der Komet los und fuhr so dicht an einem Stern vorbei, daß ein Stück von ihm abbrach und wie ein Funkenregen in die Tiefe stürzte. Dann war er verschwunden.

Unser guter, kleiner Luftballon segelte weiter und war ein bißchen mutig geworden. So kam er zur Milchstraße. Zuerst schien es ihm, als wäre sie ein wunderbarer dichter Schleier oder wie der Rauch von einem großen, himmlischen Feuer, als er näher kam, wurden es lauter Punkte, und zuletzt waren es Sterne, und er erschrak, denn sie waren weit, weit voneinander entfernt. Er war recht hilflos und flog hierhin und dorthin.

Und es ist gar nicht zu sagen, wohin der schüchterne, kleine Kerl geraten wäre, wenn nicht ein kleiner Engel vorbeigeflogen kam, der eben ein paar Sterne geputzt hatte, damit es mal ein bißchen schön hier im himmlischen Haus aussehen sollte. Der Engel sah den kleinen grünen Luftballon und flog hin und fragte: „Guten Abend, wer bist du?“ Der Luftballon sagte: „Ich bin ein Luftballon.“ Und weil ihm ein wenig bange war, daß er allein weiterfliegen sollte, sagte er gleich noch: „Der Komet sagte mir, ich würde in der Milchstraße jemand treffen, der mir helfen würde. Weißt du, ich bin ganz wirr, erst hat mich die Erde ausgeschimpft, dann der Mond, ich möchte nur ein bißchen Ruhe haben.“ – „Gut“, sprach der Engel, „ich will dich mitnehmen, aber pass’ auf: Eigentlich ist es uns verboten, etwas mit in das Himmelshaus zu bringen; wenn wir nun an das große Tor kommen, steht da ein alter Mann und macht ein böses Gesicht, denn er muß immer aufpassen und hat die himmlischen Schlüssel. Wenn er dich fragt, was du bist, sage gar nichts, ich gebe dir einen Schubs, daß du gleich reinfliegst, und das andere werden wir sehen.“

Nun flogen die beiden zum himmlischen Haus, und auf einmal kamen sie an ein wunderbares Tor, das glänzte wie das Morgenrot und viele Säulen funkelten und schimmerten. Richtig, da stand der alte, weißbärtige Mann am Tor und sagte brummend: „Nun, bist du auch da, Bengel, es ist reichlich spät, und wer ist der Kerl dort? Komm mal heran, damit ich dich richtig sehe.“ Dabei wollte er nach dem kleinen, grünen Luftballon greifen. Aber der schwebte lustig über ihm und zuletzt gab ihm der Engel einen Schubs, daß er geradenwegs in den himmlischen Saal flog. Aber der alte Mann war erzürnt, das kann man sich denken, der Engel aber lachte, daß es silbern in dem Gange klingelte.

Das war nun eine Aufregung in dem himmlischen Saal, als da der kleine, grüne Luftballon hereinkam und zu leuchten begann, denn in dem Saale war ein wundervoll strahlendes Licht.

Und die Engel riefen: „Wer ist denn das, wer ist denn die kleine, funkelnde Erde.“ Und sie jagten hinter ihm her, aber er flog immer gerade weg, wenn sie ihn bald hatten. Ach, der kleine, grüne Luftballon freute sich mächtig, hier oben war es schön, wie funkelte er, hier oben wollte er bleiben. Da flog so ein kleiner dicker Engel heran und faßte ihn endlich, und als er wieder entwischen wollte, drückte er ihn; da gab es einen Knall, und der kleine Engel fiel vor Schreck ohnmächtig hin, er dachte, ein Flügel wäre abgebrochen. Die Engel erschraken, wo war denn der kleine, grüne Kerl, nirgends war er mehr zu sehen, da riefen sie, suchten, aber sie fanden nichts. Aber als dann am nächsten Sonnabend die himmlischen Reinemachefrauen scheuerten, fanden sie in einer Ecke ein winziges Häutchen und kehrten es heraus; sie wußten nicht, was es war. Die Engel aber hatten viel wichtigere Dinge zu tun und vergaßen den kleinen, grünen Luftballon. Daß es so ein Ende nahm mit dem kleinen Kerl, hätte niemand gedacht, und es wäre doch sehr nett gewesen, wenn er wieder zu uns gekommen wäre und hätte uns alles erzählt. So habe ich es tun müssen, und ich kann es doch nicht so gut.

DIE LOKOMOTIVEN

Wenn es Abend wird in den Ländern, fahren die Wagen langsamer und die Räder sagen: Wie gut, daß es nach einem so langen Tage Abend geworden ist, die Pferde wiehern nach dem Stall, sie mußten heute so viele Zentner Steine ziehen, die Menschen gehen nach Hause, die Mütter bereiten das Abendbrot, und danach lesen die Väter die Zeitung, und alles schläft in der tiefen Nacht.

Am Bahnhof in der großen Stadt ist ein Schuppen, schwarz ist er und rußig, denn Tag für Tag weht der Rauch, und der

Kohlenstaub fliegt in die Ritzen und auf die Dächer. Hier ist die Ruhestätte der Lokomotiven, hierher kommen sie, wenn ihr Tageswerk so lang war, daß ein Rohr platzte, ein Riß in der Achse geschah, hier können sie ein wenig ausruhen. Da stehen sie in der Dunkelheit, es ist, als zitterten noch die Kessel von dem Dampfdruck, als knirschten die Räder noch auf den blanken, stählernen Schienen. Da ist die eine große, schwarze, mit dem wuchtigen Kessel und den hohen Rädern, wie ist ihr Tageswerk schwer: Tag für Tag holt sie die Kohlenzüge und schleppt sie zu den Fabriken. Stille im schwarzen Raum, kein Mensch ist da, die Heizer schlafen, da beginnen die Lokomotiven zu sprechen. Da ist die eine, sie ist so alt, sie war einmal vor dreißig Jahren jung und stark, nun ist sie ausgespannt und ihre Stimme ist rostig und ächzt. Was spricht sie: „Ich bin die Lokomotive, die auf die Dörfer fährt, durch die Ebene, und bringe Tag für Tag die Menschen von den stillen Dörfern in die Stadt, da sind Frauen und Mädchen, da sind Jungen mit Mützen, die fahre ich, und manchmal fahre ich langsam, wenn man zuviele Wagen an mich hängt und die Steigung ist zu groß. Das ist dann gut für die Schüler, die können noch die Schularbeiten machen; manchmal bringe ich Kühe und Schafe nach der Stadt, und es ist grausam, zu hören, wie sie schreien, den ich weiß, sie kommen in den Schlachthof." Da schweigt sie, ihr Tageslauf ist nicht groß, es geht von der kleinen Stadt zu den kleineren Dörfern in den Tälern, und es dauert nicht sehr lange, wird sie nicht mehr verwendet werden, dann steht sie in einem anderen Schuppen. Monteure kommen und Schlosser zerlegen sie, und dann ist es zu Ende. Eine andere, ein Veteran unter den Lokomotiven, wird an ihre Stelle treten. Sie schweigt.

Aus der Dunkelheit tritt eine andere Stimme, sie ist hastig und unruhevoll, sie hat einen kurzen, stoßenden Atem, den kann sie auch in der Ruhe nicht verleugnen, sie spricht schnell, als hätte sie keine Zeit: „Ich bin die Lokomotive. Ich bin rastlos, ich darf nicht ruhen. Würde ich oder einer meiner eisernen Kameraden stillstehen, wir schaffen die Kohle aus den Bergwerken zu den Fabriken, und die Maschinen können arbeiten, wir bringen Ammoniak und Salz aus den Werken und Gruben, das Holz aus den Wäldern, das Eisen aus der Erde, wir sind alt, aber unsere Räder und Gelenke sind hart und stark, wir müssen uns mühen, darum ist unser Atem stoßweise und hastig und hackend, darum ist unser Schrei nicht so laut, wir haben keine Zeit dazu, wir müssen rollen und fahren." – Sie schweigt, und sieh nur den Leib an, diesen harten, gedrungenen Rumpf. – Da sind noch andere, das sind die alltäglichen, die vor den Personenzügen stehen, die Tag für Tag das Heer der Arbeiter und Beamten an die Arbeitsstellen schaffen und am Abend in die Stadt zurückbringen. Sie schweigen, sie können auch weiter nichts erzählen, als daß sie Tausende fahren. Tausende, die sie nicht kennen. Tag für Tag, und oft zur Nachtschicht, ihre Stimme ist grau und farblos, es ist ein hallender Schrei, der an den Fabrikwänden winkelt und verhallt.

Aber die dort, das ist die große, schlanke, sieh sie nur an, sieht nur die sechzehn Räder, die darauf lauern, zu rollen, zu rasen, alles hinter sich zu lassen, sieh den langgestreckten Leib, den schmalen Aufbau, sie ist ein Reise, und höre, wenn sie spricht, die Lokomotive des Expreßzuges, des Schnellzuges, da verstummen die andren. Sie spricht, und es ist, ihre Lichter beginnen zu funkeln wie Tigeraugen und die Achsen und Stangen fangen an, ungeduldig zu werden: „Ich bin die Lokomotive. Wenn ich meinen Lauf beginne, bleibt alles hinter mir, die Städte, die Ebenen. Ich stürme in die Freiheit der Länder und reiße zehn Wagen hinter mir her. O, wenn die Städte hinter mir sind, in denen ich halte, und die Stationen verrauchen, da fange ich an, auszugreifen, da erhebe ich mit Jubel des Dahinstürmens meine Stimme, tief, wie ein Drohen zuerst, rasch und aufsteigend, wie ein Kampfruf, und dann ist es ein Pfeifen aus Freude, weil ich sause und alles lasse. Und mein Atem, er ist breit und strömt in langem Zuge. Und die Felder wirbeln um mich, die Straße, die Ebene, der blaue Himmel ist nicht rasch genug, mich zu halten. Würde ich mich loslassen, wohin würde ich stürzen? Aber da hinten stehen Männer, die reißen am Hebel, sie zwingen mich, die sagen mir: spring an, und ich springe an, und halten mich, und ich stehe zitternd und brenne auf die Fahrt. Und in der Halle stehen schon die Menschen, und ein wenig kenne ich schon Schicksale und ihr Leben, der Junge reist in die große Stadt und will Ingenieur werden, und brennt darauf, Brücken zu bauen, den leichten Abschied und den schweren, das Kommen und Gehen, ich trage alles, ich stürme dahin. Die Berge halten mich nicht, ich stürze durch die Tunnel, ich erklettere Viadukte, und mein Atem bleibt, wie er immer war: stark, breit, stolz! Ich bin die Lokomotive!" – Da verstummen die anderen, könnten sie einmal dieses Lied der Kraft und Freude singen?

Aber wenn der Morgen mit fliegendem Schein über die Häuser wächst und die Nacht zögernd in die Ecke gedrängt wird, reißen die Heizer die Türen des Schuppens auf, die Lokomotiven fahren auf die Gleise. Die Führer kommen und prüfen, und dann fährt der kleine Zug über das klare, schimmernde Land und holt und bringt Leute, die grauen Personenzüge sind voll von Arbeitern, die zur Arbeit müssen. Und auf einem Gleis steht die Lokomotive des Expreßzuges und ist ungeduldig, und der Führer sieht, ob das Herz seiner Maschine gesund ist. Der Beamte hebt grüßend die Hand, da reißt der Führer am Hebel, und die Maschine brüllt, und ihr Ruf dröhnt an die Wände und Decken der Halle, und die Maschine greift aus mit langsamen

Schritten, und im Freien, wenn die Stadt verschollen ist und die Ebene aufblüht, da hält die Stimme der Lokomotive an, breit und wie ein Horn des Sieges und Triumphes. Wenn die alten und grauen Maschinen die Menschen in die Stadt zurückbringen, ist sie durch die Ebene gestürmt und stürzt durch die Tunnelnacht und wieder an Licht und bringt die Menschen den fremden Ländern entgegen.

POST IN SIBIRIEN

Als der transsibirische Zug über den verschneiten Ural geklettert war, fiel er mit heiserem Pfiff, der in den kalten Himmel schrie, in die Steppe hinein. Die Steppe lag unendlich wie ein gefrorenes Meer, schwer hing der Winterhimmel über ihr, bleifarben, und so tief, so dunkel, daß mit einem kleinen Schritt die Nacht aus ihm fallen konnte, und dann war alles noch stiller, noch regloser. Nicht von Mooren, nichts von Hügeln und Flüssen, nur die Schneefläche, und darin der Zug, der durch Sibirien verloren fuhr, nach Osten, über Omsk und Krasnojarsk. In den kleinen Stationen an der Linie saßen die Menschen in den Pelzen und warteten auf den Atemzug Leben, den dieser Zug bringen würde.

Siehst du die Station, das sind Blockhäuser, nun ganz im Schnee vergraben, ein paar Wege, mühsam geschaufelt, kriechen durch die Schneemauern zu den Vorratshäusern und zu einer kleinen Werkstatt. Die Männer sitzen in der Stube und erzählen, endlich ist der Zug dagewesen, brachte Zeitungen und Post, ein paar Pakete, einige dicke, blau durchkreuzte, überlebte Briefe, für die Bauern Stiefel, ein paar Gewehre, Zeitungen. –

„Wie ist es also, Wladimir, wollt ihr noch warten und diese Nacht noch hier bleiben, oder losfahren?“, sagt der Beamte, und packt die Briefe in den Postsack. „Könnt da am Ofen schlafen, und Tee ist genug da." – „Besser ist besser, wir wollen doch nachher gleich fahren", sagt einer von den vier Männern, „sind auch schon drei Tage hier, wie meint ihr?" Er wendet sich an die drei andern, die den Tee schlürfen. – „Gut, Sie wollen fahren, Sergei soll dann den Schlitten fertig machen." Sergei geht, riegelt mühsam die Tür auf, ein Windstoß stürzt mit einer Flut von Kälte in die Stube. „Also, Wladimir, ihr fahrt mit an dem Flusse vorbei, um den Brief für Anton abzuliefern, den dicken da, möchte wissen, woher er ist." Schön, nach einer halben Stunde sind die Männer fertig, haben sich in die Pelze gewickelt, Gewehr über der Schulter, Postsäcke, so, alles fertig, sie treten hinaus in den Mittag, die Sonne ist fern und hängt wie eine gleich verlöschende Laterne am Himmel. Sergei hat den Schlitten vorgefahren, mit den vier Renntieren. „Gute Reise für euch", wünscht der Beamte, und stampft hinein, setzt sich an den Ofen, trinkt Tee, tut nichts; unerträglich ist so ein Winter.

Die Männer sitzen drin, Sergei vorn, die Renntiere stürzen vorwärts in die Nebelmauer. „Schlage links den Weg ein, der am Flusse entlang führt", ruft einer. Sergei kennt die Gegend auch im Winter, ja, da ist die hohe Tanne, dort muss er links einbiegen in den Wald. Stille. Die Renntiere atmen gleichmäßig, traben, der Atem, ballt sich schwer, vergeht. Der Wald ist erloschen, aus der Ferne klingt verschollen Geheul: Wölfe. Die Männer kennen das, sie denken daran, wie vor zwei Jahren ein Samojede verfolgt wurde von diesen Teufeln, und zuletzt ward er seine Mütze hin, und an der Tür der Siedlung brach er zusammen, wurde gerettet, die Wölfe aber belagerten die Siedlung noch einen ganzen Tag. –

Die Renntiere schießen dahin, unaufhaltsam, gleichmäßig, Wolfsruf ist schlimmer als Peitsche. Der Ruf der Wölfe erwacht rings um den einsamen Schlitten, könnte nicht das Rudel dort aus dem Wald hervorbrechen, könnte nicht mit hungertollen Augen und bebenden Flanken da ein Dutzend der Raubteufel stehen. „Achtung! Achtung!" Die Männer halten die Gewehre. Das wird nun stundenlang so gehen, immer Schnee, immer in die Nebelmauer fahren, immer vom Wolfsschrei umzingelt; sprang da nicht ein Fuchs über den Weg? Schon verschluckte ihn der schweigende Wald. Sie fahren wie Gespenster; ein Bär erstarrt; ehe er sich aufrichtet, gleitet der Schlitten vorbei, Schneehasen stürzen auf; Stille. Der Wald tritt zurück in die Nebelmauer, vorbei. – Sergei weiß den Weg, er weiß genau: jetzt fahren sie über den See, in dem einmal ein Samojede ertrunken ist, also da unten liegt der Tod, aber der schläft, kann nicht heraus. Zuweilen haben die Windstöße die Schneemassen aufgeschüttet, dann sausen sie über das Eis, das schimmert blaugrün. Weiter, immer weiter, sie fahren in die weiße Unendlichkeit, in der Atem keucht, ein Luchs bellt verloren, ein Wolf sucht rufend, und aus der unsichtbaren Ferne, aber es kann auch nahe sein, antworten die andern. Sie fahren über Moore, aus denen im Sommer Wolken von Polarenten steigen und der klirrende Gesang der Schwäne nicht verstummt, sie gleiten über Tümpel, über denen finster und mit klingendem Ton Mücken summten, und wo über Nacht wild und schön, vom zärtlichen Sommerwind überflaggt, die Blumen aufblühten. – Rast, es ist Nachmittag, sie springen aus dem Schlitten, die Männer reißen Holz auseinander, hocken um ein Feuer, die Renntiere fressen Moos, ein wenig Atempause, nur, um Tee zu trinken, ein paar Bissen gedörrtes Fleisch.

Der Himmel ist schwerer geworden, der Nebel ist über die Sonne gesunken, das bleiche Auge verschlossen. „Ich sage", spricht Sergei, „es wird bald eine Purga geben, seht den Himmel an." Aus der Ferne ist ein leises Sausen zu spüren. „Wollen weiter." Renntiere an den Schlitten, Feuer aus, der Schlitten wirft sich vorwärts, die Tiere greifen weit aus, es fängt an zu schneien, langsam, aus dem Unsichtbaren fallen, fallen die Flocken, immer dichter. Sergei starrt in die Ferne, jetzt könnte er doppelt scharfe Augen haben; der verdammte Schnee. Es ist alles unsichtbar, das gedämpfte Rauschen ist lauter geworden. Der Schlitten fährt.

„Laß sie laufen, Sergei", schreit einer aus dem Pelz. Sergei schlägt, die Tiere schnellen rasend vorwärts. Moore, Seen, Steppe. Und einmal, da erschrecken die Männer, sitzt ein Windstoß ihnen im Rücken, reitet rasend, schneller als sie, und dann sind es viele, jagende Stürme, der Schnee tanzt wild in der Luft und sprüht in Säulen vom Boden auf wie Granaten. Die Purga. – „Wie weit zum Dorf?" – „Zwei Stunden." – „Laß die Renntiere laufen, Sergei, die Purga sitzt über ihnen." Nichts ist zu hören, das Toben des Sturmes überschreit alles. Wilde Jagd durch die Schneenacht. Die Renntiere rasen, vom Schrecken gefaßt. Es ist der Tod, reitet mit irrsinnigem Hohngelächter in der Luft, wen alles da unten; sieht er eine Herde, die vom Sturme überrascht wurde, er jagt sie, weiter, weiter, sie laufen, sie rasen in die Nebelnacht, an allem vorbei durch die Siedlungen, der Tod sagt zuletzt: Genug! – Da liegen dann die Schafherden tot auf dem Schnee.

Der Schlitten stürzt sich durch den Sturm, und, als die Männer schon stumm sind und warten, was kommt, sieht Sergei eine Hütte, dort, ganz schattenhaft, noch eine – das Dorf, das Dorf! Herum den Schlitten, der Sturm tobt, aufgerissen ein Tor, bebend stehen die Renntiere, die Männer schwanken aus dem Schlitten, Menschen kommen mühsam ihnen entgegen, Wärme, Feuer am Ofen. Es ist alles gerettet, die vier Männer, die Tiere, die Post. Draußen zerreißt der Sturm die Landschaft und trommelt wahnsinnig über die Steppe.

NEBEL AUF SEE

Müde und verdrossen ging ich von der Arbeit nach Hause. Wenn man acht Stunden im Kontor saß und Zahlen schrieb und dürre Worte, legt sich ein dünner Schleier über die Augen, man sieht nichts mehr klar, alles verschwommen, man muß sie nun wieder aufreißen, damit sie die Welt sehen, die acht langen Stunden hinter den Fenstern leise klang und lärmte. Was sahen diese Augen, als sie aus dem Lichtkreis der Kontorlampe heraus waren und der Wind sie umfächelte? Es war Nebel. Die Welt war anders geworden, stiller seit dem Nachmittag. Der Nebel tanzte leicht und lose in den Spitzen der Bäume und wogte in langen, phantastischen Fahnen, er sank wie eine Mauer in die Straße und machte die Häuser unsichtbar. Krähen schwammen in diesem Meere und schrien, aber der Nebel verschluckte die Rufe. Autors, Motorräder stürzten mit aufgerissenen, lodernden Augen in die Mauer, in den weichen Ball, mit einemmal wurden ihre Augen bleich und matt, sie erloschen, nun mußten die Fahrzeuge laut und eindringlich rufen. Rot, wie seltsame, unwirkliche Sterne, hingen die Laternen an den Signalmasten, bleiche, stille Sonnen huschten über die Erde. Der Nebel machte den Erdboden unsichtbar, den Himmel, er war zwischen den Menschen und trennte sie, er tanzte schwer und geschlossen in die dunkle Ebene. Das sah ich alles, die Stille, die blassen Lichter und Feuerzeichen, die Schatten, und ging, nun selber still, nach Hause, in meine Stube.

Immer müde, durch die Stille in meiner Stube ein wenig bedrückt, las ich die Zeitung; da fielen meine Blicke auf eine Meldung, schon wollten sie weitergleiten und etwas anderes fassen, da schrien die Buchstaben noch in ihrer stummen Sprache: Dampfer gerammt, Nebel im Kanal, Kutter und Ewer gesunken; Nebel. Einmächtiges Horn schrie da Wort: Nebel!

Nebel! Da lauschte mein Herz, die Gedanken begannen zu arbeiten, die dürre Meldung wogte, rauschte vom Leben, ich sah, ich sah mehr und immer mehr, zuletzt den ganzen brausenden Ozean, der gegen die zerrissene und geschwungene Linie der Küste anrennt.

Das Meer lag still, die Länder stiegen mit Wäldern, fetten dunkeln Marschwiesen, gekrümmten Deichen und Dächern empor. Der Himmel lag wie eine unendliche Kristallglocke über dem Meer, aber mit einem Male, zuerst zögernd, aber dann schneller und dichter, war der Nebel da.

Woher kam er so heimlich, niemand wußte es, er wanderte stumm und beharrlich über die wogende Fläche und machte alles unsichtbar. Vielleicht war er an der englischen Küste geboren worden, als das Meer in kaltem, zornigem Schweigen erstarrte, vielleicht kam er vom Skagerrak, er schwieg, auf einmal legen die Küsten im Nebel, die großen Häfen.

Sieh, das ist nun das Meer, und da ist der Hafen. Die Nebelhörner schreien wie Stiere in die Mauer, unaufhörlich, atemlos, das eine dröhnt wie ein mächtiger, grollender Baß, das ist ein großer Ozeaner, nun kann er nicht im freien Fahrwasser rauschen und durch die Wellen strahlen, jetzt liegt er gefesselt an den dicken Ankerketten, die Maschinen sind verstummt, erloschen die Kessel, die rasenden Feuer kalt, nur die Hörner und Sirenen schreien, nur die Lichter an Bord, die vielfarbigen, schwingen und kreisen und werfen sich wieder und wieder gegen den Nebel, nein, sie prallen zurück. Zuweilen taucht wie ein Schatten, riesenhaft wie ein Tier der Urwelt, ein Dampfer auf, gleitet dicht vorüber, das Wasser rauscht, man sieht es nicht, die Laternen warnen, die Sirenen rufen: Habt acht. Zögernder huschen die Barkassen über die Fläche, die Menschen starren mit aufgerissenen Augen in das Farblose, alles Umhüllende, wenn jetzt ein Dampfer käme, oder nur eine Barkasse, unaufhörlich darum die

Sirenen. Fern und verschollen klingt der Lärm der Werften, und die Stadt im Nebel rauscht wie ein anderes Meer.

Im Fahrwasser gleiten vorsichtig ein paar kleine Kutter, die großen Dampfer aber liegen still; wenn wir an ihnen vorbeifahren würden, es wäre kein Laut an Bord, nur die Laternen und die langen Perlenreihen der Luken und Fenster würden uns anstarren.

Draußen aber liegen die Schlepper, die schwarzen Gesellen. Ihre Leiber zittern vom Schlag der Maschinen, sie sind fertig; schreit ein Notruf durch die Stille, dann pirschen sie los, retten.

Draußen ist die freie See. Die an Sonnentagen wie eine strahlende Schale lag und der Himmel wie eine Seidenflagge über ihr, die ist heute stumm, kaum wagen die Wellen zu donnern, mit gellendem Schrei fallen die Möwen in das Wasser, vom Skagerrak bis Hamburg und hinunter durch den Kanal bis zu den Normannischen Inseln, und von Jütland bis Hull und Themse, heute liegt alles in Nebel. Der norwegische Dampfer, der aus dem Skagerrak nach Süden biegt, ruft und warnt, der Engländer, der durch den Kanal fährt, die Ewer, der Fischer, die kleinen, scherfälligen Tjalke spüren ängstlich. Kann nicht im Augenblick aus dem Nebel ein Dampfer hervorbrechen? Zusammenstoß, Notruf, Untergang des zerrissenen Schiffes, Tod, das geht dann alles in ein paar Minuten.

Stille, der Nebel schläft stumm über dem Meer. Siehst du nicht den Ewer dort im Süden der Doggerbank? Das ist Uwe Lornsen mit dem Knecht und dem Jungen. Solange gutes Wetter, solange strahlende See, nun der Nebel. Jens, der Knecht, steht am Steuer, langsam pflügt der Ewer die unsichtbare Flut. Er starrt hinein, durchbohrt dieses verdammte Grau, das bleibt, und die Blicke werden stumpf und müde. Jens denkt an Fahrten, Himmel, das waren die schlimmsten Tage, als die „Cordejucla“ auf der Fahrt von Folkestone nach Göteborg in zwei

Teile zerschnitten wurde, und sie fuhren mit dem Beiboot zwei Tage im Nebel. Jens denkt, da steht der Fischer vor ihm und sagt: „Jens, geh essen, Klas soll heraufkommen."

Der Junge kommt, Teufel, man kann nicht vier Schritte sehen, er soll nach den Laternen sehen, frisch füllen. Man hört fern und dünn das Klirren einer Kette, Kreischen einer Rolle, als wäre es nicht auf dem Ewer. Der schleicht durch die Stille wie ein matter Vogel. Stunden zerrinnen in dem Nebel. Möwenschrei, Rauschen des Kielwassers, unablässig in das Nichts starren, bis die Augen schmerzen.

Aber auf einmal ist es da, unhörbar, unsichtbar, wächst aus dem Nebel, stürzt heran, der Junge erstarrt, schreit, ein Nebelhorn stößt Schreie herab, wie eine Wand bricht der Dampfer über den Ewer, weg da, zersplittert alles. Das dauert nicht lange, der Ewer legt sich langsam, weidwund, auf die Seite, steht nicht wieder auf und fällt langsam in die Tiefe. Entsetzt leuchten die Laternen, rot vor Angst, verlöschen. Maschinen schlagend rasend zurück. Halt, Offiziere rufen, Klirren von Ketten, Aufklatschen im Wasser, die Boote suchen, wo ist der Fischer, wo schwimmt Jens, wo ringt der Junge, derb Tod hockt grau und blaß über ihnen und gurgelt ihnen die Flut in den Hals, zieht sie langsam, langsam nach unten. Rufe aus dem Unsichtbaren. Schlag der Ruder, sie haben Jens gefunden und holen ihn ins Boot. Wo ist der Fischer? Wo fasst der Tod den Jungen mit der Würgfaust? Der Junge schwimmt, der Fischer hält sich weite davon, sie sehen einander nicht. Hallo, Rufe! Da finden sie nach langem Suchen den Fischer, das Wasser rinnt an ihm herab. „Goddam", sagt der Bootsmann, „wir haben euch nicht gesehen, fahren da in diesem höllischen Nebel, da sind wir über euch, zurück die Maschinen, wie, das ging nicht im Augenblick, so kam es." Wo steckt der Junge? Sie rufen, irgendwoher kommt Antwort. Der Junge schwimmt verzweifelt, die Kälte und Schwere überfällt ihn, es ist ihm, jemand drücke ihn tief in das Wasser, so tiefer, noch mehr. Und wie es zu rauschen beginnt und er spürt schon das Grauen, ist ein Boot neben ihm, einer faßt ihn, da liegt er im Boot. Der Dampfer schleicht sich vorsichtig dahin, Sirenen heulen warnend, dumpf, Lichter dringen gegen den Nebel, überall jetzt auf See starren die Menschen in den Nebel, hören auf entferntes Kielrauschen, überall, von den Kirchturmspitzen Hamburgs bis zur London-Bridge über die Themse, hängt schwer der Nebel, stumm, tödlich, jeden Augenblick kann der Tod aus ihm treten, Schiffe sinken, Menschen gehen unter, der Nebel wandert stumm, stumm über den Ozean.

Das hatte ich gelesen, nicht die schmale Zeitungsnotiz, einen Roman hatte ich gelesen, einen Roman stummer Worte, warnender und gellender Worte, der Ozean rauschte, da verlor sich die Müdigkeit und fiel ab, wach wurden die Augen, offen das Herz. Ich trat zum Fenster und öffnete es. Grau, gesichtslos stand draußen der Nebel, vergebens versuchte die Laterne drüben an der Straße ihr Licht zu mir zu schicken, Stille, die Stadt rauschte wie ein fernes Meer und der lange, dumpfe Ton einer Fabriksirene erschien mir wie der Notruf der Menschen auf See, Sterberuf eines Schiffes, das mit ängstlichen Augen im Nebel war.

EIN STILLER FREUND

Vor acht Tagen, ja, ich kann mich deutlich erinnern, sah ich einen Hund; ich hätte es vielleicht schnell vergessen, wenn ich ihn nicht seitdem oft wieder gesehen hätte. Das erstemal sah ich ihn mittags, und er sprang jung und unermüdlich vor einem jungen Mädchen hin und her, er schnellte wie ein Panther dahin, dazu war er schwarz, bernsteingelb funkelten seine Augen. Am nächsten Tage sah ich ihn wieder, diesmal allein.

Er suchte, es war in der Nähe meiner Wohnung, schnüffelte am Boden entlang, rannte blitzschnell nach einer andern Richtung, blieb stehen, warf den klugen Kopf auf. Ich sagte mir: sein Herr wird hier irgendwo in einem Hause sein. Oder hatte er sich verlaufen?

Seitdem sehe ich ihn oft, an manchem Tage zweimal. Wie ist es nur gekommen, daß er herrenlos geworden ist? Ist er seiner jungen Herrin zu weit vorangelaufen, hat er die Straße vergessen, in der sie einbog? Er lief erregt auf und ab, er schnüffelte an jedem, senkte den Kopf tief zur Erde, stieß einen kurzen Klagelaut aus, lief weiter, weiter, entfernte sich immer mehr von der Wohnung der Herrin, zuletzt war er müde und hoffnungslos und stand am Abend vielleicht in dem Stadtviertel, in welchem ich wohne. Vielleicht hat er diese erste Nacht in seinem herrenlosen Leben an einem elenden Steinhaufen verbracht, oder in einer Haustür, oder er hat zitternd und hungernd an der Schranke gestanden, hat die Züge angesehen, die mit glühendem Rauch und blitzenden Fenstern sich in die Nacht stürzten. Irgendwie hat er diese Nacht hinter sich gebracht, und am nächsten Morgen hat er wieder begonnen zu suchen, schon ein wenig blasser in seinem Hundeherzen war das Bild der Herrin, weil ihn der Hunger so plagte. Da strich er um die Müllgruben, und hier habe ich ihn wiedergesehen. Als ich am Mittag am Fenster stand, sah ich, wie ein schwarzer Hund um den Aschenhaufen schlich, alles beschnüffelte, dann den Boden ringsum absuchte. Da erkannte ich ihn, ach, lieber Kerl, bist du es wirklich? Wo ist dein glattes Fell, und deine Freude, wo ist den Sprung? Ich nahm die Knochen, die Mutter immer aufhebt, und pfiff. Er riß den Kopf empor, überflog die Fenster, so, er sah mich. Zitternd stand er, bereit zur Flucht. Ich warf die Knochen hinunter. Der Hund fuhr zusammen und hetzte davon. Vielleicht hat er später die Knochen in scheuer Furcht geholt, ich habe ihn an dem Tage nicht mehr gesehen.

Dann aber war er mittags immer da, wir hoben immer etwas auf, warfen es hinunter, immer zitterte er, aber er blieb, mit scheuen, glänzenden Blicken verschlang er alles, lief noch ein paar Mal um den Aschenhaufen und verschwand.

Seit einiger Zeit kennen wir uns noch besser. Ich habe ihm in einer Schüssel Essen hingestellt, bin wieder fortgegangen, und sah dann vom Fenster, wie er hastig und mit schnellen Bissen das Essen nahm.

Als ich aber einmal in der Nähe des Essens stehen blieb, umschlich er mich, sah mich halb demütig, bittend, halb mit verstecktem, zornigen Lauern an und wartete, bis ich weg war. Es war eine recht stille Freundschaft zwischen mir und dem schwarzen Hunde. Ich gab ihm ein wenig Essen, er vergalt es mit einem Blick der bernsteinfarbenen Augen, die offen und glänzend mich ansahen. Weiter kam es nicht, er war sehr scheu. Zuletzt war er eben ein herrenloser Hund geworden. Ich kann mir denken: zuweilen hat er auf der Straße still gestanden, irgendein Duft erinnerte ihn an die verlorene Herrin, mit Verbissenheit stürzte er sich auf die Spur, und hielt mit verzagtem Aufheulen inne. Er lungerte überall herum, ich möchte nicht wissen, wo er in den Nächten schläft, in welchen Ecken und dunkeln Winkeln.

Vielleicht wäre es mit unsrer Freundschaft doch noch weitergegangen, aber eines Tages war er nicht da, am nächsten Tage auch nicht. Seitdem kommt er nicht mehr. Hat ihn ein Fremder zu sich genommen mit List, Gewalt, Prügel, hat er, o Wunder, die Herrin wiedergefunden? Ich kann mir denken, wieder schwarze Hund auf einer Straße dahertrabt, findet einen Duft in einer Spur, einen ganz merkwürdigen Duft, wie? – Das wäre ja –. Da läuft er, sucht, zuletzt geht da vorn ein junges Mädchen, sein Hundeherz zittert, das ist sie, das ist die Herrin! Und die Herrin kann sich nicht retten vor den stürmischen Liebkosungen. So wird er tun. Und am Abend wird er der Herrin (sie wird ihn verstehen) erzählen. „Höre, junge Herrin", wird er sagen. „Könnte ich dir berichten; als du im Zimmer saßest und ein Buch vor dir hattest, lief ich hungrig und verzweifelt auf den Straßen, ein Mann kam vorbei, nein, er war es nicht, keiner von den Hundert war die Herrin. Könnte ich dir berichten von den kalten Nächten in einem finstern Winkel, wo die Ratten zischend ihren Wutgesang, ihren Nachtgesang begannen, ich wurde mager, mein Fell verwilderte, meine Augen wurden wild und bösartig, scheu und flüchtig. Nun werde ich wieder gut, ich will dich nie mehr verlassen."

Ja, sicher, die Herrin wird ihn verstehen, manche Menschen verstehen die Sprache auch eines Hundeherzens, und es wird, gerettet und jung, stark in seiner schwarzen Wildheit, zu ihren Füßen liegen.

DIE WIKINGER

Eines Tages, im Jahre 795, wie alte Chroniken berichten, erschienen an den Küsten Islands und Frieslands seltsame Schiffe mit steilaufragenden Drachenköpfen, die Fahrzeuge warfen sich durch die Brandung, hohe, abenteuerliche Männer sprangen heraus, Totschlag, Überfall, Brand und Verwüstung, die Männer erschlagen, ehe sie nur wussten, wer die Seeräuber waren, die Frauen mitgerissen, die Siedlungen geplündert, das ging in einem Tag, dann fuhren sie davon, die dunkeln Segel warfen sich in die See. Sie tauchten nun überall auf, eines Tages erschienen die Segel im Englischen Kanal, wie dunkle Vögel schwammen sie auf der Flut. Und von der Zeit an, durch Jahrhunderte, schrieben die Chronisten, daß da und da die tollkühnsten Seeräuber gewesen sein, die Wikinger. Woher kamen sie, was trieb sie zu den Abenteuerfahrten über See? Sie kamen aus dem Norden, aus den schweigsamen, dunkeln Fjorden, über denen Gletscher langsam wandern und das Leben nicht hochkommen lassen, die starke Sippe der Wikinger fand nicht genug Raum. Hinaus riefen die Jungen, draußen ist die See, wir wollen mit den schaumhalsigen Wellenrossen die Flut pflügen. Da ließen sie die Fjorde und die stillen Siedlungen, die kühlen Gletscherseen und da Fjeld und fuhren hinaus auf die freie See, auf den Wogenpfad, auf der Walfische Weg, dreißig, fünfzig Ruderschiffe, auf jedem dreißig oder sechzig junge, verwegene, abenteuerliche Gesellen. Nun begannen die Abenteuer, nun begannen die wilden Stürme und die Ungewißheit der Fremde. Schiffe gingen verloren, es waren noch genug, ein fremder Strand tauchte auf, sie brausten auf die Küste zu, die grün und satt emporstieg, wateten durch das seichte Wasser, und die Äxte und Schwerter sprachen das letzte, blutige Wort. Mit Beute beladen kamen sie zurück, und größer wurde das Verlangen nach den fremden Ländern. So tauchten sie im Kanal auf, so fuhren sie in die Ostsee, man fürchtete die tollkühnen Gesellen, zitterte vor ihnen. Eines Tages lagen sie an der Seinemündung, die Häuptlinge wiesen auf das Land, in dem der Fluß schimmernd verschwand, da fuhren sie flussaufwärts. Asgeir hieß der Führer, der stolz und gierig nach Beute am Bug eines Bootes stand, da sahen sie die fruchtbaren Landschaften, die Dörfer, die milden Klöster, die Städte, in denen schon Leben begann. Ihre Boote lagen auf der Seine, die Wikinger rissen sich Pferde aus den Ställen, erschienen vor den Klöstern, raubten, brannten nieder, zerstörten Rouen.

Ehe sich die Franken nur fassen konnten, fuhren sie mit glühenden Segeln dem Meer zu, schwer und notvoll lagen hinter ihnen die Flammen der Siedlungen. Das war 845.

Aus den planlosen Abenteuerfahrten wurde bewusste Eroberung, und um das Jahr 1000 hatte Sven Gabelbart in England ein großes Reich, das unter Knut dem Großen noch stärker blühte. Die Wikinger ruhten nicht. Ihre Schiffe stießen durch den Golf von Biskaya nach Spanien, sie fuhren nach dem Süden, nahmen Lissabon, ließen ihre Schiffe und schlugen sich in der glühenden spanischen Sonne bis Sevilla durch zur Herrlichkeit der Gärten und Palmen, stampften in die Moscheen, rissen alles herunter, Geschmeide, Teppiche, die Nordlandmänner mit der weißen Haut und den Feuerlocken kämpften unter Rosen und Myrten mit den dunkeln Arabern, und obgleich sie zurückgedrängt wurden, blieb in ihnen der Hunger nach dem Süden, und die Mauren hielten fortan scharfe Wacht nach den kleinen Seglern. –

Eines Tages schrien die Glocken in Hamburg, die Bürger sahen unermesslich viel Schiffe auf der Elbe, sechshundert waren es, und ehe sie wußten und dachten: die Wikinger sind über uns, stürmten die Riesen heran, Tod in den Äxten, zur gleichen Zeit fuhren sie auf der Seine bis nach Paris, der Kaiser zahlte Tribut. Wie viele Schiffe sanken im Sturm, wie viele Männer fielen, neue Segler fuhren über See, rheinaufwärts, in die Maas, in die Schelde, und Tours und Orleans waren nicht sicher vor ihnen. – Am meisten aber lockte der Süden.

So fuhren die Söhne Raghnalls los mit vielen Schiffen, nach Spanien, heiß war es da, fremde Sonne glühte auf die Blondschädel, Wein und süße Früchte, weiter drangen sie vor, eine neue, fremde Küste tauchte auf: Afrika! Sie fuhren auf den Sand und stürmten hinauf, eroberten Algeciras, die Araber fielen, die Moschee brannte nieder, sie brachen in Marokko ein, und wie auch die afrikanische Sonne ihre Glieder lähmte und schwer, drohend über ihnen hing, obgleich sie in den afrikanischen Nächten nicht schlafen konnten und an die kühlen

Fjorde der nordischen Heimat dachten, sie kämpften mit einem maurischen Heer, nahmen eine Prinzessin gefangen, fuhren weiter, durchkreuzten das Mittelmeer und fielen die italienische Küste an, Pisa erobert, Kirchen geplündert, Kampf und Not, der Mut sank nicht.

Neue Züge folgten, Scharen setzten sich in Frankreich fest, gründeten ein Herzogtum, und von hier fuhren die Normannen, wie sie nun hießen, wieder nach dem Süden und gründeten in Italien ein Herzogtum, bauten verwegene Kastelle und hielten das Meer im Schach.

Die Wikinger fuhren nach dem Norden, wochenlang rangen sie mit Stürmen und Hunger, da stieg eisig und mit flammenden Feuerbergen Island auf, und abermals nach Monaten kreuzten sie im Eis und landeten auf Grönland, sieh, da gefiel es ihnen an der grünen Küste, und sie schickten ein paar Schiffe zurück nach Norwegen: Brüder, Land gefunden, kommt nach. Und sie kamen, bauten starke Blockhäuser. Die Männer starrten in die wogende Unendlichkeit des Ozeans, was lag dahinter, welche Länder, welche Schrecken? Also brachen sie auf, die Mutigsten, die nicht viel zu verlieren hatten, und fanden Amerika, eine grüne, fruchtbare Küste, fremde, rote Menschen mit seltsamer Sprache, und die wenigen legten kleine Siedlungen an. Aber da niemand nachkam, verschollen die Häuser, die wenigen Blonden starben, zuletzt wusste niemand mehr, daß die Wikinger zum erstenmal Amerika fanden.

In derselben Zeit waren die nordischen Abenteurer über die Ostsee gefahren, schufen sich in Rußland ein kleines Reich; die Ebene lag weit und lockend vor ihnen, die breiten Flüsse gingen nach dem Süden, also fuhren die einen mit den Schiffen bis zum Schwarzen Meer, die anderen ritten auf schnellen, struppigen Pferden monatelang durch Ebenen und Waldland und schlugen sich durch fremde Völker durch bis zum Schwarzen Meer. Und eines Tages lagen fremde Segel vor Konstantinopel, und die Menschen erschraken, als die Wikinger durch die Gassen stürmten. Die Kaiser von Byzanz konnten sich nicht anders helfen, als sie in Sold zu nehmen, die Wikinger wurden Leibwache.

Allmählich hörten die Züge auf, fester wurden die Staaten, die Wikinger waren zu schwach, der Welt Jahrhunderte ihren Willen aufzutrotzen, sie vermischten sich mit den Völkern, da war es zu Ende, ihre Reiche gingen zugrunde. Hier und da im Norden findet man Spuren, ein Boot mit dem seltsamen Drachenkopf, das man ausgräbt, Beile und Schwerter findet man, Runenschriften, man steht in Venedig vor dem Arsenal vor einem Löwen, der eine normannische Runeninschrift trägt. Das ist nun alles dahin, es war ein Sturmwind, in dem die Wikinger dahinbrausten.

DER WILDESEL

Kalt, mit bleichem, dünnem Glanz hängt die Sonne über dem Hochlande Tibet. Dieselbe Sonne, die über dem blühenden, wirren und vom Leben rauschenden Dschungel brütet, hier hat sie nichts Lebendiges, hier ist das stille Land der Hochebenen. Der Wind jagt sich mit irrsinniger Stimme und stürzt in einen der Salzseen, er stürmt über armselige Hirtenlager, da sitzen fremde, schmutzige Hirten am qualmenden Dungfeuer, beten zu den fernen, zürnenden Göttern und halten eine klappende Gebetsmühle in den Händen. Im Winter rast der Schneesturm über die Flächen, und wenn er in einem der vielen Täler ermattet hingesunken ist, heulen fern die Wölfe und traben schmalen, fast unsichtbaren Spuren nach, schwerfällig, zottig, dunkel, wie schwarze Gespenster klettern die Jaks, die Grunzochsen an den Hängen, und die Wildesel, die Kiangs, suchen die tiefgelegenen Täler und warten auf den kargen Frühling, der ein wenig Steppengras und wehende und vom Bergwind zerrissene Blüten bringt. Die Kiangs beleben die Einöde, sie traben in leichten Sprüngen dahin, der Leitesel voran, in der Nacht aber stellen sie sich zu einem Haufen, die Füllen in der Mitte, die Hengste am Rande.

Als der kleine Kiang Thu zum Bewusstsein der Welt kam und die schönen Augen aufriß, stand er auf zitternden, dünnen Beinen und sah die von ewigen Winden überwehte Hochebene, die Täler, die Salzseen, und hörte mit Bangen und Beben den Ruf der Mutter, was zum Leben notwendig war, er wusste, daß es gefährlich sei, sich auch nur wenige Schritte vom Rudel zu entfernen, konnte nicht ein Wolf da oben lauern, Thu sprang froh und mit einem hellen Schrei über das dürre Gras und stand in der Nacht im Kreis des schlafenden Rudels, während die Hengste die Köpfe hoben und die stärksten von ihnen ein Stück entfernt wachten. Niemand war auf der Hochebene außer dem Wind, den Schatten der aufgetürmten Wolken, den Wölfen und den Jaks, die schwer und zuweilen mit dumpfem Stiergebrüll die Hänge herunterstiegen.

Eines Tages aber sah Thu, als er mit ein paar Füllen an einem Anhang stand, wie aus dem Tal eine lange Linie heraufstieg, sich durch das Tal wand. Was war das, niemand, selbst die ältesten Hengste konnten sagen, was es war. Die Wesen, die da heraufkrochen, hielten, bald danach standen schwarze Zelte am Boden, dicht bei der Tränke, und der Rauch von Feuern wirbelte in die Luft. Die Wesen arbeiteten, einige saßen an den Feuern, andere befreiten die Kamele und Maulesel von den Lasten. Es waren Menschen, aber niemand von den Kiangs hätte es sagen können, sie kannten keine Menschen. Eine Karawane war aus den fruchtbaren und sonnigen Tälern Indiens aufgestiegen. – Langsam und alle Sinne geöffnet, trabte das Rudel, Thu unter den anderen, den Abhang hinunter und lief mit elastischen Schritten auf das Lager zu. Dann hielten sie, was sollte denn das alles bedeuten? Ein Mann, weißer als alle, stand da und sah die Berge an, schrieb und zeichnete, die Diener, ja, das mußten sie sein, denn sie taten im Augenblick, was der Mann wollte, liefen hin und her, heller wurden die Feuer, die Kamele und Maulesel schnaubten; als der Duft der Feuer zu den Kiangs drang, warfen sich die Kiangs herum und jagten davon, hielten nach einem Weilchen stillt und trabten von einer anderen Seite wieder an das Lager heran. Als es dunkel wurde, stiegen sie langsam hinauf in den Schutz einer Felswand. Die Hengste sahen in der Nacht die Feuer wie stumme Augen leuchten, dort unten war alles still.

Es schien, als wollte die Karawane an diesem Orte bleiben, denn am nächsten Morgen wurden die Zelte nicht abgebrochen. Einzelne Männer stiegen auf die Felsen und holten Steine herunter, andre klommen hinab zum See, und der Hall von Schüssen tönte zum erstenmal in die Stille. Die Kiangs hatten sich beruhigt über die Fremden, und Thu tanzte in elastischen Sprüngen und mit der ganzen Freude seiner vier Wochen vor dem Lager umher, sauste davon, wenn ein Hund sein Kläffen anhub, hielt inne und drehte den schlanken Kopf mit den schönen Augen nach dem Lager.

„Kiangs“, sagte der weiße Mann, ein Gelehrter, der in dieser Einöde neue Dinge entdecken wollte, „Kiangs, es sind prächtige Tiere; versucht, ein Füllen zu fangen.“ Da schlichen sich zwei der Männer aus dem Lager und legten eine Schlinge. Sie waren Eingeborene, sie wußten wohl, wie man Tiere in Schlingen fängt, und wie sollte wohl der kleine Kiang Thu der Schlinge entgehen in der ganzen Unerfahrenheit der vier Wochen?

Da stand er nun gefesselt, und als die Männer in den Pelzen herankamen, begannen die dünnen, schlanken Beine zu zittern, es ahnte Unheil, aber wie sollte es sich wehren? Sieh, die Männer nahmen ihn mit ins Lager und banden ihn zwischen den Zelten an. Der weiße Mann kam, Thu zitterte, was wollte der Mensch von ihm, aber der streichelte ihn und sagte zu einem: „Wie schön seine Augen sind, sein Fell zartweiß und rotbraun. Wir wollen sehen, ob wir ihn nicht mit Milch aufziehen können." Also lief einer der Männer und holte eine Flasche mit Milch und hielt sie in das zarte, von seinem rosigen Hauch überzogene Maul, zog die Zunge hin und her, Thu begann widerwillig zu schlucken, beim zweitenmal wehrte er sich noch gegen die Fremden, aber dann nahm er die Milch und ließ sich widerwillig füttern.

Da stand der kleine Kiang zwischen den Zelten, und zuweilen kam der Mann oder einer der Diener und streichelte ihn, fanden ein zärtliches Wort für ihn, er machte überhaupt keinen Versuch, zu entfliehen, die Stricke hielten ja auch. Aber von seinem Platze aus sah er die Anhänge, auf denen die Kiangs umhertollten. Er sah die Füllen, die hinter den Müttern hertrottelten und mit einemmal senkrecht in die Luft sprangen, in der Nacht vermißte er die zärtliche Wärme der anderen Tiere, die Mutter fehlte, die ihm mit dem schnobernden Maul über das Fell fuhr, die Hengste fehlten, die das Rudel vor Wölfen schützten. Er sehnte sich in seinem jungen Herzen nach einem Sprung auf der dornigen Steppe, hier riß ihn den Strick zur Erde, er wollte stundenlang über das Hochland traben mit den anderen, und obgleich er hier unten im Lager sicher vor Wölfen war, die in der Nacht in weitem Bogen das Lager umschlichen, o, er sehnte sich danach, in der Nacht im Ring zu stehen und zu zittern, wenn die Wölfe das Rudel angreifen wollten. Er sah seine Kameraden auf den

Höhen äsen oder im gleichmäßigen Trabe durch die Steppe eilen, da begann der kleine Kiang Thu am Strick zu reißen und ließ einen leisen, zitternden Laut vernehmen, kläglich und wimmernd. Er wollte die Milch nicht mehr, und es mochte sein, daß der Gelehrte, der still für sich arbeitete und tagsüber in den Bergen war, ein wenig auch in den Augen der Ziere lesen konnte, er streichelte Thu und sagte zu einem Wärter: „Ich hatte gehofft, Abdul, daß der kleine Kiang uns begleiten würde, aber sieh, wie er sich nach seinen Kameraden und nach der Freiheit sehnt, wir wollen ihn freilassen." Er band Thu los, der Kiang sprang mit wenigen Sätzen durch das Lager, und stürmte den weiteren Abhang hinauf. „Frei – frei", jubelte sein Herz, er hielt nicht inne, er lief, seine Beine wurden elastischer, und atemlos und mit glänzenden Augen kam er am Rudel an. Sieh, dort war die Mutter. Schnell zur Mutter, o, das ist etwas anderes, als aus Flaschen gefüttert zu werden! Wie, was wollte denn die Mutter? Sie stieß ihren kleinen Kiang zurück, hatte er etwas getan, wollte sie sich nicht freuen, daß er wieder frei war? Nein, wie Thu zärtlich herankroch, die Mutter stieß ihn zurück. Da versuchte er, zu einem anderen Muttertier zu kommen, auch die wichen aus, gingen zur Seite oder traten nach ihm mit den harten Hufen.

Da sank aller Mut aus Thus Herzen und ganz still stellte er sich in den Kreis zum Schlaf. Die Wölfe schrien hungrig um das Rudel. – Am nächsten Tage war es dasselbe Merkwürdige. Die Mütter stießen ihn zurück, als wäre er ausgestoßen. Das verließ der Kiang Thu die Herde und trabte mit gesenktem Kopf hinunter in das Tal, also allein. Thu wußte ja nicht, daß ihn die Mütter nicht annehmen wollten, nachdem er von den Menschen gefüttert und gepflegt worden war.

Er lief, wie, heulte da nicht ein Wolf von den Felsen. Er riß den Kopf herum, da kamen sie aus der Ferne, und das Geheul umzingelte ihn tödlich. Thu begann zu laufen, er flog über den Boden, er brauste dahin, am Rande des Sees entlang. Er warf die Ohren zurück, und nach ein paar Minuten hörte er das Keuchen. Das war also die Jagd um das Leben. Wollen wir es weiter erzählen, wollen wir davon sprechen, wie der kleine Wildesel langsamer, langsamer lief und die Wölfe näherkamen, da war das Lager in der Ferne, da flimmerten die Feuer, aber da waren auch die Wölfe, und während oben auf den Hängen die Kiangs im leichten Dämmer versanken und das Geheul der Wölfe hörten, stürzten die hungrigen Teufel gieriger und wütender los, sprangen zu und zerrissen den kleinen Kiang Thu, den keine Mutter mehr nehmen wollte, in blutige Fetzen. Dann kam die Nacht über die Gebirgswände gestiegen, leicht und mit eisiger Kälte sank sie auf die Hochebene, die Herde der Wildesel stand im Ring, umkreist vom Hungerruf der Wölfe, unten brannten die Feuer der Karawane, die Leute lagen in den Zelten, und der Mann schrieb, stumm und schwer stand die Nacht zwischen den Zelten, irgendwo lagen ein paar blutige Fetzen von dem kleinen Kiang Thu.

BERGFAHRT

Manchmal, wenn der Tag vorbeigelaufen ist, in der letzten Stunde vor dem Schlaf; wenn schon die Länder in die Ruhe gesunken sind und die Städte leiser lärmen, hole ich die Karten und Bilder vergangener Reisen hervor, und kein Wort braucht es, stumm und unvergänglich blühen die Erinnerungen auf. Dann nehme ich zuweilen die Steine in die Hand, die sonst auf dem Tisch liegen, und in der Kühle, die sie ausströmen, liegt die ganze Herrlichkeit der Berge. Was sprichst du, Stein mit dem roten Schimmer, welchen Tag gibst du mir, wann war das alles?

Das war tief in den österreichischen Bergen, schon begann, so dachten wir, der Himmel tiefer zu werden, und der Wind, der im Tal entlangfuhr, schien den Duft des Südens zu tragen. Da trat zu uns, und wie wussten es nicht, noch ein dritter, stummer Kamerad, o, wir atmeten auf, als er stille zurücktrat: der Tod. Damals schien es mir, als habe er noch einmal die Hand leise zurückgezogen, die er schon um uns gelegt, so, als sagte er mit einem unsichtbaren, geringschätzigen Lächeln: ich will dich lassen; da nahm er mich, warf mich herunter, stumm und zerbrochen lag ich unten, ich sah dein Auge, Meister Tod, das starrte, ich sah, wie du langsam über die Felsen davongingst, da schrie ich stumm auf, vor Seligkeit, noch da zu sein, noch weiter zu klettern, noch zu sehen.

An einem Abend kamen wir in dem kleinen Orte an, über dem der Berg lag, in seinen Schluchten saß schon die Nacht, die Spitzen rissen sich noch einmal hoch ins Licht, da fingen sie an zu glühen. Schon müde von dem Tage, gingen wir doch noch über den Fluß, der in der Stille brauste, und kamen jenseits und schon tief im Bergwald zu einem Hirten. Können wir da schlafen, fragten wir, ja – wir wollen morgen früh da hinauf, es war gut, wir warfen uns auf Laub und Zweige, auf denen auch der Hirt schlief, im Traum standen wir schon auf der Spitze, sahen die Ebenen, die Berge und riefen unseren Jubelschrei nach Italien. Wir wollen den Berg erstürmen, den vor zwei Jahren zwei Kameraden nicht bezwungen hatten, damals war Schnee, nun waren wir da und folgten ihren Spuren, die im Süden erloschen, wir brannten vor Lust, den Berg zu bezwingen.

Der Sommermorgen kam halb aus der Nacht, da stand der alte Hirte vor uns, und wir gingen zusammen durch den Bergwald, der noch von Dunkel und Nässe tropfte, der kleine Hund des alten Mannes umsprang uns. „So, dort müßt Ihr einstiegen“, sprach der Hirt, und fror dabei in der Morgenkühle. „Ihr kommt zu einem schmalen Wege, auf dem müßt ihr aufsteigen, seid ja schwindelfrei, lebt wohl!“

Wie das so ist, so allein im Bergwald sein und dem Berg entgegen, der über uns aufsteigt mit senkrechten Wänden, Stille, nur wir zwei, die da klettern über Baumstämme und Felsblöcke, das ist ein Bachbett, eine Wildnis von Geröll und Stämmen, aber das wird ja der Weg sein, den der Alte meinte. Hinauf, nun ist es hell geworden, die Nacht ist fort und nirgends zu sehen, wir klettern eine Wand, hängen, rechtes Bein ein Stück hoch und dann vorsichtig das andere, nun die Hände, so, und nach einer Zeit liegen unten die Wälder, schon erhellt von dem Tage, alles sieht man einen zitternden Augenblick, hinter den jugoslawischen Bergen wächst die Sonne empor.

Immer höher, das Gestein ist bröckelig, wir müssen lange suchen, ach, das ist nun eine mühsame Kletterei, und der Weg ist doch schwerer, als der Alte meinte. Immer weiter, wie lange braucht man zu einem Meter, und wir hängen schon eine Stunde an dieser Wand.

Stille, ein Stein fällt und stürzt in die Tiefe, das dauert lange, ehe der Aufschlag kommt. Stille, die verkrüppelten Bäume zur Seite rauschen, vielleicht, rufen wir uns zu, vielleicht ist es besser, umzukehren und einen anderen Weg zu suchen, wir haben kein Seil. Aber als wir hinter uns sehen und der Blick hinunterfällt, wissen wir, und das überfällt uns, daß wir ganz stumm werden: Verstiegen! Die Felswand schreit und rot an: Verstiegen! Und die Stummheit ist fürchterlich! Wie sind wir denn nur soweit gekommen an dieser Steilwand, wie war das möglich, wir müssen zurück, nein, das geht nicht, es sind ja mindestens fünfunddreißig Meter an dieser Wand. Sieh, da unten liegen die Dörfer im Rauch, nun gehen die Menschen zur Arbeit, die Wagen knarren über die Brücken, der Fluß flimmert, die Berge jenseits des Flusses leuchten, ihre Könige tragen Schnee, aber wir hängen hier an der Wand, was wollen wir tun?

Nun müssen wir hinauf, vielleicht, so scheint es, kommt ein leichteres Stück, Himmel, könnten wir nur die acht oder zehn Meter rechts hinüber, da stehen noch Bäume.

Und wieder dies unendlich vorsichtige Tasten, einer voraus, so hängst du also an der Wand, hast einigermaßen Stand auf den Füßen und stehst auf den Schuhspitzen und hast Platz für zwei Fingerglieder, auf einmal die Stimme: „Ich stürze!" Dann, das weißt du, fällst du auch mit, er reißt dich mit, dann ... Aber kommt hoch, Zufall, er liegt auf einem Felsblock, erschöpft, und seine Hände zittern, so war es. Und nun beginne ich, langsam, der Stein ist locker, er fällt, und der wieder, so, nun muß das linke Bein in die Felsspalte hinein, fest hineinrammen, und das rechte muß ich hochschwingen in einem Augenblick, da ist dann wieder ein Vorsprung, auf dem der rechte Fuß stehen und zittern kann. So, und nun den linken Arm um den Felsblock, aber da ist kein Halt, da rief vorhin der Freund: „Ich stürze", wie, nun gleitet der linke Arm, weiter, falle ich auch? – nein, ich rutsche auf meinen alten Stand zurück. Warten, warten, schon ist die Hand warm von der Sonne, die Hände zittern, ich kann es nicht ändern, der Schweiß bricht aus. Über die Hände laufen Ameisen, o, die elenden Tiere; da oben wartet der Kamerad.

Noch einmal, ganz langsam, wieder das linke Bein, wieder das rechte, ach, wenn da nur eine Ahnung von Halt für den rechten Arm wäre. Und wenn nur der andere nicht mehr reden wollte! Siehst du, so wird es gehen. So hängen, Millimeter höher, aber da beginnt etwas im linken Fuß, er zittert leise, beiß die Zähne zusammen, zittert noch mehr, ich presse das Knie in die Felsspalte, aber das hört nicht auf, und nun zieht sich das

Bein zusammen, rutscht, ich kann es nicht, ich kann es nicht halten, und der linke Arm rutscht langsam, unmerklich herab, und sinkt, ich gleite, die Hände reißen sich auf, das Gesicht, ich habe den Geschmack von Staub und Blut.

Tiefer Fall. Nun überschütten mich die Felsblöcke, stilleliegen, in dieser kleinen Mulde, denn es geht weiter nach unten. Was ist da passiert, denke ich, die linke Seite aufgerissen vom Hüftknochen bis zum Unterschenkel. Fleischwunde? –

Eine Stimme ruft von oben, es kommt mir vor, als käme es aus einer unwirklichen Ferne. Nun will ich doch aufstehen, Himmel, aber der Leib kann noch nicht, ich reiße die Binde heraus, verbinde alles, und wie ich langsam und vorsichtig nach rechts krieche über den Felsen und zuletzt mich zu einer Krüppelkiefer hinüberwerfe, gelange ich in den Wald und finde, es ist ein Spott, noch weiter rechts den Weg, den wir gehen sollten und verpaßt haben.

Langsames Aufsteigen, nach einer Weile finde ich den Freund. Dann steigen wir mühsam weiter, der Stolz ist mit einem Male angefacht, wir wollen hinauf, und es ist heißer Mittag, da liegen Hochalmen vor uns, aber keine Hütte und kein Brunnen. O, wir haben Durst! Zuletzt finden wir ein Wasserloch, aber es ist kein Eimer da, wir haben kein Gefäß, und mit den Händen können wir nicht hinunter. Da ziehe ich meinen linken Schuh aus, die anderen sind zerrissen, der ist dicht, und wir trinken, dann werfen wir uns hin im Schatten eines Baumes und essen das harte Brot und ein wenig Zucker und Kakao.

Niemand ist hier oben, der Mittag liegt über den Almen und sein Lächeln ist immer ein leichter Windstoß über den Bäumen. Hellblau ist der Himmel, wir blinzeln hinauf, von irgendwo fällt die Stimme eines Vogels auf uns, alles strahlt, alles ist warm und gut, der Mittagswind fächelt über die breite Wunde, die ist rotbraun geworden. Stille.

Wir laufen über die Almen, finden Kühe, aber keinen Menschen, und nach langem Steigen fallen wir, verbissen und von Schmerz gepackt, in die Schutzhütte, die Wunde auftupfen und dann abreißen, nein, sage nichts, es ist alles zu ertragen. Dann ist es nicht mehr weit zur Spitze, wir klettern noch hinauf. O, wie ist diese Landschaft gesegnet, sie ist gut und milde, die Flüsse wandern da unten, man hört das Rauschen nicht, Werke und Sägemühlen knirschen, nein, wir vernehmen nichts, hier ist die Stille, hier sind wir dicht unter dem Himmel, sieh, dort hinten liegt: Italien!

Abstieg am Nachmittag, jetzt finden wir eine Sennhütte, trinken Milch, und der Alte gibt uns sein Essen, dann führt er uns ein Stück, so, Lebwohl und besten Dank, Wir sind wieder allein, wieder um schlägt uns der Wald. Wir müssen über Halden laufen, die fangen an langsam und dann schneller und schneller zu fließen. Immer so im Sprung hinüber, was tut der Schmerz. Wir verlaufen uns, es ist dunkel geworden. Nun spricht der Wald eine andere Sprache, da sehen uns die Bäume mit Räuberaugen an, da sitzen in den Büschen Kobolde und kichern und schlagen dir Zweige ins Gesicht. Wir fallen über Baumstämme. Sitzt da nicht einer. Nach einer stummen, mörderischen Ewigkeit taumeln wir in die Hütte. Da sagt der Alte, wir dürften heute hier nicht schlafen, es ist ihm verboten. Also schleppen wir unsere Rucksäcke und laufen weiter, am Fluß entlang; nach einer langen Zeit, in der man oft über Stämme stürzte, sehen wir Lichter und kommen zu einer Schleuse. Wir turnen hinüber, ein Mensch am Ufer brüllt uns an, es ist der Brückenwärter. Wir steigen noch hinüber und bitten ihn um Nachtlager. Er flucht; als ich dann in den Lichtschein trete und er sieht das blutüberflossene Bein, wird er stumm und freundlich und führt uns in die Stube, da ist Licht, warmes Essen, warmes Wasser, um die Wunde zu waschen, und endlich packt uns der Mann in den Stall, gute Nacht. Tiefer Schlaf. In der Nacht erwache ich einmal, es ist mir, ein Zwerg sitzt in der Wunde und wühle darin, ich reiße die Augen weit auf, da steigt der Blick zu den Bergen, die Wände leuchten, der Fluß braust fern, ein Hund bellt in der Nacht, danach ist noch größere Stille und wieder Schlaf.

DIE WUNDERWELT

Schon solange hatte ich es mir gewünscht, immer war etwas dazwischen gekommen, nun aber hatte ich das Geld zusammen und endlich trug ich es in einem schwarzen Lederfutteral nach Hause. Das war mein neuer Schatz, wahrhaftig, er ist ein Schatz geworden, unbezahlbar, ein Schlüssel zur Welt der vielen kleinen Wunder. Was das ist? Ein Fernrohr. Es ist nicht zu erzählen, welche Freuden es mir brachte, welche Dinge ich sah, die ich früher nicht gesehen habe, welche Wunder, die mir erst klein und belanglos waren.

Wie wunderbar das doch ist, wenn ich über die Wiesen gehe und richte mein Fernglas auf den stillen, reglosen Wald, da sind auf einmal Rehe, die still und langsam auf- und abwandern, noch ein paar Schritte, so sehe ich die glänzenden, braunen Augen und den braunen Glanz auf dem Fell, ich sehe, wie der Bock die Ohren hebt und danach äugt und ein Zittern über den schmalen Leib läuft. Das war noch nicht das Wunderbarste. Jetzt erkannte ich in dem schwebenden Punkt in der blauen, wehenden Luft den Mäusebussard, der, vom Sonnenlicht überschüttet und versilbert, in dem Raum hing und schrie, und ich sah ihn dann auf dem Feldstein ruhen und äugen, der Mittagswind fuhr warm und mild in die Federn und zerstäubte sie, daß es wie ein Blitzen über die Flügel fuhr, ich sah nun erst, zum erstenmal, diesen herrscherhaft und verächtlich gekrümmten Schnabel, nun erst das harte Auge, das über die flimmernden Wiesen sah. War das nicht ein kleines Wunder, dieser Vogel in der Wiese? Jetzt entdeckte ich den Kuckuck, jetzt fand ich den Specht, und genau konnte ich die zarten Federn sehen und den Schnabel, die Augen, es war ein seltsames Gefühl, als er abflog, und gerade über mich weg, wie er größer, größer wurde, ein schimmernder, bunter Geistervogel. Jetzt lag ich unter den Bäumen, und, ich sah zum erstenmal das Wunder des Vogellebens, und die Stille im Wald klang von dem ungeduldigen Hungerruf der Vögel.

Als ich am Teiche lag und schickte die Blicke über die Fläche, die der Wind kraus und silbrig machte, wurden aus den schwarzen Pünktchen, die weit draußen schwammen und verschwanden, im Fernglas Wasserhühner, die, vom feuchten Glanz des Tauchens überrieselt, auf- und niederfuhren, sich schüttelten; ich sah noch mehr, es waren junge, winzige, schwarze Wasserhühner, die miteinander spielten und spielend in das tiefe, nasse Grün tauchten. Das Leben am Teich wanderte an meinen suchenden Augen vorüber, die Wildenten flogen mit knarrendem Schrei durch die stillen Gläser, und ich sah die bunten Farben und den vorgereckten Hals, der nach der Ferne schrie, den Storch sah ich dann und in den Bergen die Gemsen, die Schneehühner, und schwer und mit silbernem Flügel flog der Reiher an der Küste. Wollte ich schreiben, was ich alles durch diese stummen Gläser sah, es würde ein merkwürdig buntes und bewegtes Buch, sicher ein Lobpreis des Tierlebens, ein Lob auf Wald, See, Gebirge und alle Dinge. Ich weiß noch, wie ich auf einer Wiese in den dichten Wäldern mich herangeschlichen hatte, Schritt für Schritt, das Herz klopfte rasend, da vorn standen die Hirsche und schritten langsam und sicher auf und ab. Es war Brunstzeit, von Zeit zu Zeit hob der Hirsch den schweren, vom Geweih starrenden Kopf und schrie den dunkeln, orgelnden Ruf über die Wiese. Da sah ich durch das Glas ein Geweih, seine schimmernde Haut und die schwarzbraune Halsmähne, seine Augen, und fast glaubte ich darin die Kraft und Sicherheit des königlichen Tieres zu erkennen. Da schritt er auf mich zu, näher, näher, und einen Augenblick schlug das Herz in den Hals, da wußte ich wieder, daß ich durchs Fernglas sah und fünfzig Meter entfernt war.

Seitdem ist mir das Fernglas ein unentbehrlicher Freund geworden, ich lag im Sande, der von der Südsonne schwer brannte, und mit einem Male war ich draußen auf dem Segler, genau sah ich den Schiffsjungen, braun, zerrissen das Hemd, der über die braunen Deckplanken lief und einen Eimer in die See ausschüttete, den Knecht sah ich, der im Schatten des Segels saß und nach der Küste starrte, die bunten Segelfetzen sah ich, alles, das ganze, dahintreibende Boot mit Menschen und Dingen. Ich sprach stumm und, ohne daß ein Mensch es vernahm, mit den Menschen auf dem Dampfer, sah den Offizier in der weißen Tropenuniform auf Deck stehen und die Matrosen, alles.

Ich habe auch noch etwas anderes gelernt: aus der unbegrenzten, unerschöpflichen Aussicht kleine Ausschnitte zu suchen, Bilder zu erfassen, und nun begriffen, wie schön ein einzelner Baum auf der Wiese ist, wie wundervoll eine Ecke am Teich sein kann, der Vogel am Stamm; es ist nicht zu sagen, welche Dinge ich sah, wie viel ich zum erstenmal überhaupt sah, die vorher nicht da waren, das verdanke ich diesen stummen Gläsern, sie führen mich jeden Tag in die Wunderwelt.

VON DEM JUNGEN, DER IMMER SCHNUPPERTE

Es war einmal ein kleiner Junge, gerade so groß, wie du bist. Der ging, wenn seine Mutter auf dem Markt war, immer an die dicke Milch und schnupperte davon. Da sagte seine Mutter: Wenn du noch einmal schnupperst, so rufe ich den garstigen Bären!" Kaum aber war sie wieder fort, husch!, lief der Junge gleich in die Küche und schnupperte und schnupperte so lange, bis keine dicke Milch mehr in der Schüssel war. Nun aber fing er an, sich zu fürchten, und in seiner Angst lief er fort und kam in den Wald.

Als er aber im Walde war, gedachte er an die wilden Tiere, die dort wohnten, die würden jetzt kommen und ihn zerreißen. Was sollte er anfangen? Nun sah er einen dicken Baum. „Da will ich hinaufklettern", dachte er, „da bin ich sicher!" Der Baum war aber hohl, und wie er oben war, fiel er hinein. Unten in dem Baum aber war gerade ein Bärennest, und die jungen Bären rannten durcheinander; denn sie hatten sich erschreckt. Auf einmal kam auch der alte Bär und brachte Futter, und fing an zu brummen: „Boboborou!", und die Kleinen brummten freudig: „Bebebereu!" Nun kannst du dir vorstellen, wie sich der kleine Junge fürchten mußte.

Als der Bär oben am Loche stand und die Augen des Jungen sah, da dachte er: „Jetzt ist es aus mit dir!" Denn er meinte, es sei die Katze oder die Schlange drinnen, die fresse erst seine Jungen, und dann werde die Reihe an ihn kommen. Schnell drehte er sich um; dabei kam dem Knaben der Schwanz des Bären über das Gesicht. In der Angst faßte er nach ihm, ohne daß er's wusste, und wie der Bär fortsprang, zog er den Knaben mit hinaus. Der Bär aber glaubte, die Katze habe ihn am Schwanz und sei ihm nachgesprungen und wollte ihn fressen. Da riß er sich mit aller Macht wieder los und sprang in den

Baum zurück und verhielt sich ganz ruhig. Er hatte aber so fest gerissen, daß dem Jungen der Schwanz in der Hand geblieben war, und seitdem hat der Bär einen Stummelschwanz.

Der Junge hatte aber nicht weniger Angst gehabt; das kannst du dir denken. Er lief schnell nach Hause und sprach: „Liebe Mutter, verzeiht mir noch einmal; ich will auch mein Lebtag nicht mehr schnuppern!"

Dann erzählte er ihr, wie es ihm ergangen sei. „Weil ich fürchtete", sprach er zu seiner Mutter, „daß Ihr mich schlagen würdet, so lief ich in den Wald. Da dachte ich an die wilden Tiere, die im Walde wohnen. Ich stieg auf einen Baum, um mich zu verstecken, und da fiel ich gerade in das Bärennest. Es waren aber nur die Jungen zu Hause; die sahen mich garstig an und brummten immer: „Jetzt fressen wir dich!" Auf einmal kam der alte Bär und brummte: „Habt ihr ihn?" Und die Bärchen brummten wieder: „Ja, wir haben ihn!" Jetzt kam der Fürchterliche ans Loch und machte so feurige Augen, daß ich dachte: „Jetzt ist es aus mit dir!" Aber der gute Bär warf mich nur aus dem Baum hinaus und schenkte mir's noch einmal. Er drückte mir noch dies Haarbüschel in die Hand, sprang in sein Nest zurück und ließ mich fortlaufen. So, Mutter, der Bär bekommt mich doch nicht, wenn ich nicht mehr schnuppere?"

DER UNTERGANG DER „SEESCHWALBE"

Nicht weit von der Siedlung floß ein Bach durch die Wiesen. Das Wasser war wohl kaum an der Quelle silbrig und hell gewesen, da sandten schon die Werke ihre Abwässer hinein, und aus der grünsilbernen Flut, die um Steine schäumte, wurde ein fast braune, undurchsichtige Brühe, aber was kümmerte sich Rudolph darum. Ihm war dieser kleine Bach, der so ohne

Gesang, fast still und demütig, durch die Wiesen floß, wie ein mächtiger, arbeitsamer Strom, der sich dann erweiterte zum Meer, und obgleich es nur der Teich war, der mit Sumpfinseln und Moorpflanzen den Bach empfing, Rudolph war das wie Strom und Meer. Er hatte an einer Stelle, an der heller Sand lag, Bastionen und Wälle gebaut, und lag mit aufgerissenen Augen im Sande, um den Strom zu bewachen, er war Kommandant des Hafens. In dem Hafen, der sich mit einer festen, aus kleinen Steinen erbauten und mit Schlamm verklebten Mole in den Bach schob, lag ein einziges Schiff. Das war Rudolphs „Seeschwalbe", und mit Blaustift hatte er es darauf gepinselt. In Gedanken hatte dieser längliche, rote Kasten, auf dem zwei Masten standen und ein paar gelbe Leinensegel wehten, schon unzählige Fahrten unternommen auf dem braunen Strom, und Rudolph hatte so im letzten Augenblick mit der Hand die „Seeschwalbe" gefaßt. Rudolph sprach mit sich, als hätte er den Kommandanten vor sich auf der roten „Seeschwalbe", – „Kapitän, also, gute Fahrt!" – und mit einem leisen Stoß schob er das Holzschiff aus dem Schutz des Sandhafens in den offenen, braunen Bach. Die „Seeschwalbe" drehte sich ein paar Mal, als stecke sie im Taifun, dann griff sie der Strom und trieb sie am Ufer entlang. Weltreise des Kreuzers „Seeschwalbe", sagte Rudolph und stand auf, um mit einem Handgriff das Schiff in den Hafen zurückzureißen. „Volle Fahrt!" Rudolph beobachtete mit gespannten Augen, wie die „Seeschwalbe" an einen Zweig anstieß und langsam mit der Breitseite weitertrieb. An einem Stein hielt sie. „Erste Kohlenstation vor Afrika", sagte Rudolph und schob sie weiter. Schon war der freie Ozean in Sicht, der braune, von Moorinseln durchzogene Teich, da bekam die „Seeschwalbe" von der Strömung einen Stoß und fuhr nach dem jenseitigen Ufer, zu schnell, als daß Rudolph sie mit seiner braunen Jungenhand fassen konnte. Er reichte nicht hinüber, Teufel, der Kapitän auf der „Seeschwalbe" war ein Tölpel, sein Schiff an die unbekannte Küste zu treiben. Jetzt war es mit der Würde des Hafenkommandanten Rudolph vorbei, er lag weit über den Rand des Baches vorgestreckt, der eine Arm stak tief im Schlamm, der andere fuchtelte über dem braunen Wasser. – Die „Seeschwalbe" glitt weiter, er konnte sie nicht erreichen. Einen Stock! Aber es war keiner zu finden. Nun war das Meer erreicht. Mit einem schnellen Wirbel um sich fuhr die „Seeschwalbe" in den Teich, Rudolph stand stumm auf und wischte sich unbewußt die linke Hand an der Hose, besser wurde sie dadurch nicht.

Die „Seeschwalbe" schwamm stolz auf der braunen Schlammflut, bis sie an einer Schlammbank vor Anker ging. Rudolph sah mit Trauer noch das stolze Schiff. Kurze Weltreise der „Seeschwalbe", die gesamte Flotte vernichtet, dachte Rudolph, drehte sich langsam, und mit schlenkerndem Jungensschritt ging er am Bach entlang, der Hafen war leer, Rudolph überlegte, woher er das Holz zu einer neuen Fregatte nehmen sollte, na, das wird sich schon finden, aber „Seeschwalbe" sollte sie heißen.

WAS EIN SCHMETTERLING ANRICHTETE

Das waren jetzt so wunderschöne Tage, der graue Himmel, der den Menschen niederdrückt, war versunken, es wehte ein gewaltiger, seidenweicher, hellblauer Himmel über der Stadt wie eine Fahne, über den Teich fächelte leiser und fast warmer Wind, die Leute auf den Straßen sahen sich lächelnd an und meinten damit: Es wird Frühling, Gott sei Dank. O, wenn sie gewußt hätten, wie der alte Herr Winter grimmig lachte, als er das hörte. Nur zu, nur zu, lachte er, es soll mir eine Freude sein, euch mal wieder die Mahlzeit zu verderben. Und er hockte sich wieder in sein Versteck, denn die Sonne schien so strahlend und wunderschön, daß es der alte Herr nicht aushalten konnte.

O, wie schien die Sonne. Das Gras, das in der Erde lag, merkte die Wärme und schob seine zarten Spitzen ein klein wenig heraus. Und was sah es da? Es war kaum zu glauben, da flatterte ein Schmetterling, ein Zitronenfalter. „Bist du toll, Kerl“, riefen die zarten, ganz hellgrünen Grasspitzen. „Es ist doch kein Frühling.“ Es war auch ganz merkwürdig mit diesem einsamen Schmetterling. Er hatte es einfach nicht mehr ausgehalten, als die Sonne so niederstrahlte, da hatte er alle seine Hüllen abgeworfen und nun gaukelte er über die Wiesen hin. Nicht mit der richtigen Freude. In seinem Traum hatte er gemeint, wenn er herauskäme, wäre er nicht allein, die Anemonen ständen schon da, aber wo waren sie nur, und es war doch so warm. Und wo war der Kiebitz mit seinem hellen, flatternden Schrei, und es fehlte auch der silberne Flug der Schwalben. Aber trotzdem, so wollte *er* Frühlingsbote sein in diesem Jahr und allen die Kunde bringen, denn dem Zitronenfalter war es gewesen, der Junker Frühling hätte sich über ihn geneigt und ihm leise gesagt: „Aufstehen, ich bin da!“ Aber der Schmetterling wusste nicht, daß er das nur geträumt hatte.

Er flog mit einer stillen Freude über die Wiesen, seine Flügel schimmerten ganz fein und zart in der Sonne, die machte große Augen und sagte mit gewaltig verwunderter Stimme: „Nana, was soll denn das?“ Der Zitronenfalter flog über die Wiesen und lächelte auf das Gras herab. „Heraus, Langschläfer“, rief er mit seiner hauchzarten Stimme, „heraus.“ Die Grasspitzen lugten ein wenig, und als sie den Schmetterling ganz allein fliegen sahen, sagten sie: „Wo ist denn der Kiebitz und wo sind denn die Stare? Es ist ja noch gar kein Frühling!“

Der Zitronenfalter flog ganz niedrig, fast auf dem Boden und sprach; „Ja, liebe Grashalme, in diesem Jahr bin ich Frühlingsbote, kommt nur heraus." Und eine ganze Menge Grasspitzen, die ungeduldig waren von der langen Ruhe, drängten sich durch die harte Erde hindurch, so, da waren sie. Ganz vergnügt schauten sie sich um. Hm, ein bißchen wärmer hätte es wohl sein können, wenn man so das erstemal aus der warmen Erde kommt, aber dann freuten sie sich doch und riefen den Kameraden, die noch ein bißchen Angst hatten: „Raus mit euch, es ist tatsächlich Frühling." Aber eine ganze Menge blieb noch drin in der warmen Erde.

Der Schmetterling flog weiter, umzitterte die Büsche, und ein paar Knospen konnten es nicht mehr aushalten und kamen heraus, wie sehr der Busch auch flehte: „Liebe Knospen, bitte, wartet noch ein paar Tage, dann kommt der richtige Frühling, ihr erfriert mir, bitte." Aber die Knospen sprangen vor Freude auf, und siehe da, mit einem Male waren ganz hellgrüne Blättchen da, so zart und fein.

Der Schmetterling war ganz froh geworden, als er nun nicht mehr allein war, und tanzte am Rande des Waldes entlang, wo die Anemonen standen. Er bat sie leise: „Bitte, liebe Anemonen!", flüsterte er, „es ist Frühling, kommt heraus."

Aber die Anemonen waren doch vorsichtig und schoben bloß ein bißchen ihre grünen Mäntel zur Seite und antworteten leise: „Du irrst dich, Zitronenfalter, es ist noch kein Frühling, sonst wäre ja der Kiebitz da. Nein, wir wollen doch lieber warten." Bloß ein paar, die keine Ruhe mehr hatten, warfen alles beiseite und standen in ihrer ganzen Pracht da.

Der alte Herr Winter, der mitten im Walde hockte, hatte längst erfahren, daß ein Zitronenfalter da draußen auf den Wiesen tanzte und allen Blumen und Tieren sagte: es ist Frühling. Denn, müßt ihr wissen, der Winter hat auch seine Späher, die ihm alles berichten, was vorgeht, und zumal in der letzten Zeit, wenn der Frühling kommen will, paßt er sehr scharf auf und lauert.

„So“, knurrte der Wintern grimmig, „also ein Schmetterling, das ist ja nett. Laß ihn noch ein bißchen fliegen, dann will ich mal ein Wort sprechen.“ Dabei zog er seinen Mantel dichter um sich, daß durch die Mitte des Waldes, wohin keine Sonne kam, ein leises, kühles Flüstern ging. Die Bäume sagten leise, weil es der Winter nicht hören sollte: „Es ist noch kein Frühling.“ Und der Winter lächelte nur heimlich.

Der Zitronenfalter lockte doch noch eine ganze Menge Knospen und Blumen hervor, weil er so wunderbar leicht und hell über die Wiesen flog. Die Maus saß vor dem Loche und wärmte sich ein bisschen, aber sie schnüffelte doch in die Luft und meinte: „Mich sollte es wundern, wenn das so bliebe.“

Dann stand der Winter auf und sagte: „So, so, nun wollen wir mal dem Spaß ein Ende machen“, und ging langsam durch den Wald, ganz langsam, wie ein alter, zufriedener Herr im Pelzmantel. Zuerst warf er eine trübe Wolke vor die Sonne. Die Sonne jammerte und machte alle Anstrengungen, den Wolkenball beiseite zu schieben, aber der Winter war ganz grob und sagte: „Alte Jammersuse“, und schob die Wolke so dicht davor, daß die Sonne nur noch ab und zu scheinen konnte. Ganz zeitig ging die Sonne unter, es fuhr ein kalter Wind über die Wiesen, und dann traf der Winter den Zitronenfalter, der noch immer tanzte, aber schon mit einem seltsamen Gefühl der Angst, ach, es wurde ja auf einmal so kühl.

„So, du bist also der Schmetterling“, sprach der Winter, „der den Leuten weismacht, es sei Frühling. Kennst du mich, wie?“ Aber der Zitronenfalter war von dem rauhen Atem des Winters so angefahren worden, daß er, ohne nur ein einziges, kleines Wort zu flüstern, zur Erde sank und tot war. Seine Flügel zuckten noch ein wenig, dann lag er still und in seiner blassen

Farbe da. „Schwächlicher Kerl“, knurrte noch der Winter, dann ging er weiter. Die Anemonen trat er nieder, ganz gleichgültig. Die Knospen und Blättchen an den Büschen und Bäumen, die so ungeduldig gewesen waren, streifte er leicht mit dem Mantel, da wurden sie blaß und welk und starben. Und dann stellte er sich auf die Wiese und rief: „Glaubt ihr Grashalme denn wirklich, daß der Frühling kommt. Wie? Antwort!“ Da krochen die Grashalme schnell und ängstlich zurück, aber eine ganze Menge erwischte der Winter noch und zertrat sie.

Er ging weiter bis zur Stadt, warf eine Masse Wolken an den Himmel, und es wurde ganz trübe. Die Menschen gingen schneller, sie froren mit einem Male. Der Wind schnob laut und lachend durch die Straßen, und es wurde immer kälter. Der Winter ging langsam durch die Straßen. Da kam er an ein Blumenhaus. Wie? Seine Augen wurden größer, größer, da standen ja Veilchen. Hatte er nicht die Blumen getötet, die schon herausgekommen waren. Und hier standen Veilchen, und wie sie ihn anlächelten! Er vermeinte fast ihren Duft zu spüren. Wütend und mit eisigem Lachen warf er sich gegen die Fensterscheibe, aber die hielt. Da stürmte er durch die Stadt, riß die Wolken auf, und es fing an zu schneien, immer mehr. Der Winter lachte, als er die Gesichter der Leute sah, o, nun froren sie wieder, das war schön. Aber er ahnte schon, lange konnte es nicht mehr dauern, dann kam der Frühling wirklich. Dann war es vorbei mit seinem grausamen Regiment.

VOM GEIGENBAU

Um zu sehen, wie eine Geige gebaut wird, müssen wir wieder einmal zusammen eine Reise machen, und zwar nach einem Orte der bayerischen Alpen, nach Mittenwald. Er ist bekannt durch den Geigenbau, und viele tausende Instrumente werden hier hergestellt und in die ganze Welt versandt. So wie in den Spielwarendörfern des Erzgebirges sitzen hier in den Häusern die Leute zusammen und bauen die Geigen, und auch Jungen und Mädchen müssen bei leichteren Arbeiten mithelfen. Das feine Holz, das für die Geigen verwendet wird, liegt oft jahrelang in großen Trockenschuppen und wird der Lufttrocknung ausgesetzt. Dann erst, wenn auch kein bißchen Nässe mehr darin ist, kann es bearbeitet werden. Da sitzt dann ein Mann und fertigt den Rohbau an, den Boden, die Resonanzdecke, die Zargen an den Seiten, dann wird alles zusammengeleimt. Das ist der Korpusmacher. Der Halsmacher schnitzt den Hals der Geige, und vor allem die Schnecke, den oft so schön gedrehten oberen Teil des Halses, der Griffbrettmacher fertigt die Griffbretter an. Ein anderer, der Halsaufsetzer, bessert noch den unteren Teil des Halses aus und setzt Hals und Griffbrett auf den Leib der Geige, auf den Korpus. Es sind also eine ganze Anzahl von Menschen beschäftigt am Bau einer Geige. Dazu kommen dann noch der Saitenhaltermacher, der Schraubendreher, der Lackierer und ein Besaiter. Nun ist die Geige fertig und wird von dem Meister geprüft, ob der Ton voll und klingend oder an einer Stelle noch dünn und knarrend ist. Dann werden die Geigen meist an große Geschäfte verkauft, die sie dann in alle Welt verschicken. O, hier in den Lagern kannst du eine Unmenge Instrumente sehen, da lehnen mächtige Baßgeigen mit den dicken Saiten und dem gewaltigen Leib, der dann zu brummen und zu grollen beginnt, da sind Celli, schon ein wenig schlanker als ihre großen Vettern, sie warten schon darauf, daß ein Künstler kommt und mit dem weißen Bogen über ihre Saiten fährt, daß die Leute im Konzertsaal ganz still werden vor Erstaunen und Bewunderung über einen solchen süßen Ton, da sind Bratschen, und daneben kleine und zierliche Schülergeigen, auf denen dann viele Jungenhände herumkratzen und wer weiß wie falsche Töne fingern. Sie werden noch manche Schrammen und manchen Saitenriß erhalten, wenn der kleine Junge sie wütend in den Kasten packt. Aber jetzt glänzen sie ebenso frisch, ebenso schön und neu wie ihre wertvolleren Kameraden, die sich darauf freuen, in einem großen Orchester mitklingen zu können. Gewölbt ist ihr Korpus, ihr brauner Leib, und ein voller jubelnder Ton wird heraufklingen. Alle möglichen Arten von Saiteninstrumenten liegen in dem mächtigen Lager, du kannst billige Geigen kaufen, und wenn du Geld und Lust dazu hast, auch eine für viele hunderte Mark. Aber bei manchen wird dein Geld nicht langen, so teuer sie, denn es gibt nicht viele von ihnen. Hier in dem großen Lager sind ein paar, die von den Besitzern des Geschäftes ganz besonders sorgfältig behandelt werden; das sind ein paar alte, echte Meistergeigen. Wie ihr kleiner und gewölbter Leib braun vor Alter funkelt und glänzt, und wie sie anfängt zu tönen, wenn die rechte Künstlerhand darüber fährt, alles klingt in diesen warmen Goldtönen auf, Jubel, gedämpft und strahlend, Trauer, Verzagtheit. Diese Geige kam vor zweihundert Jahren aus Italien. Da lebte um 1650 in Cremona ein berühmter Geigenbauer Nicolo Amati, aus dessen Werkstatt kamen solche wundervollen Instrumente, für die man heute viele Tausende gibt, denn es gibt nicht sehr viele Amatigeigen. Berühmt sind auch die Geigen, die aus den Werkstätten Guaoneris, Barzellinis kamen. Auch aus Deutschland, wie aus andern Ländern kamen junge Geigenbauer nach Italien und lernten von den italienischen Meistern, wie man den wundervoll süßen und bebenden Ton erreicht. Einer von ihnen war Matthias Klotz, der eigentlich erst der Begründer des Geigenbaus in Mittenwald ist. Sein Leben ist eine ganz merkwürdige Geschichte, und ich will sie euch noch erzählen.

LEBENSGESCHICHTE VON MATTHIAS KLOTZ

Dieser Matthias Klotz war der Sohn eines armen Schneiders, in dessen Hause es nicht am besten zuging, denn da waren noch fünf andere hungrige Mäuler. Alle mußten helfen, etwas zu verdienen, und der kleine Matthias hütete auf den Almen das Vieh der Bauern. Da saß er nun ganz oben auf den tiefgrünen Bergwiesen und sang und jubelte, das machte ihm viel Spaß. Er schnitzte Flöten und trillerte lustig in der Bergeinsamkeit, mit keinem Haar dachte er daran, was aus ihm werden solle, ein Bauernknecht vielleicht? Der Magister, der Lehrer, merkte wohl, wie der Junge so gut singen könne, und alles, was nur mit Singen und Musizieren zusammenhing, so spielend leicht auffaßte, und er lernte ihm noch die Noten. Eines Tages nun, es war im Winter, und Matthias hatte längst seine Viehherden heimgetrieben, kam merkwürdiger Besuch. Ein starker, braungebrannter, lustiger Fuhrmann trat in die Stube, da fuhr der Schneider auf, warf sein Zeug weg, stürzte dem Mann entgegen und rief: „Christoph, ihr seid's wieder!"

Christoph war ein Fuhrmann, der für die Handelsherren in Augsburg und Regensburg und den großen Städten Güter nach Italien brachte und neue Güter aus dem Süden zurückbrachte. Der hatte etwas von der Welt gesehen. Der war schon mit manchem Lastzug von Maultieren über die verschneiten Pässe der Alpen gestiegen, hatte sogar in Venedig gestanden und sich über solche Schönheit und Pracht verwundert. Man kann sich denken, wenn er zu einem Bekannten kam, mußte er erzählen von den fremden Städten und Ländern, er brachte Botschaft aus der weiten Welt.

Also, Christoph war es, gesund, mit rotem Gesicht von der Kälte, und dann, darauf brannte der Gevatter Schneider schon längst, saß er am Ofen und erzählte. Matthias, der Junge, saß in der Ecke und hörte, o, welche Sehnsucht hatte er, wenn der Christoph so erzählte.

„Ja“, sagte Christoph, „zuletzt war ich in Cremona und sollte für die Augsburger etwas bei Amati abholen. Ratet, was? Geigen. O, das solltet ihr hören, Gevatter, wenn Herr Nicolo Amati beginnt zu spielen, man meint, solche Töne kämen nicht von einem Geiglein. Er hat auch eine Werkstatt, da sind Welsche, Franzosen, Spanier drin, die wollen alle lernen, wie man solche Wundergeigen herstellt. Möchte nicht wissen, was Herr Nicolo Amati für ein solches braunes Ding erhält, wie viel Gulden ihm der Ratsherr gibt. Das wäre so etwas für euren Jungen da, euern Matthias, der könnte es wohl ein bißchen besser haben als ich und ihr, Gevatter Schneider. Wäre doch zu schade um dies junge Blut, wenn er auch so müsste sein Leben lang auf dem Tisch hocken.“

Der Schneider Klotz sank in tiefes Nachsinnen. Nein, Matthias sollte nicht Schneider werden, er war es ja auch nur wegen des Beines geworden, das ihm ein Fels zerschlagen hatte. Geigenbauer, Geigenbauer, das wäre vielleicht das Richtige für den Jungen, der immer sang und pfiff, und, ja, der Magister hatte es auch gesagt: Matthias ist zu schade für einen Bauernknecht. Dann sagte er, noch ein wenig bedrückt: „Ja, meint ihr, Christoph, daß er das tun sollte.“ Und Christoph sagte: „Gevatter Schneider, wenn ich im Frühling hier vorbeikomme, nach Welschland zu, nehme ich ihn mit zu Herrn Nicolo Amati nach Cremona.“

So geschah es. Matthias trat eines Tages scheu und schüchtern vor Herrn Nicolo Amati, einen gütigen, alten Mann, der es ihm ein wenig leicht machte, denn Matthias wurde von wildem Heimweh überfallen, wenn er fern die Berge wie silbernen Rauch stehen sah. Er war allein unter den feurigen, aufbrausenden Italienern und Spaniern und schnitzte fleißig und voller Freude an seinen Geigen, so tüchtig, daß ihm Meister Amati bald größere Arbeiten gab und ihn vor andern Schülern so bevorzugte. Da brannte der Neid in den Kameraden auf, sie neckten ihn, er ließ es ruhig geschehen, sie zerstörten seine Arbeit, er ließ es ruhig, nur einmal, als in ihm der aufgeschürte Zorn losbrach, warf er sie aus der Werkstatt. Der Haß wuchs.

Eines Abends schlenderte Matthias nach Hause. Ein fröhlicher Tag war es doch heute. Die Geige für Herrn Georgio Ambrosio in Piacenza war fertig, gut mußte sie klingen, denn sonst hätte der Meister Nicolo nicht solange bei ihm gestanden und zugehört, als er spielte, er hätte sie nicht in die Hand genommen und gesagt: „Nun, Matteo, du wirst nun bei mir nicht mehr allzu viel lernen, diese Geige ist sehr gut." Das freute ihn. Er ging im Dunkel, die Gassen wurden schmal und finster, da treten zwei Männer aus dem Dunkel und sagen höflich guten Abend, aber dann überfallen sie ihn, er wehrt sich mit dem Stock und läuft und läuft aus dem Dunkel, sie stürzen mit Messern auf ihn los, da kommt er am Hause des Meisters Nicolo vorbei und tritt hinein. Jetzt erst merkt Matthias, er ist verwundet, sein Arm hat eine Stichwunde. Aha, sie wollen ihm den Arm untauglich machen. Sie werden ihm nachstellen, er weiß es, bis er sie nicht mehr reizen kann mit seiner Arbeit.

Da riet ihm Nicolo Amati, es sei doch besser, wenn er Cremona verließe, vielleicht bekäme er Arbeit in Mailand oder Turin, ja sicher würde er Arbeit bekommen, Matthias sei ja sein bester Schüler.

Da floh Matthias noch in derselben Nacht und wanderte noch lange Zeit durch Italien. Es ging ihm nicht gut. Das Geld ging zu Ende, und eines Tages, als er nicht wusste, was er beginnen sollte, trat er in einen Landsknechtshaufen ein. Das war für ihn auch nichts. Er wollte lieber Geigen bauen, an denen er selbst soviel Freude hatte; er verließ den Haufen und wanderte weiter, ging in mehrere Städte, in denen tüchtige Geigenbauer lebten, und arbeitete hart. So wurde er zuletzt ein tüchtiger Meister in seinem Fache und kehrte heim in sein Dörfchen Mittenwald.

Bald hatte er eine ganze Anzahl von Schülern und war angesehen wie nur ein anderer Meister. Zuweilen kam noch ein alter Besuch, Christoph, der nun nicht mehr Fuhrmann war, ach ja, er war alt geworden, aber zu Matthias ging er noch immer. Der spielte ihm auf seiner besten Geige vor, und wenn die goldenen Töne verklungen waren, sagte Christoph leise: „Matthias, die Geige könnte auch Herr Nicolo Amati nicht besser machen."

GORCH FOCK

Vor einer Zeit gab mir ein Freund ein Buch und sagte: Aber lies es gleich zuerst von allen. Ich tat es, und wie wurde ich gepackt und aufgerüttelt. Es war davon die Rede, wie ein kleiner Fischerjunge, Klaus Störtebecker, aufwächst auf Finkenwärder, auf dem schmalen Landende, an dem Tag um Tag und Nacht um Nacht die Dampfer und Segler vorüberglitten, es war darin von der ersten Segelfahrt die Rede, die Klaus Störtebecker mit seinem Vater auf dem Ewer macht, helle und fröhliche Geschichten aus der Zeit, als der kleine Störtebecker Junge ist, und dunkle, schwere, wie eine Wolke das Land überschattend, als Störtebeckers Vater auf hoher See stirbt bei Skagen, der einfache, schweigsame Fischer stirbt als Held. Es ist ein merkwürdiges Buch, dies „Seefahrt ist not". Es ist, als hebe sich aus den Zeilen eine Landschaft, die von Finkenwärder an der breiten Elbe, die See klopft darin an die Deiche, heute sorglos lächelnd, und die Fischerewer und -kutter sind wie dunkle

Vögel auf dem Silber, morgen springt sie wie rasend gegen die Siedlungen, und von Norwegen bis England ist auf der Nordsee nur Tod und Untergang. Man sieht zwischen den Zeilen die freundlichen Häuser, die nach den fernen Türmen Hamburgs sehen und immer wie ein wenig zusammenschrecken, wenn einer der großen Dampfer seine Stimme erhebt und die Sirene brüllen läßt. Dies alles und noch unendlich her liest man in dem Buche, das wunderbare Leben der Fischer von Finkenwärder, ich will Euch davon nicht mehr erzählen, das lest Ihr ja alles in dem Buche, ich will Euch noch ein wenig von dem Leben des Dichters erzählen, vom Leben des Gorch Fock, der dann in der Seeschlacht am Skagerrak 1916 gefallen ist.

Finkenwärder war seine Heimat, die Ecke an der Elbe mit Deichen und Prielen, mit alten Pappeln, die wie Speere sich gegen den Wind werfen, mit den bunten Ewern. Da lebte Gorch Fock, der am 22. August 1880 geboren wurde, seine Jungenzeit, wievielmal ist er im Eis eingebrochen, wievielmal mit einem wackligen Boot auf die Elbe hinausgefahren, hat im Boot gelegen und sah die Ozeandampfer herankommen. Da schrie er vor Freude und winkte, und am Abend, als die Sonne sich noch ein wenig ausruhte in den kleinen Fenstern von Finkenwärder, dümpelte er langsam zurück. Wie oft stand er am Deich und sah den Ewer des Vaters hinausfahren, ohne ihn, ohne Gorch, und er ballte seine Fäuste zusammen die ganzen Tage, bis ein Segel unter vielen andern sich nahte: der Vater. Alles war vergessen, da fuhr er dem Vater entgegen. Fischer wollte er werden, das stand fest! Sein Leben lang mit dem Ewer die Flut pflügen, hinauf bis zur Doggerbank.

Es wurde alles anders, die Eltern wollten keinen Fischer ais ihm machen, Gorch ist zu begabt, sagten sie, er soll Kaufmann werden, das ist etwas anderes. So kam Gorch Fock nach Geestemünde in die Lehre. O, nun war er weg von Finkenwärder, weg von den Deichen und Prielen und dem langen Hinnik Wriede, seinem besten Freunde. Jetzt mußte er arbeiten, von früh sechs bis abends zehn gab es keine Ruhepause, er mußte die Kunden bedienen und freundlich sein, und dem für zehn Pfennig Zimt und Pfeffer und dem Reis verkaufen, er mußte schwere Lasten nach den Schiffen fahren, die weit draußen lagen; das war noch das einzige Schöne: er war wenigstens auf der Flut, er konnte dabei an Finkenwärder denken, auf dem jetzt die Kastanienbäume zu strahlen anfinden, und von den Schiffen, auf die er stieg, um seine Waren abzuliefern, wehte ihn der starke Duft der See und der Schiffahrt an. Am Abend mußte er in der kleinen Kneipe mit helfen und den Schiffern Bier bringen, und sein Herz schlug schneller, wenn er in dem Gespräch der Fischer und Matrosen erfuhr von London und Bergen, von Hull und Amsterdam.

Endlich, nach zweieinhalb Jahren dieses mühseligen Lebens, kam er weg von Geestemünde und konnte die Handelsschule in Bremerhaven besuchen. O, Gorch Fock wollte etwas werden, nicht umsonst hatte er den eisenharten Willen seines Vaters geerbt, er arbeitete mit aller Kraft, saß in seiner kalten Stube und lernte, so dass er viel eher mit der Schule fertig war als üblich. Aber dann weht es ihn noch weiter weg von der See, die er so über alles liebte, er erhielt eine Stelle als Kaufmann in Meiningen. Er schickte einen großen Teil seines Geldes den Eltern, denen es nicht gut ging, er versagte sich alles Vergnügen; aber knurrte nicht, er war ja Gorch Fock, in ihm war Schifferblut von Finkenwärder, und ein Kinau, so war sein richtiger Name, biß nur die Lippen zusammen.

Er arbeitete in den wenigen Feierstunden für sich, er stand im Theater auf dem billigsten Platz, und sein Herz glühte, wenn er die Nibelungen von Hebbel sah oder Goethe, und zu Hause las er dann die billigen gelben Reclamhefte und ließ alles noch einmal farbig und groß aufstehen. Er lief in die Wälder, er lag auf den Wiesen, Gedanken stiegen ihm auf. Da begann er allmählich, aufzuschreiben, was ihm durch den Sinn ging. Von Meiningen kam er nach Bremen, von Bremen nach Halle, niemand wußte, wie es in ihm aussah, er hatte wenige Freunde, denn niemand verstand den verschlossenen Finkenwärder. Endlich kam er nach Hamburg, da rauschte das Leben voller und farbiger, es war die Luft wieder, die er jahrelang entbehrt hatte, der freie Wind, der über die Flut fuhr. Schwer war seine Arbeit, oft am Zusammenbrechen war er, aber das war in Gorch Fock der starke Wille, der setzte es durch, daß er erst am Tage von neun bis fünf arbeitete, im Geschäft am Abend und am frühen Morgen schrieb er und lernte. Englisch, Französisch, Flämisch-Holländisch. Und dann kam endlich ein Erfolg mit dem ersten Buch, den „Schullengrieper und Tungenknieper". Eine schöne Zeit, aber sie war überschattet von der Not der Eltern; der Vater mußte seinen Ewer verkaufen, den stolzen G. F.125, den Ewer, auf dem Gorch Fock mitgefahren war und an dem seine Kindheit hing. Jetzt schrieb er: „Seefahrt ist not." Alles, was sein Herzen zu sagen hatte an Freude, Stolz, Trauer über Finkenwärder, das langsam unterging, seine Hoffnungen auf die Kraft der Fischer, sein brausendes, noch immer junges Blut ließ er in dem Buche klingen. Der Erfolg war da, ein großer Erfolg, die Not war zu Ende. Gorch Fock ruhte nicht bei dem einen, er spannte seine Flügel weiter, „neue Winde schwellen meine Segel". – Da kam der Krieg 1914. Gorch Fock ertrug alles, zuerst kam er nach Serbien, dann aber – es war noch eine Freude für ihn – als Beobachter auf die „Wiesbaden". Nun war er wieder auf dem Meer, das in tosenden Bugwellen vor dem Kreuzer stand, er saß oben im Krähennest, ein Wikinger war er, der nach Land ausschaute. Neue Gedanken blühten in ihm auf, gewaltige Bücher wollte er noch schreiben vom Meer, dem seine tiefste Liebe galt.

Zuletzt aber fuhr er mit der deutschen Flotte aus nach dem Skagerrak, und da, wo sein Großvater in der Flut versank, nahm das Meer auch den jungen Gorch Fock. Auf einer kleinen schwedischen Insel wurde er angeschwemmt und hier begraben, nicht weit von dem Meer, das unablässig gegen die Küste klopft und pocht, gleichmütig und mit tiefer, ruhiger Stimme, denn das Meer kennt die Trauer nicht, so viele nahm es schon auf. Die Trauer bleibt nur bei wenigen Menschen, daß auch der, auch Gorch Fock gehen musste, er hatte noch viel zu sagen, wir hätten alles gehört, was er gesprochen hätte, noch mehr wären wir seine Freunde geworden. Was er wünschte, ist ihm geworden:

Sterb ich auf der kalten See,
gönn Gorch Fock ein Seemannsgrab!
Bring mich nicht zum Kirchhof hin,
senk mich tief ins Meer hinab!

Segelmacher, näh' mich ein!
Steuermann, ein Bibelwort!
Junge, nimm dein' Mütz' mol af,
und denn sinnig över Bord ...

AUS DEM STORCHNEST

Unsere gewöhnliche Frühjahrsreise ist schnell und glücklich vonstatten gegangen. Nachdem wir im Fluge allerlei Länder und Meere gesehen, sind wir, meine Frau und ich, wohlbehalten in unserem alten Quartier wieder abgekommen. Unser Nest befand sich in ziemlich schlechtem Zustand. Ich kenne den Winter nicht und weiß nicht, was er eigentlich mit den Nestern anfängt; man sollte aber meinen, daß er recht absichtlich und boshafterweise das mühsam eingefügte Reisig aus den Wänden herauszieht.

Es war ein sonniger Nachmittag, als wir uns auf dem kleinen Bauernhause niederließen. Nachdem wir die Koffer untergebracht und uns ein wenig geputzt hatten, machten wir uns sogleich an die Wiederherstellung unserer Baulichkeiten. Ein Stündchen etwa arbeiteten wir wacker, dann flog meine Frau aus, um ein paar Häuser weiter, wo auch welche angekommen waren, einen Besuch zu machen – ich aber, im Neste auf einem Beine stehend, hielt in behaglicher Stimmung eine kleine Umschau. Es tat mir im Herzen wohl, die kleinen Häuser und den Kirchturm wiederzusehen. Im Grunde bin ich doch lieber hier, als im Süden, obgleich dort die Frösche mitunter ausnehmend fein von Geschmack sind.

Da bemerkte ich meinen Bauern, der auf seinem Hofe stand und sich mit einem Spaten zu schaffen machte. – Guten Tag, Bauer! rief ich ihm zu. – „Schönen Dank!", antwortete er. – Wie ist es dir gegangen in der Zeit, daß wir uns nicht gesehen haben? fragte ich. – Er stützte sich auf den Spaten, sah mich nachdenklich an und sagte: „Ich danke dir! Es ist mir im ganzen recht gut gegangen." – „O ja", sagte er, „nur das Dach hat an einigen Stellen etwas gelitten, es müsste ausgebessert und aufgearbeitet werden. Dann hat sich auf der einen Seite die Mauer gesenkt; der Maurer müsste kommen und nachsehen. Das kann aber so lange bleiben, bis der Zimmermann und der Glaser kommen; die finden auch allerlei Arbeit."

Ja – sagte ich, indem ich auf mein Nest sah –, wie der Winter den Wohnungen mitspielt, davon weiß ich auch zu sprechen. Aber willst du nicht auch lieber sogleich alles wieder herstellen, wie ich es mache? – „So unklug", – erwiderte er – „wär' das nicht, aber – na, ich werde es wohl noch ein Weilchen so lassen." – Frau und Kinder sind doch hoffentlich wohl und der alte Papa auch? – „Im ganzen ja! Sie sind vom Winter ein bißchen mitgenommen und etwas schlecht auf den Füßen – ich meine, was das Schuhzeug anlangt – und der Alte ist noch etwas schwächer und stumpfer, als er damals war, als du weggingst; – aber Appetit haben sie alle."

Wie sieht es denn im Stall aus? – „Da fragst du", antwortete der Bauer, „mehr als ich dir sagen kann. Ich bin seit sechs Wochen, als sie mir die letzte Kuh abpfändeten, nicht mehr im Stall gewesen." – Aber da war doch noch das Pferdchen? – „Das Pferdchen – richtig! Sieh, dem Pferdchen ist es recht gut gegangen, das hat die schlimmste Zeit gar nicht mehr mit uns durchgemacht. Ich habe es schon vor Neujahr verkauft, als ich die Steuer und die Zinsen zahlen mußte." – Ein Weilchen schwiegen wir. Ich blickte um mich, und das kleine Gehöft kam mir verändert vor. – Bauer, fragte ich, hattest du nicht früher einen Zaun um deinen Hof? – Er lachte in sich hinein und zeigte dann mit der Hand in die Luft. „Da ging er hin", sagte er, „durch den Ofen zum Schornstein hinaus. Ein paar Türen und noch andere Sachen, die sich nicht verkaufen ließen, sind ihm nachgeflogen."

Das hörte ich sehr ungern, und indem ich mir zusammenrechnete, was mir der Bauer erzählt hatte, sprach ich: Hör' Bauer! So ist es dir doch in diesem Winter nicht ganz gut gegangen? – „Wenn ich bedenke", erwiderte er – „wie es mir und wie es manchem andern ergangen ist, so muß ich doch sagen: es ist mir im ganzen gut gegangen." – Und was machst du eben mit dem Spaten? – „Ich hab' ihn zurecht gemacht. Ich dachte wohl, ich wollt' einmal graben, um mir ein bißchen Bewegung zu machen. Aber ich kann es auch lassen, da ich doch nicht zu pflanzen habe." Damit warf er den Spaten hin und ging in sein Haus zurück.

Als meine Frau nach Hause kam, sprachen wir viel hin und her über das, was ich von dem Bauern gehört hatte. „Wenn wie den armen Leuten doch helfen könnten!“, sagte meine Frau. „Sie sind immer gut und freundlich gegen uns gewesen. Ich möchte nicht, daß andere in dies Haus zögen.“ – Wie sollen wir ihnen helfen? Versetzte ich und sah mich im Neste um, ob da nicht etwas wäre, das man weggeben oder zu Gelde machen könnte. – „Wenn wir ihnen denn doch wenigstens einen rechten Gefallen tun könnten!“, sagte meine Frau. In diesem Augenblick kamen die Kinder des Bauern aus dem Hause, und als sie uns bemerkten, sangen sie uns sogleich an:

„Adebar, ester,
Bring mi ’e lütte Swester!
Adebar, oder
Bring mi ’n Broder!“

FRÜHLINGSGEDICHT VON JOSEPH VON EICHENDORFF

Der Frühlingssturm warf sich südwärts über das Land und zerriß den Himmel über Heidelberg, den noch nachtdunkeln, er zerriß das dunkle Gewölbe, da wurden die Waldberge sichtbar, die Stadt hob sich mit zitternden Rauchfahnen dem Morgen entgegen. Der Wind fuhr mit schwellendem Getön über die Häuser, warm und wild lief er durch die Gärten.

Da wachte Eichendorff auf, stürzte mit einem Schwunge aus dem Bett und zum Fenster, er riß es auf und sah Heidelberg vor sich. Es sang heute etwas in ihm, unaufhörlich perlten Melodien auf, wichen zurück und neue kamen, immer klang es, und er spürte, so am Fenster gelehnt, den neuen Tag. Er roch die Luft, in der schwerer Erdgeruch lag, es hatte geregnet, sieh, da schwebten wie Blüten schon die Knospen an den Kastanienbäumen, es brachen die Büsche auf, schon zitterte über ihnen nach dieser einen milden Nacht der Schleier zarter Blätter. Es wurde Frühling, es wurde Frühling, spürte Eichendorff und goß sich das eiskalte Wasser über den Rücken.

Dann aber stürzte er die Treppe hinunter und lief in den Garten. Das Gras flammte vom Tau, gesund und stark duftete die Erde, Eichendorff beugte sich und sah mit Staunen die dunkelblauen Veilchen im Gras, mit einem Male waren sie nun da, und er hatte sie ein ganzes Jahr nicht gesehen. Da schwenkte er die Arme und rief mit der weichen Stimme nach einem Fenster: „Madame, Madame, es ist Frühling – "

Dann lief er wieder in das Zimmer, die Veilchen im Munde, zog den blauen langschößigen Rock an, stülpte den Hut auf und ging mit aufsteigender Freude die Straße entlang. Das Schloß sah er, schon waren die Bäume von Grün überschimmert, erste Ahnung von Laub überflog das krause Astwerk, er sah den Neckar, schneller schienen die Wasser heute zu strömen, und der Sonnenschein der Frühe lag auf den Brücken und Dächern. Er ging in die untere Stadt, stieg in einem wackligen Haus die Treppe empor und riß, immerfort summend, die Tür eines Zimmers auf und rief: „Schon aufgestanden, Brentano?" Der saß am Tisch über alten Handschriften, eben hatte er ein rührendes, zartes, altdeutsches Liebenslied gefunden, das in seine Sammlung kommen sollte. „Zum Gruß, Eichendorff", er wandte sich um. Da stand Eichendorff am Fenster und riß es mit einem Schwunge auf: „Neue Zeit", rief er, „heute lassen wir alle Arbeit liegen und ziehen in den Wald, Bruder Brentano", und dann warf er Brentano die Veilchen auf die vergilbten Blätter. Brentano nahm lachend die Blätter zusammen, legte sie in die alte Lade, hing die Laute um und singend gingen sie zu Achim von Arnim und Görres, die sollten mit dabei sein, wir wollen den Frühling feiern.

Gestern abend hatten sie wieder bis in die späte Nacht bei Görres gesessen, Arnim hatte alte Volkslieder gesungen und von seiner Sammelarbeit gesprochen, er und Brentano wollten ja die deutschen Volkslieder sammeln. Der Name stand schon fest. „Des Knaben Wunderhorn" wollten sie das Buch nennen. Brentano hatte auf der Laute alte, dunkle Volksweisen gespielt, und fuhr, wenn sie in Nachdenklichkeit versanken, mit einem leuchtenden Witz dazwischen. Görres berichtete leidenschaftlich von den „Teutschen Volksbüchern", in denen er das alte Sagengut sammeln wollte, und Eichendorff hatte ein paar wehmütige Verse gesprochen, die ihm auf dem Schloß in den Sinn kamen.

Aber heute, nein, heute sollten die Bücher ruhen, die Augen sollten die erste Herrlichkeit aufsaugen, das Herz sollte spüren: Neue Zeit – Frühling. So holten sie Görres und Achim von Arnim und schritten aus Heidelberg hinaus.

Brentano riß jubelnde Klänge aus der Laute und begann im Schreiten alte deutsche Lieder zu singen, und die Stimmen der Gesellen umgaben seine, die führende, helle Melodiestimme. Sie stiegen auf die Höhe und sahen fern Heidelberg liegen. Leichter Dunst schwebte über der Stadt, zartes Grün flammte von den Höhen, die Stadt, die sie liebten, war eingebettet in den neuen Frühling. Auf dem Fluß glitten wie Spinnen kleine Schiffe und Kähne, lieblich war alles in die süddeutsche Landschaft gelegt, und die Freuden, das zu sehen, denn so hatten sie es nie gesehen, jedes Jahr war der Frühling anders. Ein Horn scholl durch die Stille, aus der Tiefe der Straße klomm eine Postkutsche, gelb und schwerfällig, empor, und die Pferde schnoben. Die Töne wurden zu einem Lied, das zwischen den Höhen schwebte. Dann war sie da und rollte langsam an den Gesellen vorbei, ein Schleier wehte; da winkten sie und riefen Vivat, ein Mädchen sah lächelnd heraus, Brentano griff in die Laute und ließ einen jubelnden Akkord aufsteigen, und in dieser Freude stiegen sie durch den Wald einem alten Wirtshaus zu.

Der Wein funkelte und schwamm schimmernd in den Gläsern, und Brentano stand mit leuchtenden Augen am Tisch und hob das Glas dem Frühling entgegen. Sie tranken; im Tale lag die Stadt still im zarten Schimmer. Doch war es ihnen, er würde von Stunde zu Stunde stärker und lebendiger. Achim von Arnim sprach begeistert von den Jahren, die sie noch hier in Heidelberg zusammen verleben wollten, da sagte Görres lachend: „Der Träumer Eichendorff, wo ist er?“ Da sahen sie ihn durch den Wald herankommen, sie hoben ihm rufend die Gläser entgegen. Eichendorff lief lachend heran und warf Veilchen und Grün auf den Tisch, und dann nahm er das Glas und sagte hell: „Meinem Frühlingskind“, und trank. „Aurora, die Göttin der Morgenröte, hat ihn ergriffen.“ Eichendorff stand am Tisch, und lachend sah er die Landschaft und die Freunde, die zu ihm aufsahen, das riß er ein Papier hervor und las ihnen vor:

Laue Luft kommt blau geflossen,
Frühling, Frühling soll es sein!
Waldwärts Hörnerklang geschossen,
Mutger Augen lichter Schein:
Und des Wirren bunt und bunter
Wird ein magisch wilder Fluß,
In die schöne Welt hinunter
Lockt dich dieses Stromes Gruß.

Und ich mag mich nicht bewahren!
Weit von euch treibt mich der Wind,
Auf dem Strome will ich fahren,
Von dem Glanze selig blind!

Tausend Stimmen lockend schlagen;
Hoch Aurora flammend weht;
Fahre zu! ich mag nicht fragen,
Wo die Fahrt zu Ende geht!

Mit bebender Stimme hatte es Eichendorff gesprochen, schneller und klingender war sie geworden, und es klang zuletzt ganze Freude und voller Jubel hindurch. Da standen sie alle vier und stießen an, mit glänzenden Augen sagen sie sich und danach die Landschaft, die im Frühlingstag schimmerte wie neu, der Wind wehte, ein fernes Posthorn klang, es war Frühling geworden, neue Zeit!

STURM AUF DER DONAU. VON EINER SEGELBOOTFAHRT

Grein und das herrliche Strudental liegen hinter uns. Das Strombett weitet sich und die Fluten schießen nicht mehr mit allzu hoher Geschwindigkeit dahin. Heiß brennt die Sonne hernieder. Einer sitzt am Steuer, während die andern sich sonnen oder nebenher schwimmen. Es wird ein wenig kühler. Man zieht sich etwas an sitzt in Hemdsärmeln da. Einer liest vor; drüben ziehen herrliche Burgen und Schlösser, Dörfer und Städtchen vorüber.

Hinten am Horizont, den eben noch die Gipfel der Voralpen gebildet hatten, zieht jetzt eine schwere, dunkle Wolke auf. Ein leiser Wind setzt ein, und das Wasser beginnt sich ein wenig zu kräuseln. Der Wind wird schnell stärker. Hei, das ist fein. Fast möchte ich segeln. Der Wind schwillt immer mehr an und treibt das Boot schon. Man zieht Mäntel an. Aus dem Kräuseln werden Wellen. Aus dem Wind wird ein Sturm. Er fegt feinen

Wasserstaub vor sich her. Das Ufer ist kaum noch zu erkennen. Kein Boot auf der ganzen Fläche mehr sichtbar. Der Sturm rast. Das Wasser wird aufgepeitscht, und die Wellen schlagen über Bord. Das Rucksackverdeck bietet einen gegebenen Widerstand, und pfeilschnell rast das schwankende Schifflein dahin, die Wogen vor sich zerschneidend. Die Lage wird ernst. Einer hat vollkommen damit zu tun, das einströmende Wasser mit einem Kochgeschirr auszuschöpfen. Ich sitze am Steuer und stemme mich mit der Brust dagegen. Noch bewahren alle die Ruhe. Wenn wir kippen! Mitten auf dem Strom! Da tobt der Sturm. Er fasst das Boot und reißt es mit. Es droht zu kentern. Das Steuer biegt sich und will fast brechen! „Verdeck runter!" Krach! Ratz! Weg war's. Jetzt müssen wir kippen! Nein, noch einmal ging's! Da! Rettung! Unweit eine Insel – ich reiße das Boot herum. Die Wellen schlagen quer ein. Ein Ratzen und Knirschen! Festgefahren! Gott sei Dank, auf der rettenden Insel. Da springen auch schon vier Mann heraus ins Wasser. „Eins – zwei und drei", das Boot steht draußen im Trockenen.

Zunächst bringen wir die Sachen in einen hohlen Baum und sehen uns die Örtlichkeit näher an. In dem Sturm haben wir keine Lust weiter zu fahren. Eine langgestreckte, unbewohnte und verwachsene Insel. Bleibe für die Nacht?

Schon überqueren wir den Nebenarm, um drüben in Bleibe zu gehen, als das Führerboot ankommt und uns mitteilt, daß wir noch heute abend nach Pöchlarn fahren sollen. Schnell wird eingepackt und bald sind wir klar zur Ausfahrt. Da sich der Sturm zu einem günstigen Segelwind abgeschwächt hat, werden Segel gesetzt. Das erste Mal auf der Fahrt. Hei, wie sauste das Boot! Eine zackige Fahrt. Schon ist es dunkel, als wir vor Pöchlarn ankommen. Am Ufer Trompeten- und Pfeifensignale. In einer guten Kurve steuert der „Seeadler" in den Anlagehafen.

DIE VERLORENE GLOCKE

Einst, als Kriegsgeschrei erschallte, fürchteten die Witzenburger gar sehr für ihr Hab und Gut, daß es ihnen von den Feinden geraubt und genommen würde. Besonders aber war ihnen angst für eine Glocke, welche auf ihrem Rathaus hing, weil sie glaubten, man würde ihnen dieselbe wegnehmen und Büchsen daraus gießen. Also wurden sie nach langem Ratschlag eins, dieselbe bis zum Ende des Krieges in den See zu versenken und sie alsdann, wenn der Krieg vorüber und der Feind hinweg wäre, wiederum herauszuziehen und wieder aufzuhängen. Sie trugen sie deshalb in ein Schiff und führten sie auf den See. Als sie aber die Glocke hineinwerfen wollten, sagte einer von ungefähr: „Wie wollen wir aber den Ort wieder finden, wo wir sie hineingeworfen, wenn wir sie gern wieder hätten?" –

„Darum lasse dir, sprach der Schultheiß, „kein graues Harr wachsen", ging mit einem Messer und schnitt eine Kerbe in das Schiff an dem Orte, wo sie die Glocke hinausgeworfen, sprechend: „Hier bei diesem Schnitt wollen wir sie wieder finden." Es ward also die Glocke hinausgeworfen und versenkt. Nachdem aber der Krieg aus war, fuhren sie wieder auf den See, ihre Glocke zu holen, und fanden den Kerbschnitt an dem Schiff wohl, aber die Glocke konnten sie darum doch nicht finden, noch den Ort im Wasser, wo sie solche hineingesenkt. Es fehlt also noch heute ihre gute Glocke.

DER VOGELBERG

Mit seinen grünen Wiesen und dichten Strandwäldern ragte das Land aus dem Meer. Es war ein fruchtbares, schweres Land. Auf den tiefgrünen Wiesen standen die Kühe im fetten Gras, der Pflug ging durch schwarzen Boden, in den Wäldern sangen die Vögel. Vor den Deichen pochte leise das Meer. Ja, das Meer schien gar nicht mehr so wild und gefährlich, und sooft es in zornigem Sturm über die Deiche raste und die Erdmauern zerriß, die schweren Steine ins Land schleuderte: die Menschen arbeiteten ein paar Wochen, dann war der Deich fester, das Land sicherer, und das Meer konnte wüten, es blieb für die Menschen ungefährlich.

Aber draußen, ein paar Stunden von dem fruchtbaren Lande, lagen kleine Inseln mit Häusern und Menschen und Tieren, hier war ein erbittertes Ringen um das bißchen Land, hier konnte das Meer brüllen und stürmen, und hier trieben zuweilen ertrunkene Menschen, ertrunkene Tiere auf den Fluten. Die Fischer hatten härtere Gesichter als die am Lande, ihr Gang war schwerer, als käme er nicht von dem Boden los, als wollten sie nicht einen Augenblick die Erde verlassen, um die sie immer wieder ringen mußten. – Aber das eigentliche Reich des Meeres lag noch weiter draußen, da, wo steile Klippen aufstiegen. Hier kochte die Brandung und stürmte mit schweren Wellen über die Felsen, hier gab es nichts als den Donnerlaut der Flut und den Schaum, der die Wolken herunterreißen wollte, keine Erde, auf der ein Grashalm hätte wachsen können, kein Busch, nur Fels und nur das brausende Wasser.

Unter den Klippen aber war eine, die stieg mit gewaltiger Wand steil auf. Wie eine Burg, eine unbezwingliche, starrte sie aus den kochenden Fluten, und es war dem Meer eine besondere Lust, die Wellen in langen Reifen gegen die Wände anreiten zu lassen, immer, immer wieder, nur an einer Stelle war ein schmaler Zugang zur Klippe, hier war es stiller inmitten der Brandung. Das Meer wachte über der Klippe.

Aber eines Tages kam doch ein Boot auf den Wellen herangeritten, fand den stillen Zugang und legte in der Bucht an.

Die Fischer klommen schwerfällig über die Wände und gelangten auf die Spitze. Da war nichts als der Fels, kein Busch, kein Gras, kümmerlich nur hingen ein paar Flechten in den Ritzen. Der Wind fing sich in den Löchern und orgelte. „Nein, Haller", sagte der Fischer zu seinem Begleiter, „hier ist nichts mit einem Haus, denkt doch, wie sollen wir die Sachen heraufbringen, es ist ein ganz verdammtes Land." – Und nachdem sie noch in den Klippen herumgestiegen waren, kletterten sie wieder hinab und fuhren davon. – Das Meer lauerte. Was wollten die Menschen hier, nein, auf dieser Klippe sollte nie eine andere Stimme tönen als seine, die Stimme des Meeres, es sollte kein Baum wachsen, es sollte kein Tier darauf leben.

Und in einem jäh aufsteigenden Zorn donnerte das Meer gegen die Klippe, daß der Schaum senkrecht wie Rauch von Granaten aufstieg und die Felsen in Dunst hüllte, das Wasser um die Klippen ward weiß vor Zorn und schleuderte sich in wahnsinniger Hast hinauf und zersprang.

Eines Tages klang ein Schrei durch die Luft, es war niemand da, der es hätte hören können. Flügel rauschten. Eiderenten flogen knarrend durch die Luft. „Wie weit ist es noch zum Land?", schrie die letzte, und stieß den Hals weit vor. – „Nur Mut, nur Mut, dort sind Felsen." – Da flogen sie rauschend über die lange Reihe der Klippen auf die hohe Klippe zu und fielen hastig nieder, sie waren erschöpft vom langen Flug.

Das Meer wachte auf und sah die grauen Vögel in der Klippe. „Herunter", schrie es, was sollen die Vögel da oben, niemand sollte auf der Klippe sein, der Felsen gehörte ihm. „Herunter!", donnerte es und stürzte wild an die Wände. Vor Wut kannte es sich nicht.

„Wie schön es hier rauscht", sagte die alte Führerin – „so wie da oben am Fjord –, es ist doch wenigstens eine Brandung, die sich ertragen lässt, und wir sind sicher vor den Menschen. Wir bleiben hier." – „Ihr dürft nicht hier bleiben, um nichts in der Welt, ich will es nicht, hört ihr?", donnerte das Meer. „Ich will allein sein mit den Klippen."

Die Enten lachten nur, ihr Schrei klang häßlich und lärmend, und sie sahen gleichmütig auf das keuchende Meer. „Was willst du von uns, wir bleiben", sagte die alte Führerin. Und sie blieben nicht die einzigen, neue Flüge kamen, und dann bauten sie in den Felsspalten Nester.

Der Lärm wurde immer lauter und schriller, lärmend lebten die Enten, und eines Tages streckten die Jungen ihre gierigen Hälse aus den Nestern, die Eltern flogen schreiend um die Felsen, tauchten tief hinab, fast bis zu den Wellen. Und das Meer konnte nichts anderes tun, als ohnmächtig Sturm zu laufen und die Brandung keifen zu lassen.

So war nach langer Zeit aus der einsamen Klippe ein Vogelberg geworden, der schrie und lärmte und von tausend Vögeln erfüllt war.

Eines Tages kam wieder ein Fischer vorbei und fuhr in die stille Bucht. „Es sind Eiderenten, Haller", sagte er zu dem Begleiter, „hier ist für uns ein gutes Geschäft." Da stiegen sie vorsichtig hinauf und drehten den Enten, die starr vor Staunen waren, die Hälse um und nahmen die Federn.

Das Meer aber hatte zu alledem nichts, gar nichts mehr zu sagen, es donnerte, es schrie, aber die Klippe hatte es verloren.

VON LEUCHTTÜRMEN

Tiefe Nacht. Der Ozean, der unendliche, nächtliche, brandet gegen die Küsten der Länder. Überall in dieser Stunde sind jetzt die Leuchtfeuer erwacht und schicken ihre stummen, eindringlichen Worte in die Ferne. Immer, in regelmäßigen Zwischenräumen strahlen sie hinaus, und die Schiffe verstehen die Worte und fahren rauschend den rechten Schaumweg.

Da ist der Dampfer „Isabella“, der vor Schottland fährt. Der Offizier späht in die Stille. Da unten, unter ihm, in den Kajüten, schlafen jetzt zweihundert Menschen, die wollen alle gesund und stark nach Cherbourg, da unten lagert jetzt die wertvolle Fracht. Er muß jetzt wachen, er ist der Lenker, Führer des Schiffes, ihm ist alles anvertraut. „SOS“, sagt er leise, und das Steuer wendet das Schiff. Da strahlt es auf, geheimnisvoll, wie ein merkwürdiges, großes Auge, es sucht weit über das Meer, es brennt und wirft sein Strahlenbündel über den Ozean. Dann verlischt es, und es ist tiefere Stille noch als vorher und dichteres Dunkel. „Bell Rock“, denkt der Offizier, nun weiß er die Richtung wieder genau. So fahren jetzt tausend Schiffe, große Fracht- und Personendampfer, Ewer, Kutter mit Fischern, und überall spähen die Menschen nach den stummen Zeichen.

So fuhren schon vor zweitausend Jahren griechische und römische Händler in ihren Galeeren und Triremen über das Mittelländische Meer und sahen nach einem Leuchtfeuer. Ja, die gab es schon damals, aber da waren es hohe Feuertürme, die wie riesengroße Fackeln weil ins Land strahlten. Der berühmteste unter allen war der Leuchtturm zu Alexandria, der auf einer kleinen Insel namens Pharos stand. So wurde er auch nur Pharos genannt. Seine mächtige Flamme sah man weit, und froher atmeten die griechischen Händler, nun war die weiter Reise nach Alexandrien bald zu Ende und der Gewinn sicher, nun schlugen die hundert Sklaven im Schiffsleib schneller mit langen Rudern die Flut, nun gab es bald, bald ein paar Ruhetage für sie. Er war berühmt und zählte zu den sieben Wunderwerken, die die Griechen in der Welt gefunden hatten. Dieser ungefähr 150 Meter hohe Leuchtturm Pharos brannte jahrhundertelang und wies den Schiffen den Weg, bis er im Mittelalter zerstört wurde.

Lange schon gab es Schiffahrt auch im Norden, denn schon lange lebten die Menschen vom Fischfang. Zuerst waren es diem schwerfälligen Koggen der Handelsherren, die über die Nordsee fuhren. Eine viel benutzte Schiffahrtstraße war vor allem der Skagerrak, und weil oft Stürme die Schiffe abtrieben und in Not brachten, wurden schon vor dreihundert Jahren Leuchttürme auf Kap Skagen und an der Nordküste Jütlands errichtet, hell flammende Feuer, die nun die Richtung gaben. Immer größer wurde der Verkehr zwischen den Ländern, das Meer wurde zur Straße zwischen den Ländern, tausend Schiffe fuhren, so wurden denn auch überall Leuchttürme gebaut.

Da ist der Leuchtturm auf Bell Rock an der Ostküste Schottlands, der auf einer einsamen Felseninsel steht und unter ungeheuren Schwierigkeiten gebaut wurde. In der Nähe der Mündung des Firth of Tay liegt er, und Bell Rock heißt auf deutsch Glockenfelsen. Diesen Namen verdankt der Felsen dem Abte von Arbroath, der hier einst eine Glocke aufhängen ließ. Die sollte die ankommenden Schiffe vor den gefährlichen Riffen warnen. 1811 wurde dann ein Leuchtturm auf dem Felsen errichtet. –

Manches Schiff ist im englischen Kanal schon verlorengegangen, wie oft überfiel der graue Neben die Schiffe, das verloren sie die Richtung und fuhren auf Klippen oder rannten zusammen, wie oft wußten die Schiffer nicht, wo sie waren, da strahlte wie ein großes gütiges Auge unter vielen andern der Leuchtturm von Eddystone. Er liegt auf gefährlichen Klippen vor der Küste von Cornwall, ungefähr 24 Kilometer von Plymouth entfernt. Umdonnert von einer wilden und rasenden Brandung liegt er da, einsam wohnt oben der Leuchtturmwächter und richtet die Scheinwerfer in die Dunkelheit. Einmal schon, 1703, ritt eine gewaltige Sturmflut heran, immer wilder wurde der Sturm, vernichtender, und wie Riesenfäuste trommelten die Wellen, ließen nicht locker. Da sanken die Fischkutter, da gingen die großen holländischen Koggen unter, und endlich brach der Leuchtturm zusammen, und das Meer hatte gesiegt. Der neue Leuchtturm aber ist so fest gebaut worden, daß keine Sturmflut ihn vernichten kann,

Erst in neuerer Zeit ist der Rotesandleuchtturm erbaut worden. Er liegt an der deutschen Nordseeküste zwischen Bremerhaven und Helgoland. Im ihn gurgelt und braust die schwere See. Damit er nicht zerstört werden kann, hat man zuerst zehn Meter tief in den Sandboden des Meeres in eisernes Fachwerk eingelassen, das mit Beton und Mauerwerk ausgefüllt wurde. Darüber wurde dann der steinerne Turm errichtet und der noch durch Steinschüttungen gesichert. Der 34 Meter hohe Rotesandleuchtturm ist für die Nordseeschiffahrt von großer Bedeutung. Die mächtigsten Leuchtfeuer von Europa sind die Leuchtfeuer auf dem Kag la Héve bei Le Havre an der französischen Küste, der 50 Seemeilen Sicht hat, und der Eckmühl-Leuchtturm auf der Spitze von Peumarch in der Bretagne, der seine Lichter 100 Kilometer weit in die Ferne sendet.

Jeder Leuchttrum hat seine besondere Sprache, einer brennt mit stetigem, pausenlosem Licht, ein anderer zuckt seine Flamme mit zwei Minuten Unterbrechung. So gibt es stetig brennende Feuer, Drehfeuer, deren Licht gleichmäßig immer stärker wird, und ebenso gleichmäßig wieder abnimmt, Blink- oder Blitzfeuer, die plötzlich aufleuchten, und nach bestimmter, kurzer Zeit wieder verschwinden; Wechselfeuer, bei denen das Licht in der Farbe wechselt, einmal rot, dann grün und wieder rot aufflammt. Die Beleuchtung der Türme geschah früher mit Petroleum, dann mit Gas, heute strahlen zumeist elektrische Lichter in das Meer, um immer wieder ihre stillen Notworte zu rufen: Habet acht, Sandbänke! Habt acht, Felsen und Riffe.

OSTERN IM WALD

Jedes Jahr war es schon so gewesen, daß die Familie Ostern im Grünen war, dies Jahr sollte es wieder sein, und wie vor dem Weihnachtsfeste war ein so eifriges Arbeiten im Haus, daß Vater einen ganz roten Kopf hatte und ganz bunte Finger und Farbkleckse auf Mutters Schürze, die er umgebunden hatte. Könnt ihr euch denken, was Vater zu tun hatte? Und Mutter stand wieder am Ofen und buk und brutzelte, daß Erik ganz wohl und wehe wurde, und er sagte zu Eva: „Nein, so hat es noch nie gerochen, noch in keinem Jahr. Diesmal wird es besonders." Und er hatte wohl Grund, der kleine Erik, das zu sagen, denn er hatte schon von dem süßen Teig geschleckt, und der schmeckte wunderbar. Diesmal sollte es auch etwas ganz Besonderes sein, denn Harry kam zum erstenmal nach Hause, er war ja auf der Marineschule, und keiner wußte, wie er aussehen würde. Ostersonnabend kam er, und er sah so gut aus in seiner blauen Uniform, daß Erik ganz seine Fassung verlor.

Und nun war Ostermorgen. Die Familie ging aus der Wohnung, und es war noch früh am Tage. Die Straßen waren leer, Sperlinge stoben auf Dächern und Mauern, prall lag die Sonne über der Stadt. Schon traten ein paar jungen Leute aus den Türen, den Rucksack auf dem Rücken, und wollten ins Freie wandern. Ja, es schien, als wäre an diesem Tage alles anders und besonders; wenigstens Mutter lachte und erzählte in einem fort, als wäre sie ein ganzes Jahr nicht aus der Wohnung gekommen. Erik ging still neben Harry, o, er wollte Harry zeigen, daß er groß und stark war, ja er tat so verständig, als wäre er vierzehn und nicht elf Jahre. Bis er von Harry einen tüchtigen Schubs kriegte, daß er über den Graben springen mußte. Nun tollten sie herum und Eva rannte wie ein zierliches Füllen um Vater und Mutter, und ihre große, dunkelrote Haarschleife leuchtete wie eine Blüte! Nach einer Stunde kam die Familie in den Wald. Vater wußte schon die Wiese. Sie hieß nichts anders als „die Wiese“, es war, als hätte Vater sie gepachtet oder gekauft, denn sie gingen jedes Jahr hierher und feierten Ostern.

Nun also sahen sie nichts mehr von der Stadt, die war ganz fern; nur der Wald rauschte, Spechte hämmerten, Elstern flogen geckernd auf, und das Laub duftete und brauste, daß Vater stehenblieb und tiefatmend sagte: „O, Mutter, so schön ist es doch nie gewesen, nein, sieh nur den Wald an. Und nun verschwindet, Erik, Eva“, und auch Harry mußte weggehen und sogar die Mutter, heute durfte sie nichts mehr tun.

Ja, was hatte denn Vater so geheimnisvoll zu tun und warum mußten denn alle weggehen? – Mutter ging mit Eva in den Wald. So still war es, daß sie hörten, wie unten im Laub eine Maus raschelte und blitzschnell verschwand, wie ein Stückchen Rinde sich vom Stamm löste und auf den Moosboden fiel. Da stieß Eva einen kleinen Schrei aus und faßte Mutter an, sieh nur, da im Dickicht stand ein winziges Reh, seine Lichter schimmerten, dann aber flog es mit einem Satz davon und die Büsche knackten. Dann holte Eva viele Blumen und brachte sie zu Mutter, die auf einem Baumstamm saß und in den stillen Wald horchte und auf das Rauschen. Mutter band für Eva einen wunderschönen Blumenstrauß, das konnte sie so gut. Und Eva ging wie eine kleine Prinzessin in den Wald und sah mit erstaunten Augen eine Spinne, die zitternd in der Luft hing, und dann sah sie erst den feinen, fast unsichtbaren Faden, an dem das Tier hing.

Auf einmal klang es ganz dumpf: Muuuh! Eva blieb stehen. Horch nur, nun kam es näher und wieder hörte man aus dem Walde: Muuuh! Eva wandte sich schnell um und lief zu Mutter. „Da kommt wohl ein Bär“, sagte Mutter, und die Büsche brachen. „Wir müssen ausreißen, Eva.“ Und sie nahm Eva an der Hand und lief schnell in den schmalen Waldweg. Da kam Harry auf allen vieren angekrochen und brummte schrecklich. „Das ist der Bär, Eva“, rief die Mutter, und alle lachten.

Erik und Harry hatten sich gut miteinander verstanden, als Erik sah, dass sein Bruder nicht steif und fremd geworden war, und Harry hatte Erik eine Pfeife geschnitzt und ihm die seemännischen Signale vorgepfiffen. Unbedingt, das stand heute schon fest, Erik wollte auch Seemann werden, das war etwas, so im Sturm zu fahren und unter Palmen zu landen, wo die Neger waren. Und er konnte schon englisch, Harry hatte ihm ein Wort gesagt, das sagte er immer wieder: Yes.

Da pfiff es laut durch den Wald. „Das ist Vater“, sagte Mutter, „nun sollen wir kommen.“ „Yes, das wollen wir tun“, rief Erik, und alle rannten auf dem engen Waldweg vor zur Wiese. Da stand Vater lachend und sagte: „Ja, Kinder, jetzt war eben unser alter Freund, der Osterhase, da und sagte, er hätte euch Post gebracht, aber der Lümmel hat mir nicht gesagt, wo er sie hingetan hat, er wüßte ja eure Adresse nicht.“ –

Wie Wilde stürzten die Kinder an den Waldrand, sie lachten und schrien, man hörte Mutter rufen, dann wurde es stiller. Vater aber packte unterdessen mit lächelndem Gesicht den Korb aus, breitete ein Tischtuch aus und legte es ins Gras. O, was hatte Mutter alles für gute Sachen eingepackt, da waren weichgekochte Eier und Schinken und Wurst und in einer Kanne war kalter Tee, dann holte Vater ein Brot aus dem Korb und viele gute Dinge. Und gerade war er fertig mit Ausbreiten und Zurechtstellen, da rief es laut aus dem Walde und Eva kam mit vollen Händen hergelaufen und Vater hob sie lachend in die Luft. Sie hatte schöne silberne Eier, die glänzten so schön und blitzen, und in zweien waren zwei winzigkleine Püppchen, und in dem einen waren wunderschöne glashelle Kugeln mit kleinen weißen Figuren drin, Gott, war das eine Pracht, wie sie funkelten. Natürlich war da auch Schokolade und ein kleiner Osterhase.

O, nun kamen zu gleicher Zeit Erik und Harry gelaufen, Erik war noch eher da und warf sich seinem Vater um den Hals. Jetzt hatte er ein Taschenmesser, wie es funkelte, und des waren drei Klingen und ein Korkzieher und eine Feile dran. Damit er es nicht verlieren konnte, war es an einer glänzenden, dünnen Kette. Das war etwas, jetzt konnte er Heinz übertrumpfen, nun hatte er auch ein Messer, und was für eines, – Harry hatte auch ein Messer, es war größer und mit kleinen Silberschilden eingelegt und hatte einen tüchtigen, festen Griff, straff und blitzend klappte es zu. Und dann hatte Harry noch etwas, das, was schon immer seine Sehnsucht gewesen war: eine fremde Mütze, die sein Großvater als Seemann immer getragen und aus einem Lande im Osten mitgebracht hatte. Sie hing an einer dünnen, festen Schnur, und Harry hatte sie gleich um den Hals gelegt. Er konnte gar nichts sagen, aber er gelobte sich, daß er ein tüchtiger Kerl werden wollte; o, er wollte Vater und Mutter zeigen, wie sehr er sie lieb hatte und wie er ihnen Ehre machen wollte.

Zuletzt kam Mutter, aber sie ging langsam aus dem Wald und hatte verlegen ein wunderschönes seidenes Umschlagtuch in der Hand und in der anderen ein großes bronzefarbenes Ei und viele kleine aus Schokolade. Ganz langsam lehnte sie sich an Vaters Brust und sagte: „Aber, Vater, das war doch nicht notwendig, so viel, und so ein schönes Tuch." Und es wurde für einen Augenblick still.

Da rief Harry. „Aber, Mutter, Vater hat sein Osterei noch nicht gesucht." Ja, Vater mußte los, er mußte suchen, es half alles nichts. Und da sie alle wußten, wo Mutter es hingelegt hatte, riefen sie immer im Chor: „Kalt, kalt, eiskalt, Vater." – Und Vater drehte sich um und suchte an einer anderen Stelle. Nun wurde es warm – „heiß, heiß, o, glutheiß", rief Erik und tanzte vor Freude, na, Vater suchte auch lange. So suchte Vater im Laub unten und schob es beiseite und wühlte – „heiß, kochendheiß, Vater“, riefen alle, da sah Vater auf und sah etwas im Baum hängen wie eine seltsame Frucht – sein Osterei.

In dem großen Osterei lag ein schöner Schlips und eine kleine, dunkelbraune Pfeife, die Harry von der ersten Reise mitgebracht hatte. Dann war da noch Schokolade drin, und Eva, die ja erst sieben Jahre alt war, hatte mit feinen Buchstaben ein Gedicht aufgeschrieben. Da kam Vater her und umarmte alle, dann nahm er Eva auf den Arm und rief: „Und nun auf zum Osterschmaus.“

Und sie saßen alle um das Tischtuch. Vater schnitt die Brote und Mutter strich dick Butter drauf. Zuerst aßen sie Eier dazu, dann gab es Wurst. Und sie waren alle still, fern hörte man eine Elster schreien. Der Wald rauschte, das Laub duftete und sang, einträchtig saßen sie alle um das Tischtuch. Vater sagte: „Weißt du, Mutter, so ein schönes Ostern haben wie noch nicht gehabt.“ „Yes“, sagte Erik, und alle lachten.

GEORG STEPHENSON – DAS LEBEN EINES ERFINDERS

Liebe Jungen, sicher hat mancher von Euch schon den glühenden Wunsch gehabt, Soldat zu werden, dann zum Offizier aufzusteigen und vielleicht General zu werden. Und mancher von Euch hat Blücher und Scharnhorst zum Vorbild genommen. Aber, wisst Ihr, heute kann man unserem Vaterland Deutschland nicht mehr helfen, wenn man Offizier wird und die Soldaten befiehlt, sondern indem man einen tüchtigen Beruf hat und darin Gutes leistet, wo es auch sei, als Schlosser, Tischler oder was Ihr werden wollt, und denkt immer, daß Ihr es zu etwas bringen wollt in Eurem Beruf, und daß es schon viele Männer gab, die mit nichts anfingen und durch unerbittlichen Fleiß und harten Willen etwas wurden. Solche Männer sollt Ihr Euch als Vorbild nehmen, Menschen wie Edison, Senefelder oder Stephenson, den Erfinder der Lokomotive. Und die von Euch vor allem, die Georg heißen, sollen sich immer Georg Stephenson zum Vorbild nehmen, den Mann, der nichts besaß und aus der Tiefe kam und durch seine Willen und seine Zähigkeit etwas wurde. Aber auch alle anderen sollen seinen Namen merken. Und nun will ich Euch seine Lebensgeschichte erzählen.

*

Mit einem tiefen Seufzer wachte der Knabe auf und sah um sich mit verwundertem Blick. Es war ihm, eine schwarze Faust hätte die Decke weggezogen. Es war dunkel in dem Zimmer, in diesem einzigen, kleinen, erbärmlichen Zimmer, in dem noch seine fünf Geschwister schliefen. „Georg", rief es vom Herd. Ja, er sah es mit schlafvollen Augen: dort stand die Mutter am Herd und goß Essen in den Topf. Georg schon sich aus dem Bett und merkte, wie ihm alles schmerzte und auf der Brust ein dumpfer Druck lag, er wußte nicht, woher es kam. Der Vater saß schon da und löffelte die kärgliche, dünne Suppe, und der Knabe beeilte sich. O, hätte er noch schlafen können wie James oder Elfried, nein, er mußte in die Nacht, Georg biß die Zähne zusammen, er wollte in der Grube arbeiten, damit er verdiente, damit er mehr Geld verdiente als beim Hüten der Kühe, das hatte er noch vor vier Wochen getan, aber nun ging es in die Kohlengrube.

Die Nacht war schwer und die Flammen der Öfen rissen sie in blutigrote Stücke. Die Dämpfe und Feuer ballten sich zusammen und verwandelten die Kohlengruben in eine wilde und gespenstische Landschaft. Stephenson, der Alte, Heizer am Pumpwerk, schwieg, er stolperte über Bohlen und Steinhaufen, starrte mit entzündeten Augen in die Röte, und dachte, daß er nun mit dreißig Jahren den selben Weg gehe, zweimal am Tage, in Rauch, Staub und Dunst, da in der Landschaft von Newcastle. Wie würde es enden. Gott, wie es bei so vielen zu Ende ging. Eines Tages würde er aufhören zu arbeiten, er wird die Hände nicht mehr rühren können, zu Hause liegen als Kranker in diesem einzigen, kleinen Zimmer, und das würde zu Wohnstube, Küche, Schlafzimmer und Kinderstube dann noch Krankenzimmer sein. Sicher nicht lange. Er würde sich bald still und stumm zur Wand umwenden, und jener würde ihm die Hand geben, der schon immer in der Kohlengrube war, die Hand zur letzten Schicht. – Georg tastete sich neben dem Vater durch die Nacht. Fern lärmte das Pumpwerk und knarrte, Funken flogen auf und erloschen, die Nacht hatte hier in Newcastle die Stille verloren, sie sprach, ihre Worte waren dunkel und voll Staub, Georg überdachte, daß er in dieser Woche zehn Schilling mehr verdienen würde als in der vorigen, wenn er zwei Tage längere Schicht hätte, denn es fehlte einer. Es freute ihn, dann würde Mutter doch einmal ein bißchen lächeln, sie war immer so blaß und still, ja, er wollte noch viel Geld verdienen, für Mutter und für James und William und Nora und die anderen Geschwister. – Der Vater ging mit dem schweren Schritte der alten, verbrauchten Arbeiter nach dem Pumpwerk, Georg führte das Maschinenpferd; Tag für Tag, Nacht für Nacht. Die Augen fielen zu, das Pferd lief demütig, ohne Willen, Georg trabte nebenher, ein kleiner Dreizehnjähriger, doch waren seine Hände schon hart, und wie ein Mann überzählte er die armselige Löhnung, wie ein Mann sank er in dumpfen Schlaf, wenn die Pause war, sein Herz träumte aber, das war ein richtiges Knabenherz. Und wieder, hü, alter Grauer, so begann das fast blinde Pferd seine Gang um die Maschine und der Knabe Georg lief nebenher, und sah aus der Nacht den

Tag ergrauen, träge, müde, schon vom Rauch erstickt, stolperte nach Hause, schlief, ging wieder. Aber zäher ward sein Wille, nein, Pferdeführer will er nicht bleiben, er will wie der Vater an die Maschine.

Und eines Tages stand er neben dem Vater und war Hilfsheizer. Nun konnte er sehen, wie die Kolben auf- und niederstiegen, wie die Öfen glühten; hier waren die Lungen des Werkes, und er, der dreizehnjährige Knabe Georg, stand wie ein Herr an den Maschinen und fütterte sie mit Liebkosungen und Flüchen, zwölf Stunden am Tage. Aber in diesen zwölf Stunden hatte er Zeit genug, zu denken, was werden sollte, aus ihm, dem Knaben mit den harten Fäusten und den hungrigen Augen. Er wußte es nicht, aber wußte: Weiter. Also war er dann selbständiger Heizer und mit siebzehn Jahren Maschinenführer. Siebzehn Jahre, ja, um diese Zeit griffen die reichen Alterskameraden zum Wanderstock und sahen die Welt, er blieb, und was tat er? Er ging jetzt zur Schule. Bis dahin hatte es keine Schule für ihn gegeben, das Schulgeld konnten die Eltern nicht aufbringen. So wanderte er nun jetzt zur Schule, am Tage arbeitete er, so ging er drei Nächte zu einem armen Schulmeister. Da saß er in seinen dürftigen Sachen, der Schein der Kerze fiel auf das hagere Knabengesicht, und er preßte die harten Hände zusammen, damit sie die Feder fassen konnten, er wollte empor, er lernte, er rechnete, während der Arbeit benutzte er jede freie Minute. Und damit er den Lehrer bezahlen konnte, nähte und flickte er Schuhe für die Arbeiter.

Seht Ihr ihn, den jungen Georg Stephenson, meine kleinen Freunde? Es ist tiefe Nacht, in diesem Zimmer, in dem fünf Kinder schlafen und die Eltern, sitzt er vor einer Kerze und näht Schuhe. Er ist müde, er ist zum Hinsinken müde, ja er würde, wenn er könnte vierundzwanzig Stunden schlafen, so müde ist er. Nein, er will nicht müde sein, Himmel, nein; – er reißt die Augen auf, er will die Schuhe fertig nähen, er bekommt dafür noch zwei Groschen, und das fehlte noch, um den Lehrer zu bezahlen. Die Kerze brennt; sie flackert und es ist kalt im Zimmer; woher soll Holz kommen. Es ist so kalt, daß Georg die Nadel fallen läßt vor Kälte. Aber sein Herz ist warm, er denkt an die Jahre, die kommen, da rauschen Wälder, da ist blauer, blauer Himmel, da ist ein Haus, in dem er glücklich ist. Der Wille steigt in ihm auf, nein, er läßt sich nicht unterkriegen, weiter. – Todmüde schläft er auf dem Schemel ein, da pfeift die Maschine, er taumelt zur Arbeit, aber das Herz trägt den Körper. Jetzt, ach, was ist das denn: Leben ohne Licht. Aber Georg sieht das Licht in der Zukunft.

Ja, er sah die Zukunft nicht trübe, er wußte: arbeiten konnte er, also würde es schon hoch gehen und auf das Glück zu. Er saß nicht mit den Kameraden in den Schenken am Sonntagnachmittag, er taumelte dann nicht wie sie betrunken nach Hause, und stand nicht wie sie mit einem Fluch auf, wenn nach dem Rausch die neue Schicht begann. Er ging mit Fanny Henderson, die er so liebte, und schon solange liebte, schon als Junge, mit ihr ging er spazieren und stand gerührt vor einem Kirchbaum, dessen Blüten kaum eine Stunde weiß und rosig waren, so schnell saß der Kohlenstaub über ihnen und zerstörte ihren Glanz. Sie sparten, sie legten jeden Schilling zurück, um ein kleines Haus ihres Glückes zu bauen. Und eines Tages reichte es zu einem winzigen Häuschen, so klein, daß für zwei Platz war in den Zimmern. Aber es war groß genug, dies alles, für George Stephensons Glück, und also führte er Fanny Henderson in dieses Häuschen und sie waren recht glücklich. Was tat es ihnen noch, wenn die Luft nicht gut und nicht rein war und der Wind trübe und schmutzige Wolken von Kohlenstaub über die Landschaft von Newcastle jagte? Nichts; auch der Feuerschein der Werke, der dumpfe Schrei der Pfeifen und das Lärmen und Klirren störte sie nicht. Georg Stephenson war fleißiger denn je, Fanny sollte es gut haben. Er besserte wie vorher Schuhe aus, und die Bergleute kamen zu ihm, man konnte doch mit Georg gut erzählen, er war ein kluger und aufgeweckter Bursche, das mußten sie ihm lassen; er verstand zwar nichts von Uhrmacherei, aber er brachte es fertig, dieser Bursche, und besserte auch Uhren aus, und nun hatte er neuen Verdienst. Die Bergleute und Arbeiter brachten ihre Uhren zu ihm, der Direktor ließ nach ihm schicken, er solle doch mal nach seiner Uhr sehen, einer wunderschönen, französischen Uhr, die nicht mehr gehen wollte, der Uhrmacher hätte es nicht zuwege gebracht. Gut, Stephenson setzt sich einen Sonntagnachmittag hin, nimmt die kostbare Uhr sorgfältig auseinander, es macht ihm Freude, diese winzigen Räder zwischen den Fingern zu haben, diese blitzenden, feinen Räder, die so merkwürdig ineinander arbeiten. Er setzt alles wieder zusammen; die Uhr geht wieder. Und nun war er bekannt als der beste Uhrendoktor in der Landschaft.

Es kommen die dunklen Winterabende. Georg Stephenson sitzt mit Fanny in dem kleinen Häuschen. Der Schnee saust um die Läden, der Kamin knistert, es ist so behaglich warm und still. Seht Ihr ihn, den jungen Stephenson, er sitzt am Tische vor der Kerze und schnitzt und zeichnet, mißt nach und rechnet und liest in einem zerlesenen Buche: er modelliert Maschinen, er baut eine Pumpmaschine, wie sie in seiner Grube arbeitet; er bastelt, dabei denkt er; er wünscht, solche Maschinen zu bauen, er weiß, das ist das Richtige und es zuckt ihm in den Fingern. Er denkt zurück: als Knabe, wenn er auf der Weide lag und die Kühe waren um ihn, baute er aus Ton und Erde Maschinen, er sah sie lebendig, er sah sie arbeiten und die Schätze aus der Erde holen. Und dann kam er an die Maschinen, da war sein erster Traum erfüllt. Er kennt seine Maschine, er kennt ihr Herz, ihre Lunge, wie oft hat er sie auseinandergenommen, da lagen die blitzenden Kolben vor ihm und die schimmernden Standen, die kreisenden Räder, die Maschine war ihm ein lebendiger Freund, er kannte ihre Stimme, ihr Knirschen, ihren Trotz beim Ansetzen und ihren Widerwillen beim Aufhörenmüssen.

Und nun sitzt er da und baut sie noch einmal, klein und mit unendlicher Mühe, er baut noch andere, von denen ihm der Ingenieur erzählt, und spürt, wie das alles lebt und arbeitet.

Da stirbt seine junge Frau, das Glück ist kurz gewesen und dauerte nur ein paar Jahre, und da ist es gut, daß er dort, von Killingworth, wegkommt. Eines Morgens kommt der Direktor mit dem Ingenieur an die Maschine von Georg Stephenson; der putzt sie; wie funkeln ihre Räder, wie glänzen die Stangen. Der Ingenieur hat dem Direktor davon erzählt, daß Stephenson über ein erstaunliches Wissen verfüge. Jetzt ist eine Stelle frei an einer Dampfmaschine, allerdings weit weg, oben in Schottland. „Wie ist es damit, Stephenson?“, fragt der Direktor. Ja, natürlich faßt Stephenson zu, was soll er auch noch hier, wo er Tag für Tag an seine Trauer erinnert wird. Er wandert nach Schottland und führt nun dort eine Dampfmaschine, arbeitet immer weiter, spart, der Ehrgeiz sitzt in ihm, aber seine Güte verliert er nicht dabei. Nach einem Jahr wandert er zurück. Es ist manches anders geworden zu Hause, neue Not ist gekommen. Eines Tages explodiert ein Kessel und der alte Stephenson wird so verbrüht, daß er erblindet. Da sitzt er nun und kann nichts tun, wie soll er, der Alte, nun Blinde, seine Familie ernähren. Aber Georg ist ein guter Sohn, er nimmt die Eltern in sein kleines Häuschen. Nun muß er wieder sorgen, nun muß er wieder Schuhe nähen und Leisten schneiden, nun kommt wieder die nächtelange Arbeit. Aber weshalb denn verzagen, es ist doch eine Stunde, wo er über einem technischen Buche sitzen kann und seinen Traum von einer Maschine träumt, die er erfindet. Im Jahr 1810 kommt ein neues Glück.

In der Grube von Killingworth ist eine neue Maschine aufgestellt worden, die das Wasser aus der Grube pumpen soll; sie geht nicht, alle arbeiten daran herum, nein, sie funktioniert nicht, also muß man sie stehen lassen und das Geld ist zum Teufel, die Räder stehen still, die Stangen verrosten; Stephenson sieht sie sich an, er betastet sie, durchfühlt sie, prüft die Räder, bessert hier ein wenig aus. Sie soll nicht zu reparieren sein? Schön, er geht zum Oberaufseher und sagt ihm, er getraue sich, diese Maschine zu reparieren. Der lächelt, aber er kennt ja Stephensons Vorliebe für Maschinen, er sagt: „Ja, Ihr könnt Euer Heil auch versuchen, aber ich glaube nicht, daß Ihr etwas ändert."

Stephenson kriecht in die Maschine, er arbeitet, hämmert, klopft, rechnet, versucht, er beißt zwei Tage lang die Zähne zusammen, am dritten lächelt er, am vierten pfeift er ein schottisches Volkslied. Stephenson geht zum Oberaufseher: Bitte, die Maschine geht. Der starrt ihn an: Stephenson, Ihr seid verrückt. Wahrhaftig, der stellt die Maschine an, sie knurrt und knirscht, sie stampft, sie arbeitet, das Wasser verschwindet aus der Grube. Bald darauf ist Stephenson Grubeningenieur, nicht stolz, immer Freund noch den Leuten, mit denen er anfing und die ihn manche Stunde schlafen ließen, wenn der Knabe nicht mehr konnte. Tiefe Nacht. Die Gruben aber lärmen, die Wagen rollen, die Maschinen heulen und stampfen, und Hunderte von Bergleuten sind dort unten. Stephenson ist zu Hause. Nun ist sein Zimmer nicht mehr so ärmlich wie vor Jahren, nun ist der Tisch nicht mehr so wacklig, daß er Holz unter die Tischbeine legen muß, er sitzt und liest. Da heult es, kurz, rasend, nun wieder und wieder, und dann schreit eine Sirene unaufhörlich. Es donnert, es ist, die Erde bebt und das Haus. Und noch eine

Explosion. Unglück! Stephenson stürzt hinaus, auf sein Pferd, er peitscht es und in seinen wirren Gedanken sieht er in der Erde bleiche, totenblasse, verzerrte Gesichter, eingeschlossene Bergleute. Er weiß: es ist eine Schlagwetterexplosion, wann war die letzte, vor zwei Monaten, und heute wieder, aber was ist zu tun, wie kann man da helfen? Da ist er mit dem gehetzten Gaul an der Grube. Es gähnt da ein riesenhaftes, schwarzes Loch. Und da stehen die Arbeiter, die Angst zittert ihnen noch im Gesicht, sie reden, sie schreien, und nun stehen auch Mütter und Kinder da. Stephenson! Stephenson! Rufen sie. Nun steigt dort, sieh nur hin mit den entsetzten Augen, eine Flamme aus der Tiefe, wird größer und fällt alles an, frißt es auf.

Wieviele sind eingeschlossen? Fragt er. Sechzig! Er kann da nicht lange überlegen, sechzig sind da unten, also hinunter, vielleicht ist doch die Rettung möglich. Wer kommt mit hinunter? Gut, ihr zwei, das sind zwei junge Burschen.

Nun sind sie schon weit weg von den Menschen, es scheint ihnen so, die Stimmen sind verschollen, der Grubenrand verschwunden, sie laufen einsam in der Tiefe. Ihre Schritte hallen, von den Wänden tropft es, manchmal blitzt im Schein der Laternen eine Erzader und funkelt höllenhaft. Sie kommen an den Ställen vorüber, die Pferde liegen da und schnaufen. Was es für ein notvoller Gang ist, kann niemand beschreiben, der Atem kommt schwer, in dieser Nacht sind sechzig Menschen eingeschlossen, schon tot? Oder hocken sie in dem Stollen und warten auf eine neue, auf die letzte Explosion? Aber da kommt Rettung. Stephenson ist es, der sie herausholt, fünfzig noch, zehn sind tot, verbrannt, nicht zu erkennen. Stephenson! Schreit oben die Menge, als die fünfzig schwarz, verbrannt, blutig wie Gespenster heraufsteigen und in die Arme der Kameraden sinken, zwölf Stunden waren sie eingesperrt, zwölf Stunden ist Stephenson da unten gewesen. Stephenson! Rufen sie. Da kommt er als Letzter aus dem Förderkorb, so schwarz, so blutig, so zerrissen wie sie. Stephenson! Und er fällt ohnmächtig zusammen. Die Grube brennt. Immer höher steigen die Flammen, alles vernichtet.

Wie Stephenson wieder erwacht, denkt er nur daran: wie kann man da helfen, wie ist es möglich, schlagende Wetter zu spüren, ehe sie explodieren? Der Gedanke ließ ihm keine Ruhe mehr, er saß, er grübelte, konstruierte. 1815 ließ er von einem Schreiner in Newcastle eine neue Grubenlampe herstellen nach seinem Entwurf. Und eines Abends, als er von der Schicht heimkommt, ist die neue Grubenlampe da. Er reitet sofort zur Grube zurück und fährt hinunter.

Er wird gewarnt, es ist Unsinn, jetzt noch hinunterzusteigen, wenn etwas nicht in Ordnung ist, gibt es eine Explosion. Nein, er steigt hinunter, dorthin, wo die Grubengase lagern, ziehen, hörst du, wie sie pfeifen? Das ist der rote Tod, der hockt jetzt in einem der schmalen Gänge und wartet nur darauf, daß er wieder so seine Faust niederstürzen lassen kann. Stephenson ist allein unten, weit von ihm entfernt arbeiten die Bergleute. Stille. Das Wasser tropft unheimlich, wahnsinnig springen Schatten an den Wänden, und nichts ist zu hören als das leise, zischende Pfeifen der Gase am Ende des Ganges; sie pfeifen wie Schlangen. Stephenson geht stumm weiter, sein Herz pocht, er beißt die Zähne zusammen, hält sein Grubenlicht vor sich und geht weiter. Er spürt, jetzt ist er in den Grubengasen, wenn jetzt ein kleiner Fehler an der Lampe ist, fliegt er, Georg Stephenson, in die Luft. Und was wäre dabei? Es wäre nur der Beweis, daß diese Grubenlampe, die er erfunden hat, noch nicht das Richtige war, dann wäre er also tot, und seine Pläne alle zu Ende und vorbei. Er geht weiter, er bückt sich, er starrt auf seine Lampe, jetzt, jetzt wächst die Flamme, wächst, flackert unruhig. Seine Hände beginnen ein wenig zu zittern, er geht weiter, ein paar Schritte, jetzt ... – geht die Lampe aus.

In dieser Nacht spürt er, wie sein Herz schlägt, maßlos schlägt und erregt, das sitzt ihm in der Kehle; da wendet er sich um und kriecht zurück, zerreißt die Hände, die Lampe an der Brust, nach Ewigkeiten wird es heller, ein wenig heller, nun scheint die Nacht verwandelt, er sieht niemand und fällt in die Begleiter hinein, die draußen warteten. Er erzählt: er hat alles getan, um die Lampe zu prüfen, er hat sie in die Gasströmung hineingehalten. Nun also ist Sicherheit.

Da nahmen sie ihre Grubenlampen und gehen mit, sieh, ihre Lampen flackern, die Lichter werden größer, gehen aus. Nun also sind sie gesichert, soweit es möglich ist. Stephenson hat es getan.

Aber Stephenson wird angegriffen, man sucht ihm das Patent auf die Lampe streitig zu machen; zuletzt aber wird er auf einem Bankett gefeiert. Da sitzt er unter den Besitzern der Gruben, den reichen Leuten, die nie eine Hacke in den Händen hatten, er, Georg Stephenson, mit den harten Händen und den Muskeln, hart und stählern, mit straffen Gesicht, in dem kein Fett ist und keine Falte des Wohllebens, mit dem noch immer suchenden und hungrigen Hirn und Herzen. Man überreicht ihm eine Ehrengabe von 7.000 Talern, und während ihn ein Lord als Wohltäter der Bergleute feiert, denkt Stephenson, der erst 34-jährige, an seine Lokomotive, an die Maschine, die er bauen will. Er wird es schaffen, nun, mit diesem Geld hat er mehr Möglichkeiten.

Was war es doch für eine mühselige Arbeit bis jetzt. Ein Lord hatte ihn unterstützt mit Geld, um das Material zu kaufen. Er hat keine Mechaniker, so baut er seine erste Lokomotive selbst, es geschieht im Winter 1813/1814; niemand hilft ihm, als ein Hufschmied. Er arbeitet still und zäh und glaubt an dieses Werk. Die erste Maschine läuft so schnell wie ein Pferd, bald darauf verdoppelt er ihre Schnelligkeit. Und lässt sie patentieren. Nun läuft sie schon in der Kohlengrube und bringt dem Grubenherrn noch mehr Verdienst, denn er spart Pferde und Menschen. Aber die andern Grubenherrn wollen nichts davon wissen, sie tun, als wüßten sie nichts davon, sie lächeln über diese verrückte Idee, Lokomotiven zu bauen.

Und heute, an diesem Bankett reden sie mit keinem Wort davon, als hätte es nicht seine langen arbeitsschweren und schlaflosen Nächte gegeben,

Und wie sein Geld zu Ende ist und er überall auf Missverständnis stößt, beschließt er, nach Amerika auszuwandern, und will dort für die nordamerikanischen Seen Schiffe bauen. Da kommt Rettung. Er bekommt den Auftrag, für ein Kohlenbergwerk eine Bahnlinie zu bauen. 1819 beginnt er den Bau, 1822 wird die Bahn mit fünf Lokomotiven eröffnet.

Von da an ging es aufwärts. Der Verkehr wächst, vor allem zwischen den Städten Manchester und Liverpool wird er größer und größer, und die alten Verkehrsmittel reichen nicht mehr aus, man beginnt sich umzusehen, vielleicht könnte man aus dieser Lokomotive doch etwas herausholen. Stephenson kannte um diese Zeit einen reichen Mann, den Grubenherrn William James. Und er war, nachdem er einmal mit Stephenson zusammen auf einer Lokomotive gefahren war, überzeugt von der Wichtigkeit der Maschine, und bot alles auf, um die reichen Grubenherren und Fabrikanten zum Bau einer Eisenbahn Manchester–Liverpool zu bewegen. Aber es fehlte nicht an Gegnern, die Stepehenson das Werk schwer machten und ihn zur Verzweiflung brachten mit ihrem Widerstand. Das waren vor allem die Kanalbesitzer, denen durch den Bau einer Eisenbahnlinie Untergang drohte. Sie griffen Stephenson in gemeinster Weise an, er ließ sich nicht irre machen, sie drohten, sie machten ihn und seine Idee lächerlich, das Parlament mischte sich ein, es gab leidenschaftliche Debatten, und Stephenson stand eines Tages selbst vor den Abgeordneten, um sich zu verteidigen.

Da stand er vor der Galerie und den Bänken, in denen die Abgeordneten saßen und ihm zuhörten. Er vernahm das Gelächter, als er warm und sachlich von den Vorteilen sprach, die der Bau von Eisenbahnen bringen würde, er hörte das Zischeln und die Verleumdungen, die man gegen ihn vorbrachte; er wusste: da vor dir sitzen Gegner, sie möchten dich unschädlich machen und dein Werk vernichten; da verteidigte er sich ruhig und biß nur die Zähne zusammen, wenn sie höhnten und spotteten. Nach lächerlichen Kämpfen wurde endlich die Genehmigung zum Bau der Eisenbahn erteilt und Stephenson zum Leiter des Bahnbaues ernannt.

Wieder war eine Stufe erreicht, aber Ruhe gab es nicht für Stephenson, nur verstärkte Arbeit. Da gab es Schwierigkeiten im Gelände, da mußten Dämme aufgeschüttet werden, da Hügel abgetragen. Stephenson ging nicht in seine Wohnung, sondern lag, um ein wenig auszuruhen, in einer elenden Baracke wie alle, so brannten die Muskeln, so angestrengt war das Herz, daß er nicht einschlafen konnte, und vernahm im Halbschlaf und Wachtraum das Lärmen der Schaufeln und das Gekreisch der Waggons, die Erde brachten und wegfuhren. Dann warf er sich auf diesem harten, ärmlichen Lager eines Mantels oder wieder auf und trat in die Nacht hinaus, denn auch in der Nacht wurde gearbeitet bei Fackellicht, und Stephenson ging die Strecke entlang, nichts entging ihm, er stellte die Arbeiter auf, wo sie notwendig waren, er war wie ein Feldherr in einer Schlacht und leitete mit großen Talent.

Aber dann war es soweit und zum Ende gebracht. Dann ist dieser Tag, dieser 15. September 1830, an dem die Bahn eröffnet wird, ein großer Tag in ganz England; einer, der gefeiert wurde, als begänne eine neue Zeit. Das Volk umsteht die Maschine und den Zig. Dort ist Stephenson, nun ein Mann, fast fünfzig, sein Gesicht ist unverändert, seine Züge entschlossen, seine Augen noch immer klar und kühl. Heute sind die Lords und Grubenherren aus dem Parlament nicht mehr Gegner und unversöhnliche, erbitterte Feinde, heute umgeben sie ihn und beglückwünschen ihn. Danke. Er steigt auf, der Hebel knirscht, da schießt der Zug davon und stößt einen lauten Schrei, der wie ein Triumphruf klingt: Sieg der Maschine über die Erde! Dieser erste Zug erscheint dem Volk noch wie ein Wundergefährt, ein Gespenst, es starrt ihn an.

Dieser Tag ist unvergessen, nun war also die Eisenbahn berechtigt, nun hatte sie ihren Wert erwiesen für lange Strecken. Der Verkehr wurde nun mit der Eisenbahn erledigt, zunächst nur der Frachtverkehr, dann aber auch der Personenverkehr, und Stephenson konstruierte auch einen Personenwagen, ein merkwürdiges Ding, wie eine Postkutsche fast anzusehen. O, dieser Tag, dieser unvergessliche Tag, an dem zum ersten Male Personenwagen mitfuhren, dieser 27. September 1825, er war merkwürdig und erregend, Menschen standen in ungeheuren Scharen um die Abgangsstelle in Stockton, darunter waren viele, die Stephenson Unglück wünschten, seine Gegner, die wirtschaftlich ja unter dem Bau von Eisenbahnen litten. Aber auch Stephenson war erregt wie selten in seinem Leben, so gespannt war er nicht, als er nicht, als er mit der von ihm erfundenen Grubenlampe in die schlagenden Wetter hinunterstieg. Da ging er mit seinem Sohn Robert in ein Gasthaus und bestellte Wein. Jetzt, das wußte er, stand alles auf dem Spiel; war nur ein Fehler an einem Dinge, an der Maschine oder an einem Wagen, und es geschah ein Unglück, so war alles vorbei und seine ganze Lebensarbeit wäre umsonst gewesen. Er trank auf das Gelingen des Werkes: „O, Robert, mein Junge, wenn es gelingt, wenn diese Fahrt gelingt, dann ist alles gut und die Zukunft wird der Lokomotive gehören. Dann wird ein Netzt von Schienen über die Erde gespannt sein und die Züge werden mit Dampf und Schrei dahinjagen, die Zeit wird dann fern und gestorben sein, wo wir mit Postkutschen fuhren und nicht vorwärts kamen, dann wir die neue Zeit da sein.“

Jetzt, zum ersten Male bebte dieser starke Mann ein wenig, der sooft in Schächten gestanden hatte, in Stunden, da er nicht nur Menschen, sondern dem Tod ins Gesicht sah, dieser Mann war erregt und erst wieder froh, als er auf der Maschine stand und sah seine, seine geliebte und vertraute Lokomotive. Unten stand die Direktion, und dort war die Masse der Neider, der Gegner. Hinter der Maschine war ein Kohlenwagen, auf dem eine Musikkapelle saß, in einem Wagen saßen die Passagiere, dann folgten Frachtwagen.

Los! Da zog Stephenson am Hebel, einen Schrei stieß die Maschine aus und warf sich mit einem Ruck vorwärts. Alles war verwundert, da war der Zug schon verschwunden. Wenn ein Unglück geschah? Nein, nach drei Stunden dampfte der Zug wieder heran, und Stephenson hatte einen seiner glücklichsten Tage, alle beglückwünschten ihn, und selbst die Gegner mußten zugeben, daß Stephenson etwas Unvergleichliches geleistet hatte.

Nun war der Erfolg da, ein Netz von Eisenbahnlinien zig sich allmählich über ganz England, und der Fracht- und Personenverkehr ging mehr und mehr in die Hände der Eisenbahnlinien über. 1835 reiste Stephenson dann nach Belgien und entwarf Pläne für den Bau belgischer Eisenbahnen, und bereits zehn Jahre später waren die belgischen Bahnen ausgebaut. Dann fingen auch Frankreich und Spanien an, und Stephenson half mit seinen Plänen, wo er nur konnte. Sein Sohn Robert hatte sich zu einem guten Ingenieur emporgearbeitet und er leitete die Eisenbahnlinien im südlichen England, während sein Vater die im Norden leitete. Er kannte keine Ruhe, immer arbeitete Stephenson, es kamen Tage, an denen er zwölf Stunden seinem Sekretär Briefe diktierte, denn nun gab es Aufgaben in aller Welt für ihn. Dann schlief er ein paar Stunden und begann ruhelos wieder zu arbeiten. Nur als er seine Kräfte schwinden fühlte, lebte er in einem netten stillen Zuhause, dem Papton-House bei Chesterfield, und ging in den grünen Wiesen und Feldern spazieren, und am 12. August 1848 starb er nach diesem Leben der Arbeit und des Aufstiegs, nach einem königlichen Leben.

EIN SCHWANK VON TILL EULENSPIEGEL

Nicht wahr, von Till Eulenspiegel, dem Erzschelm und Narren, dem Spötter und Spaßmacher, habt Ihr schon manches Märlein gehört; wißt Ihr noch, wie Till Bäcker und Fleischer betrog, wenn er Hunger hatte, wie er den Kürschnermeistern einer Stadt einer Stadt eine Katze statt eines Hasen verkaufte und in Erfurt auf der hohen Schule einem Esel das Lesen lehren wollte. In Magdeburg wollte er den Bürgern zeigen, wie er vom Turme der Kirche fliegen wollte, ach, wie sie gafften und staunten, als er nur die Arme ausbreitete und sie auslachte. Hunderte von Schwänken und lustigen oder auch bitteren Streichen werden ihm zugeschrieben, und selbst, wenn er nicht allein das alles vollbracht hat, ein Kerl ist er gewesen, mit allen Wassern gewaschen, mit Mutterwitz und mehr Klugheit, als mancher Professor. Till Eulenspiegel, alles an seinem Leben ist merkwürdig und sonderbar, schon der Beginn. Er wurde, Ihr wisst es ja, dreimal auf seltsame Weise getauft, in einem Tümpel, in den die Amme mit ihm stürzte, in dem Wasserkessel, in den man ihn steckte, damit er wieder sauber würde, und zuletzt richtig in der Kirche. Ja, nun wißt Ihr es, Till Eulenspiegel hat wirklich gelebt und wurde im Dorfe Kneitlingen geboren. Das liegt im braunschweigischen Lande in der Nähe von Schöppenstedt, und Tills Vater hieß Klaus Eulenspiegel. Und dort ist er, nach einem so abenteuerlichen und verworrenen Leben, wie selten das eines Menschen, auch begraben worden, und Ihr könnt hinreisen nach Schöppenstedt und den Grabstein sehen, auf dem geschrieben steht: „Diesen Stein soll nieman erhaben, hie stat Ulenspiegel begraben. Anno domini MCCCL jahr.“ Ihr seid verwundert, denn die Menschen liegen doch im Grabe, aber selbst im Tode wollte Till Eulenspiegel ein Besonderer sein. Als er begraben wurde, riß nämlich das Seil am Fußende des Sarges und der stürzte in das Grab, so daß Eulenspiegels Leiche auf den Füßen stand. Die Leute wollten nun den Sarg wieder richtig legen, aber ein paar sagten: „Lassen wir doch den Sarg so stehen, Till war ein so merkwürdiger Bursche, er will noch im Tode wunderlich und besonders sein.“ Also steht Eulenspiegel im Grabe, und schon viele Jahrhunderte schwebten über den grünen Hügel hin, seine Streiche aber, seine lustigen und bitteren Taten, leben noch, und habt Ihr hier den Schwank:

Wie Eulenspiegel den Braten kalt stellte

Eulenspiegel hatte sich in den verschiedensten Schelmenstücken versucht; dennoch war er dabei nicht auf einen grünen Zweig gekommen. Es hing ihm eben wie allen leichtsinnigen Leuten, was er heute verdiente, flog morgen, sozusagen, zum Fenster hinaus, und so geschah es denn sehr oft, daß Schmalhans bei ihm Küchenmeister war. Wohl hatte er die verschiedensten Länder durchwandert, und selbst in Italien seinen Namen bekanntgemacht, doch Reichtümer hatte er dabei nicht erworben.

Wie es aber allen Menschen zu ergehen pflegt, ging es auch Eulenspiegel, und wenn es in fremden Landen mit dem Wohlleben zu Ende ging und die Not an ihn herantrat, dann sehnte er sich wieder nach dem lieben deutschen Vaterlande zurück, das er zu den verschiedensten Zeiten die Kreuz und die Quere durchzog, dabei freilich immer wieder auf neue Schelmenstreiche sinnend, die ihm einmal zur zweiten Natur geworden waren. Eines Tages, als sein Beutel ziemlich leer war, befand er sich in der Nähe von Hildesheim, und da gerade ein recht schönes Wetter war, und sich der Schelm auch weiter keine Sorgen machte, so lagerte er sich auf eine Wiese, pfiff ein heiteres Lied und ließ sich, wie man so sagt, die Sonne in den Hals scheinen. Als er so da lag, kam zufällig ein Kaufherr vorüber, der die schöne Witterung dazu benutzte, in der Nähe der Stadt zu promenieren.

Als dieser Herr vorüberging, sang Eulenspiegel gerade ein lustiges Schelmenlied. Dadurch auf ihn aufmerksam gemacht, redete ihn der Kaufherr an und fragte unter anderem, was er denn treibe. „Ich treibe die Grillen fort, die mir den Kopf schwer machen wollen“, erwiderte Eulenspiegel. Diese Antwort gefiel dem Kaufherrn und er ließ sich mit unserem Kauz in ein längeres Gespräch ein, wobei er viel Behagen an Eulespiegels heiterer Rede fand.

So fragte er ihn auch, wovon er denn eigentlich lebe, worauf Eulenspiegel zur Antwort gab: „Ich mag allerlei Braten, Gemüse, Torten und andere Leckereien, davon lebe ich.“

Aus dieser Antwort schloß der Kaufherr, daß Eulenspiegel ein Koch wäre, und da er den drolligen Gesellen liebgewonnen hatte, beschloß er, ihn in seinen Dienst zu nehmen. „Wenn du die Kochkunst verstehst“, sprach er deshalb, „und Lust hast, dich brav zu führen, so kannst du bei mir in Dienst gehen, denn meine Hausfrau wünscht ohnehin längst einen tüchtigen Koch zu haben."

Eulenspiegel versicherte, daß er als Koch das Beste leisten würde, was in seinen Kräften stehe. Daraufhin nahm ihn der Kaufmann in Dienst und fragte, wie er heiße. Da nun Eulenspiegel guten Grund hatte, seinen Namen zu verschweigen, so nannte er sich Bartholomäus.

„Das ist ein sehr langer Namen", erwiderte der Kaufherr, „und paßt auch nicht recht für einen Koch, darum will ich dich, wenn du damit einverstanden bist, ‚Toll' heißen."

„Ist mir recht", erwiderte Eulenspiegel, „der Namen ist kürzer und paßt auch besser für mich."

Inzwischen waren beide in der Stadt angelangt und befanden sich vor dem prächtigen Garten, welcher zu dem Hause des Kaufherrn gehörte. Der Kaufherr ging mit seinem neuen Knecht in den Garten und gebot ihm, Blumen zu schneiden und Kräuter, mit welch letzteren er die Hühner füllen wollte, damit sie später, wenn sie auf die Tafel kommen, eine schönen Geschmack hätten. Als Eulenspiegel diesen ersten Auftrag zur Zufriedenheit seines neuen Herrn ausgeführt hatte, betrat dieser mit ihm das Haus.

Die Hausfrau war erstaunt, als sie den seltsam, in buntem Flitter gekleideten Gast sah und fragte ihren Mann, ob er denn besorgt sei, darüber, dass das Brot im Hause nicht alle würde, weil er sich einen fremden Esser mitbrächte. Da lachte der Hausherr und sprach: „Gib dich nur zufrieden, du wirst dich bald an ihn gewöhnen; dir zulieb habe ich ihn ja ins Haus gebracht, denn, daß du es mir weißt, er ist seiner Profession nach ein Koch."

„O", sprach die Frau, indem sie den sonderlichen Gast mit bedenklichen Blicken musterte, „der wird mir auch etwas Gutes zurechtkochen."

„Sorge dich nicht“, erwiderte der Mann, „du wirst ja bald genug zu sehen bekommen, was er in seiner Kunst leistet.“ Gleich darauf befahl er dem neuen Koch, mit ihm auf den Markt zu gehen. Dorrt kaufte der Herr vom besten Fleische einen Braten und sprach dann: „Merke dir, Toll, den Braten steckst du morgen beizeiten an den Spieß und lässt ihn dann kühl stehen, dass er nicht verbrennt. Das andere Fleisch aber setzest du auch zeitig an, damit alles zum Imbiß gesotten ist, wenn die Gäste kommen.“ Eulenspiegel versprach, alles pünktlich zu besorgen.

Am anderen Morgen stand er früh auf und setzte das Fleisch ans Feuer, den Braten aber steckte er an einen Spieß und legte ihn zwischen zwei Fässer Einbecker Bier in den Keller, damit er kühl läge. Nun hatte der Kaufherr aber zu Mittag eine größere Gesellschaft geladen, und als alle beisammen waren, ging er selbst in die Küche und fragte Eulenspiegel, ob das Essen fertig sei. „Gewiß“, antwortete dieser, „Es ist alles fertig bis auf den Braten.“

„Der Braten ist ja gerade die Hauptsache, rief der Laufherr sichtlich erschreckt, „Was ist denn nur mit dem Braten geschehen?“

„Der liegt im Keller zwischen zwei Bierfässern“, gab Eulenspiegel zurück. „Ihr sagtet doch, ich solle ihn kühl halten und eine kühlere Stelle konnte ich im ganzen Hause nicht auffinden.“

„Das ist ganz recht“, sprach der Kaufherr. „Aber ist denn der Braten schon hergerichtet, dass er aufgetragen werden kann?“

„Nein!“, antwortete der Schelm. „Ich wußte ja nicht, wann der Braten fertig sein sollte.“ Da war der Kaufherr ratlos, und da er sich vor seinen Gästen keine Blöße geben durfte, so beschloß er, diesen den Streich von seinem neuen Koch zu erzählen.

Da es nun im übrigen nicht an Essen und Trinken fehlte, so amüsierten sich die Gäste über diesen Streich und waren froh und guter Dinge.

Anders aber dachte die Hausfrau. Sie drang in ihren Eheherrn, den neuen Knecht, der entschieden ein Schalk sei, sofort wieder zu entlohnen. „Das würde ich gern tun“, erwiderte der Mann, „aber du weißt, dass ich morgen nach Goslar fahre, und da bedarf ich eines Knechtes. Sobald ich von der Reise zurückkomme, werde ich ihn fortschicken.“

Am Abend sprach er zu Eulenspiegel: „Toll! Wir wollen morgen nach Goslar fahren. Hier hast du zwei Schilling, dafür kaufe Wagenschmiere, und lasse auch etwas altes Fett darunter tun. Damit schmiere den Wagen in allen Teilen gut ein.“ Eulenspiegel besorgte die Wagenschmiere, und als alles im Hause schlafen gegangen war, schmierte er den Wagen, doch nicht bloß außen, sondern auch innen und am meisten auf den Sitzen. Am Morgen stand der Kaufherr früh auf, hieß Eulenspiegel die Pferde anspannen, und gleich darauf fuhren beide in der Richtung nach Goslar davon. „Was ist denn das?“, rief der Kaufmann, als sie eine kurze Strecke gefahren waren. „Wo ich sitze und wo ich hinfasse, besudele ich mir meine Kleider und Hände. Du arger Schalk, du hast ja den Wagen auch innen geschmiert, am besten wäre es, ich kehre wieder um und fahre nach Hause, denn ich möchte sonst in einem netten Aufzuge in Goslar ankommen.“

Zum Glück kam gerade ein Bauer mit einer Fuhre Stroh des Weges gefahren. Dem kaufte der Herr mehrere Bund Stroh ab, reinigte damit den Wagen, und das saubere Stroh behielt er zum Sitz für sich; Eulenspiegel aber rief er zornig zu: „Du listiger Schalk, ich wollte, du führest an den lichten Galgen.“

Das ließ sich Eulenspiegel nicht zweimal sagen.

Ohne daß sein Herr darauf achtete, schlug er die Richtung nach dem Galgen ein, und als er daselbst angekommen war, hielt er an, spannte die Pferde aus und weckte seinen Herrn, der eben ein bißchen eingeschlummert war: „Wir sind an Ort und Stelle“, meldete er. Der Herr rieb sich die Augen, blickte dann umher, und als er die Gegend erkannte, fragte er, was denn das zu bedeuten hätte. „Ihr hießet mich unter den Galgen fahren, und da glaubte ich, dass Ihr hier eine kleine Rast machen wolltet.“

Wohl war der Kaufherr im stillen ergrimmt; doch was sollte er unterwegs mit dem Knecht beginnen, mußte er doch desselbigen Tages noch in Goslar sein. Deshalb gebot er ärgerlich: „Spanne die Pferde wieder ein, du Schalk, und fahre nur geradeaus und sieh dich nicht um.“ Nun zog Till aus dem Wagen den Nagel heraus, der den Kutscherbock und das Hintergestell zusammenhielt.

Da geschah es denn, dass der Wagen, als sie eine kurze Strecke gefahren waren, auseinanderging. Das Hintergestell mit dem Verdeck blieb stehen, während Eulenspiegel mit dem Vorderteil davonfuhr, ohne sich umzusehen. Wütend schrie ihm der Kaufherr nach und gebot, anzuhalten. Da das aber nichts nützte, so lief er hinter dem Vorderteil des Wagens her, bis er ihn einholte, wobei ihm fast die Zunge aus dem Halse hing.

Als er am anderen Tage mit Eulenspiegel wieder zu Hause angelangt war, beschloß er, seiner Ehefrau nichts von den Reiseerlebnissen zu erzählen, um nicht zu dem Schaden auch noch den Spott zu haben. Zu Eulenspiegel aber sprach er: „Merke wohl, es ist jetzt Abend, und man soll nicht sagen, daß ich dich während der Nacht auf die Straße geworfen habe, die Nacht also bleib noch hier. Iß und trink und schlafe dich aus, aber morgen mit dem frühesten räumst du mir das Haus. Ich kann dich nicht länger behalten, denn du bist ein arger Schalk.“

„Ach, das ist böse, lieber Herr!“, jammerte Eulenspiegel. „Ich tue doch alles, was Ihr verlangt, und bekomme so schlechten

Dank; aber wenn Euch meine Dienste nicht mehr gefallen, so muß ich schon morgen das Haus räumen und weiter wandern."

„Das tue in Gottes Namen", sprach der Kaufherr. Am andern Morgen sagte er noch einmal zu Eulenspiegel:

„Iß und trink dich satt und dann räume mein Haus. Ich will in die Kirche zur Frühmesse gehen; laß dich nicht wieder blicken, wenn ich heim komme." Eulenspiegel schwieg. Als aber der Kaufherr das Haus verlassen hatte, kam er dem Befehl desselben wörtlich nach, das heißt, er fing an, das Haus zu räumen. Zu diesem Zweck warf er alles, Tische, Bänke, Stühle, ja selbst das irdene Geschirr, die Töpfe und Pfannen auf die Straße.

Darüber waren natürlich die Nachbarn ganz verwundert, hatten sie es bis dahin doch nie erlebt, daß ein vernünftiger Mann seinen Hausrat auf die Straße setzen läßt. Während Till nun noch eifrig mit seinem Werk beschäftigt war, kam der Kaufherr aus der Kirche zurück und war nicht wenig erstaunt darüber, seinen ganzen beweglichen Besitz auf der Straße anzutreffen. „Hast du denn noch nicht genug des Unheils angestiftet", rief er Eulenspiegel zu, „und willst du dich noch immer nicht von dannen trollen?"

„Ja, Herr! Das will ich gern", erwiderte Eulenspiegel. „ich wollte nur erst Eurem Befehl nachkommen, denn Ihr hießet mich doch, erst das Haus räumen und dann wandern. Seht, lieber Herr, Ihr kommt mir gerade gelegen, denn das Faß hier ist mir zu schwer, greift doch mit an, daß ich es auf die Straße trage."

Dieser Spott war dem Kaufherrn denn doch zu arg; er nahm deshalb einen derben Stecken und schlug auf Eulenspiegel so lange ein, bis dieser endlich davonlief.

Wer schon einmal betrogen ist
Durch eines Schelmen Hinterlist,

Soll ihm zum zweitenmal nicht trau'n,
Auf seine Ehrlichkeit nie bau'n.

BESUCH IN VENEDIG

Schon ein paar Mal habe ich Euch, kleine Freunde, nach Italien geführt und Euch vom Apennin, von den Marmorbrüchen in Carrara, von Genua und von Florenz erzählt. Heute sollt Ihr wieder einmal Eure Wanderstiefel nehmen und den tüchtigen Stock, denn der Weg ist lang, ich führe Euch, wir wollen zusammen Venedig besuchen.

1. Annäherung an Venedig

Nun waren wir schon ein paar Wochen in Italien und liefen auf den staubigen, weißen Landstraßen zwischen Maultierkarren mit hohen Rädern und zwischen dem Singen und Fluchen der Treiber. Autos fuhren wie Geschosse auf der Straße dahin, und wir erstickten fast in der ungeheuren weißen Staubwolke. Ein Auto! Da hielten wir es an und fragten, ob wie ein wenig mitfahren dürften. „Bitte schön, ja", wir stiegen ein, und nun begann die wilde Jagd durch die Ebene, die von Rinderherden und flachen Flüssen erfüllt war, Glockenstimmen riefen uns von den weißen, hohen Kirchtürmen lockend nach. Zuweilen fuhren wir zwischen Wein und gelbem Haus in Bauernhöfe (unsere Führer waren Kaufleute) und warteten dann im Auto, umstarrt von den schmutzigen Kindern und der Duft fremder Früchte und fremden Lebens umströmte uns. Dann aber stoben wir weiter, blitzschnell, so hastig, daß wir nur den Eindruck von etwas unbeschreiblich Weißem, von heißen Straßen, flachen Dächern und hellen, hohen Türmen hatten, die im Augenblick in einer Staubwolke hinter uns zusammenstürzten und erst nach einer Zeit wieder sichtbar wurden, wenn die Straße im Bogen durchs Land führte.

Einmal hielten wir – es war Mittag, unten alten Bäumen, die wie zwei Reihen Speere aufgereckt standen, und machten Rast vor einer Schenke, einer Trattoria; die Italiener, unsere Führer, gingen hinein und aßen, wir bleiben im Wagen und sahen: die zweirädrigen Karren, die rollten, Menschen, welche die Maultiere anschrien und schlugen, Glocken von einem Turm irgendwo. Ein paar Leute traten zu uns und fragten: „Wer seid ihr?“, und ich sagte: „Wir sind Deutsche, siamo Tedeschi.“ – Da lief einer, brachte in einer Karaffe Wein und füllte uns zwei Gläser mit freundlichen Worten auf Deutschland. „Vielen Dank.“

So begann nach einer Stunde die Fahrt von neuem, weite, grüne Ebene, die voller Weingärten war, Städte, die wir im Husch sahen und durchbrausten, Dörfer, demütig in die Felder gebettet, und wir sausten dahin bis zum Abend über Casarsa, Motta, Treviso nach Mestre. „Wohin sollen wir euch fahren?“, fragten die Führer, und wir sagten geradenwegs: „al porto, zum Hafen.“ Da fuhren sie hin, eine helle Linie wuchs schnell und fliegend, wurde zur Fläche mit Segeln. Sieh, das war das Meer, das war das Adriatische Meer, das hatte schon längst in unseren Träumen gerauscht, wenn wir in Weingärten und Gartenhäusern schliefen. Wir stiegen aus, sagten: „Vielen Dank, grazie!“, Händedruck und Lebewohl, und standen nun am Meer. Es war Abend, der Himmel sank tiefviolett nieder auf die Lagunen, wir aber, da wir hungrig und müde waren, zogen durch Mestre, eine helle Industriestadt, an Werken und Kränen vorüber und in Mais- und Weinfelder hinein, kamen nach einiger Zeit in ein kleines Dorf und fragten, ob wir hier irgendwo im Heu schlafen könnten. Ja, dort sei ein reicher Bauer, der wäre freundlich und würde uns nehmen. Der Bauer nahm und freundlich auf, als er hörte, wir seien Deutsche. Wir wuschen uns und saßen dann noch ein wenig vor dem Garten und sahen in die Dorfstraße, in die dunkelnden Felder, hinter den Pinien und Zypressen begannen schon die Sterne zu glimmen.

Da trat der Bauer zu uns und sagte freundlich: „Wollt ihr nicht mitessen, bitte", und dann saßen wir mit der Familie am Tisch und aßen und erzählten. Danach saßen wir vor dem Hause, und der Bauer erzählte von Venedig, das sei unvergeßlich schön mit seinen Kanälen und Palästen, und wir dachten: „Morgen, Venedig, sehen wir dich." Endlich stiegen wir auf den Heuboden. Stille, eine Maus raschelte, der Nachtwind wehte singend durch den Mais, die Kolben raschelten und schlugen mit leisem, festen Klang aneinander, die Sterne funkelten tiefer, die Zypressen wuchsen wie schmale, schwarze Flammen in die Dunkelheit, ein paar Menschen gingen auf der Dorfstraße und lachten, so fremd, so seltsam klang das. Ganz fern, hinten am Himmel, lag ein mattes Licht über dem Meer: Venedig?

2. Besuch in Venedig

Am Morgen standen wir fröhlich und strahlend auf, sagten „Auf Wiedersehen, a rivederci", gingen nach Mestre zurück, suchten unsere Lire zusammen und fuhren von Mestre über die lange Eisenbahnbrücke nach Venedig, die von 222 großen Bogen getragen wird und gleichzeitig die Wasserleitung nach Venedig führt. Ach, war dies das Adriatische Meer, diese trübe, braune Flut? Sie lag still, keine Welle, kein Schaum, kein Donnern, ein seichtes, verschlammtes Meer; wenn man hinuntersah, waren Schlammbänke und Tangwälder; in der Ferne, am Ende eines Dammes, qualmte ein Petroleumwerk, wie dachten: „O, Venedig!" – und nach der Fahrt durch die Lagunen, auf denen Segelboote bunt und farbig standen, wie ich's gedacht hatte, waren wir auf dem Bahnhof und wurden durchgeschoben.

So, da waren wir, und, wahrhaftig, dies war Venedig, dort der Kanale Grande, der die zwei großen Inseln voneinander trennt. Da glitten die langen, schmalen Gondeln, wie vor 400 Jahren, schwärmten die Barkassen, standen und leuchteten die Paläste. Wie vor 400 Jahren, und der Himmel wehte tiefblau und rein, ein unermessliches Seidenbanner über der königlichen Stadt. Der Sommerwind war weich, aber er duftete nicht nach Meer und Salz und nicht nach Kühle, nein, nach Fisch und Gemüse, nach faulen Früchten und riechendem Fleisch; Schreie, Feilschen, Bieten. „Kaufen sie, deutscher Herr, due lire, una lira“ – gib, Herr einem armen Mann zwei Soldi, ein Soldi –. „Zum Donnerwetter, höre auf mit deinem Gezeter, Lazzaroni“, und mit unserem vierzehntägigen Italienisch rissen wir uns los und stiefelten durch die Gasse am Kanale Grande. Gondeln, Schiffe, Tauben, die in der Sonne blitzen, man sah es immer wieder, und wie meinten, es wäre kein so großes Wunder, wenn die Gondeln der Ratsherren und Fürsten von Venedig, der alten Dogen, an den Stufen anlegten. – Nein, die Stadt war jetzt voll von Fremden, von Reisenden und Professoren, mit dem Baedecker in den Händen, und von dem Feilschen und Schreien war sie voll, mit dem die Gondoliere ihre Kähne anboten.

Wir gingen durch die Hauptstraße, über Treppen und Stiegen, an funkelnden Läden vorbei, hörten aus einer Kirche Orgelklang und auf der Straße Englisch, Französisch, Deutsch, alle Sprachen der Welt, daneben ging mit großer Würde eine schöne Venezianerin mit dem langen, schwarzen Umschlagtuch, als kümmere sie sich nicht um dies alles und um die Fremden.

So kamen wir zur Post, und als wir unsere Briefe empfangen hatten setzten wir uns auf ein paar Stufen, die zum Kanale Grande führten und sahen das Wunderwerk, die Rialtobrücke, die zart und unbeschreiblich königlich über dem Kanal schwebte, hochgewölbt in einem Marmorbogen, 48 Meter lang und durch 12.000 Pfähle fundamentiert, niemand sah die Mühe des Baues, wir sahen nur die vollendete Schönheit des Bogens, über den das Leben brauste und strömte, darunter die Gondeln, Barkassen, Lastkähne, auf denen Arbeiter standen in zerrissenen Jacken, aber stolz standen sie da: wir sind Venezianer – sie sangen beim Vorwärtsstoßen der langen Ruder, sie lachten und winkten, und vornehm zurückgelehnt in den Gondeln fuhren die Fremden und staunten über diese heitere schöne Stadt, die einst aus der Not entstanden ist, der Zufluchtsort der Aquilejer, die vor dem Hunnenkönig Attila auf die Lagune flohen.

Und einmal, nach vielen Gassen und Gässchen eng, schmal, schmutzig, und immer von dem Strom der Menschen getrieben, standen wir auf dem Markusplatz. Mit steigender Freude gingen wir über den Platz, und empfanden, wie schwer und festlich die drei Fahnen wallten, wie königlich und glänzend der Dom seine Kuppel wölbte und von Marmor, Gold und unzähligen Mosaiken glänzte und schimmerte. Im Innern war seltsames Dunkel, matt leuchtete nur der Goldgrund der vielen Bilder. Und wieder außen: sahen wir die vier schreitenden Rosse mit der bewegtesten Vergangenheit, zuerst aus Griechenland nach Rom, wo sie einen Triumphbogen schmückten, Konstantin holt sie aus Rom, Enrico Dandolo, ein Doge, führt sie nach Venedig. Da standen wir wieder auf dem Platz, da waren lachende, helle Menschen, und wie blitzende und von Sonnenlichtern überschüttete Wolken stiegen und sanken die Tauben von San Marco vor den Menschen, und die ewigen Photographen schrien: ter lie, due lire, nein, lasst uns in Ruhe. Müde setzten wir uns hin, es war Mittag, heiße Stunde, und der Löwe auf der Säule, so schien uns, reckte sich, dehnte seine Flügel und donnerte seinen Ruf über die stillen Wasser.

Und hungrig, alles, alles zu sehen und diesen Tag ganz zu trinken, gingen wir zur Piazetta, dem Plätzchen, da die Säule mit dem Löwen steht, und sahen die blaue Flut des Meeres und draußen die bunten Segel der Fischer, dahinter die Inseln, dort lag die Kirche Santa Maria della Salute, zu der wir dann hinüberfuhren, und sahen Bilder von Tizian. Der Kanale Grande rauschte vorüber mit Gondeln, Seglern, Dampfbooten; wir standen, zurückgewandert, am Dogenpalast palazza ducale, der uns von außen mit seinen glatten Fronten wie eine Festung anstarrte und innen in unbeschreiblicher Schönheit aufblüht, hier herrschten die Herzöge und Führer von Venedig, von hier strömte die Kraft nach Osten und Westen und allen Orten; so geschah es, dass die Poebene, Istrien, Dalmatien, Südgriechenland, Kreta, Zypern der Herrschaft Venedigs unterstanden.

Danach, ein alter, freundlichen Wärter ließ uns umsonst ein, sahen wir die Pracht der Ratssäle, den Ernst und die schwere Würde der Zimmer, und an den Wänden und Decken die Malereien des Tintoretto. Der überschwemmte die Mauern und die Wände mit Farbenglut, brennen sollten sie, glühen und rufen sollten sie, deinen Stolz, Venedig, deine unvergängliche Schönheit, deinen Ruhm. Aber der Ruhm ist nun zu Ende, große, schöne Stadt, vor der einst die Türken bangten, wenn deine Galeeren nach Byzanz kamen, das ist nun alles vorbei und zu Ende, das lateinische Kaisertum ist verschollen, die Dogen sind gestorben, nur ihre herrlichen Denkmäler blieben, die Herrschaft ist verloren, Genua, die Prächtige, la Superba, ist aufgestiegen und emporgeblüht, und Triest. Venedig aber lebt nur von der Erinnerung an diese strahlende, gewaltige Vergangenheit, und ist dem Fremden ein Symbol der Macht und Schönheit Italiens geworden. Venedig ist erloschen und führt nur einen hartnäckigen Kampf gegen den Schlamm, der alles zu versanden droht. Ja, der Dogenpalast ist leer, nur die

Fremden füllen ihn von Tag zu Tag, nur Kastellane und Wärter sprechen die alte Sprache, das Gefängnis ist leer, die Kerker ausgestorben, keine ungetreuen Admiräle mehr, in deren Zellen das Wasser stieg und stieg, sie klammerten sich an die Gitter, schrien, niemand hörte es, rissen sich blutig, niemand sah es, und zuletzt war der Mund stumm. Da gingen sie, die Verbrecher, die gefährlichen Gegner des Staates Venedig, über das liebliche, kleine Seufzerbrückchen, Ponte dei Sospiri, und sahen durch das Gitterwerk noch einmal die blaue Adria, noch einmal den weichen Himmel und darunter Kirchen, Paläste, Inseln, Gondeln, o, zum letzten Mal, da stieß sie der Henker weiter in die Zellen, und über ein paar Tage floß das Blut in den kleinen Kanal.

Heute stehen nun wir Fremden auf der kleinen Marmorbrücke zwischen dem Dogenpalast und dem Gefängnis, und gehen in die Kerker und Zellen, spüren noch den letzten Schrei und glauben noch das trockene Blut zu sehen.

So streifen wir herum, von Kirche zu Kirche, o, San Geremia, San Giovanni e Paolo, von Denkmal zu Denkmal, ehe die Dunkelheit uns die Stadt aus den Augen nahm.

Und danach, als die Kanäle schon rot waren von dem Untergang der Sonne und wie Blutströme flossen, nach einem Stück Brot und ein paar Früchten, die wir aßen, zählten wir unser Geld, es recihte, und stiegen auf den Glockenturm, den Campanile von San Marco, den neuen, denn der alte, schlanke aus dem 9. Jahrhundert, stürzte 1902 zusammen. Da standen wir, da sahen wir die Wunderstadt unter uns, den Kanal Grande, die 160 Kanäle, die Brücken, die Paläste (morgen wollen wir sie ansehen), die Inseln, dort Chioggia, dort San Lazzaro, den Platz, den Markusplatz, das Meer, schon begann dort hinten ein Leuchtfeuer wie ein blasses Auge zum Glühen, – so stieg langsam die Stadt Venedig in die warme Dunkelheit, und zögernd und überwältigt von allem stiegen wir hinunter auf den Markusplatz, auf dem Lichter aufblitzen und Wind kühl und duftend vom Meere kam.

Und müde nach soviel Stunden hungrigen Sehens und Begreifens, gingen wir zum Bahnhof, noch einmal an den Kirchen vorüber, ein Orgelklang später Messe fiel in unser Ohr, und als der Löwe von Erz in die Nacht sah und mit den Flügeln schlug, fuhren wir, beklommen ein wenig und müde, zurück. Ein blasser Streif stand am Himmel und die Kanäle rannen hinter uns in unbegreifliches Dunkel. Noch immer winkte die Stadt, noch immer lockte es uns, o, morgen wollten wir noch einmal zurück und alles sehen.

WIE KLAUS ZUM ERSTEN MAL AUF EINE INSEL KAM

Ja, in diesem Jahr ist Klaus zum erstenmal auf eine Insel gereist. Das war wirklich eine Fahrt ins Zauberland. Und als nun der Tag der Abreise herankam, war er aufgeregt und packte seinen kleinen Rucksack viele Male, zählte seine Spielsachen, da waren Häuser aus Blech, eine Kirche, ein Segelschiff, und dem hatte er den stolzen Namen „Mifa“ gegeben, den hatte er irgendwo mühsam gelesen, denn, müßt ihr wissen, Klaus war ein ganz lüttjer Bengel mit einem blonden Indianerschopf. So, dann faßte er seine Schaufel an, damit er sah, wie gegraben wurde. Und endlich war es so weit, Gott sei Dank, daß die Reise mit Mutti losging. Es war eine lange, lange Fahrt, stellt Euch das nur vor, bis nach Hamburg, und dann noch weiter mit dem Zug. Endlich (dazwischen hatte Klaus schon oft geschlafen und gar nicht mehr gesehen, wie draußen Felder und Wiesen mit Kühen und Schafen vorbeisausten) kamen sie an einen kleinen Ort, und wie Klaus zum Fenster hinaussah: o, da waren Schiffe, und obwohl es nur kleine Fischerkähne und

Fischerewer waren, dachte er, sie seien wunder wie groß, und riß seine blauen Augen staunend auf. Dann kam ein großer Dampfer heran, da staunte er noch viel mehr, denn da konnten Hunderte von Leuten drauf und hatten noch Platz, da waren Schlafzimmer und Esszimmer und alles mögliche. Oben auf der Kommandobrücke stand ein Kapitän und befahl mit lauter Stimme. Da begann es im Leibe des Dampfers zu stöhnen und zu arbeiten, als wolle er nicht weg. Die Leute auf der Brücke und die Leute auf dem Schiff winkten und schrien, dann wurden die Menschen am Ufer kleiner, endlich war nur noch Wasser zu sehen, und auf der andern Seite eine winzige blaue Linie: die Insel. Auf dem Schiff gab es viel zu sehen, das könnt Ihr Euch wohl denken, was Klaus in seinem Leben nicht gesehen hatte. In großen Gestellen hingen Rettungsboote, nicht nur eines, nein, da waren zehn oder noch mehr, in jedes gingen ungefähr fünfzehn Menschen. „Die Boote werden dann ins Wasser gelassen, wenn das Schiff untergehen will und auf ein Riff aufläuft", sagte ein freundlicher Mann zu Klaus. „Und wenn nun die Passagiere ans Land, auf die Insel wollen, werden sie an den Seilen niedergelassen und können wieder hochgezogen werden." – „Aber ein Riff? Was ist das?" fragte Klaus, der nun alles wissen wollte. „Das ist ein Felsen im Wasser, den man nicht sieht; da sind schon viele Dampfer untergegangen, wenn der Kapitän nicht wußte, daß da im Meer ein Riff war." – „Ja, wie können aber die Kapitäne die Schiffe führen, wenn sie nicht wissen, daß da solche Riffe sind?" – „Da haben sie Seekarten. Auf solchen Seekarten sind die genauen Tiefen angegeben, denn das Meer ist nicht an allen Stellen gleich tief, sondern an manchen Stellen nur drei oder fünf, an andern mit einem Mal fünfzehn und hundert, ja, es gibt in manchen Meeren Tiefen von über 9.000 Meter; das kannst du dir gar nicht denken, wie tief es ist; danke, da kann man die höchsten

Berge ins Wasser legen, sie sehen nicht einmal mehr mit den Eisspitzen aus der Flut hinaus." Nun wollte Klaus wissen, ob es hier auch Haifische gäbe: „denn, weißt du Onkel", sagte er, „die will ich mit meinem Flitzbogen totschießen, damit sie die Menschen nicht fressen." Der Onkel lächelte über den kleinen Kerl und dachte daran, daß vor seinen Augen ein Matrose von einem – oder waren es mehrere – Haifisch gepackt worden war; das war vor Afrika gewesen. „Nein, Klaus", sagte er, „mit deinem kleinen Flitzbogen kannst du keinen Haifisch totmachen. Ich bin selbst einmal Kapitän gewesen auf einem Walfischfänger, und wir haben oft Angeln gelegt, aber ganz große mit dicken Stricken und Fleisch daran, und es ist auch passiert, daß der gefangene Haifisch in seiner Wut den Strick zerriß und mit dem Angelhaken im Körper verschwand. Und einmal haben wir einen gefangen und konnten ihn nicht gleich töten; der schlug mit seinem Schwanze so um sich, so wütend und so gewaltig, daß sich ein Matrose von dem Schlag den Arm brach." Unter dem Gespräch von Klaus und dem freundlichen Onkel Kapitän waren sie an die Insel herangekommen, Klaus sagte zu dem Mann: „Auf Wiedersehen!" und ging mit Mutti über die Landungsbrücke auf die Insel.

Das ist nun merkwürdig, auf einer Insel zu sein. Weißt du, wenn du in Merseburg Lust zum Wandern bekommst, kannst du tagelang und wochenlang laufen und siehst immer neue Städte und gehst durch manche Länder und an fremden Menschen vorüber, da sind Flüsse und Wälder und Felder und immer ganz andere und andersartige Landschaften. Aber auf dieser Insel, wo Klaus war, gehst du nur ein paar Stunden, vielleicht fünf oder sechs, und mit einemmal stehst du am Wasser, und was für einem. Das ist das Meer ohne Ende, das rauscht und braust. Wie ein Dampfer liegt solche Insel im Meer. Aber du brauchst keine Angst zu haben, da kann dir doch nichts passieren.

Klaus, das ist nun selbstverständlich, war müde, und als sie in dem Fischerhause ankamen, sank er gleich in ein weiches Bett und schlief ein. In der Nacht aber erwachte er mit einem Male und erschrak. Es blitzte, dann war es wieder dunkel. Nun blitzte es wieder, ganz kurz. War da ein Gewitter? Aber man hörte gar nichts. Klaus rieb sich die Augen und richtete sich auf. Da strahlte ihn auf einmal ein ungeheures feuriges Auge an und war mit einemmal wieder weg. Klaus huschte schnell unter die Decke und wagte nicht mehr aufzustehen.

Nun war es Morgen. Klaus sprang schnell aus dem Bett und zog sein Badehöschen an. „Mutti, wir müssen aufstehen", rief er und weckte Mutti. Dann trank er schnell Kaffe und aß Schwarzbrot. Nun aber los an das Meer. Aber das ging doch nicht so schnell, wie Klaus dachte. In dem Sandboden sank er immer wieder ein und wurde ganz müde. Mutti fasste ihn an der Hand. Nun standen sie oben auf der Düne und sahen den weißen, feinen Sand und dahinter das wogende Meer. „Mutti, woher kommt der viele, viele Sand?" fragte Klaus. „Den hat das Meer hergebracht. Erst waren es große Felsblöcke, die vom Frost zersprengt wurden, dann fielen sie in das Meer und wurden zerrieben, aber nicht von heute zu morgen, sondern das dauerte viele, viele Jahre. Endlich war es feiner Sand. Und nun wird der Sand ins Land geweht, immer weiter und weiter."

Klaus lief nun schnell mit Mutti an das Wasser, aber da kamen die Wellen und umspülten seine Füße ganz schnell wie Schlangen. Mutti nahm ihn an der Hand, und er ging mit ihr ein bißchen weiter. Da kam eine Welle! Huh!, war die groß! Viel größer als er selbst und ganz grün wie Glas, als könnte man hindurch sehen. „Mutti", schrie er – er merkte noch, wie ihn eine Hand ganz fest anfaßte – und da stürzte die Welle über ihn, daß er nichts mehr sah und außer Atem war. „Siehst du, Klaus", sagte Mutti, „wenn eine Welle kommt, mußt du schnell hochspringen, damit die Welle dich nicht so schlimm faßt. So! Jetzt!" Und die Wellen donnerten, als wären sie sehr zornig, daß Klaus aus Merseburg jetzt da war und keine Angst mehr hatte vor ihnen. „Nun kannst du auch spielen, Klaus, aber du mußt ein bißchen aufpassen."

O, das war nun ein Leben, nicht wahr? Klaus ließ sein kleines Segelschiff lustig im Wasser tanzen, er hatte es an einer langen Leine – nun kam die Welle und trug es stolz heran und ganz schnell wieder zurück, bis Klaus, der Kapitän, es wieder an der Leine heranholte. Und was für Burgen konnte er bauen! Und Dämme und Teiche, in denen kleine Schiffchen schwammen aus Rinde. Das ging so von frühmorgens bis mittags, und nachmittags schlief er, denn er wurde bald müde.

Manchmal ging er mit Mutti noch abends am Strand entlang, da standen Badezellen und Sandburgen, überall wehten Fahnen, und manchmal fuhr draußen ein Schiff, ganz hell erleuchtet, mit vielen Lichtern. Und auf einmal zuckte ein heller Schein über das Wasser – da war es schon wieder weg, ehe Klaus sich umdrehen konnte. Er paßte auf, und siehe da, das große Lichtauge funkelte einen kurzen Augenblick auf und erlosch. Klaus erschrak. „Was ist das denn, Mutti?", fragte er leise, denn er dachte, dort hinten könnte leicht ein Riesen sitzen und der wollte Mutti was tun; er hätte ihr doch mit seinem Flitzbogen nicht helfen können. Mutti sagte zu Klaus: „Das ist der Leuchtturm. Weißt du, am Tage finden die Schiffe den Weg auf dem Wasser, aber in der Nacht wissen sie nicht, wie sie fahren sollen, wenn sie dicht am Lande sind, da ist dann der Leuchtturm und der winkt und sagt: „Habt acht, Seeleute, fünfzehn Kilometer weit ist die Küste, wenn Ihr näher kommt, könnt Ihr in die Sandbänke kommen; da ist der Tod!" Die Leuchttürme sind auf den Seekarten verzeichnet, und weil jeder ein anderes Licht hat, wissen die Seeleute genau, welcher Leuchtturm da funkelt und ruft. Ja, nun hatte Klaus keine Angst mehr, das war also ein guter Kerl, dieser schlanke, eiserne Turm mit dem blitzenden Auge. Wie viele Dinge Klaus auf der Insel noch gesehen hat, davon will ich Euch ein andermal erzählen.

DER UNTERGANG DER „MÖVE“

Klaus wohnte mit seinen Eltern bei einem alten Fischer, der viele Jahre seines Lebens auf allen Meeren gefahren war, und nun in einem netten, sauberen Häuschen wohnte und ausruhte von den Wanderfahrten. Das Häuschen lag dicht an der Steilküste, und wenn man den Rand des Abhanges trat, sah man das Meer weit, groß, mit dem bewegten Horizont, heute in hellem Silberglanz und heiter lächelnd, morgen waren die Wellen wie Wölfe, die auf die Küste loshetzten und im Sande mit einem donnernden Lachen zersprangen. Hier also, dicht an der See, wohnte der alte Thomasen, der so gut erzählen konnte, daß selbst der Vater einmal über das andere den Kopf schüttelte und sagte: „aber das ist ja kaum zu glauben, Vater Thomasen!“ Man konnte aber auch stundenlang in dem behaglichen Stübchen sitzen, in dem tausenderlei Dinge hingen und standen. Da waren Perlmuttkästchen und solche aus kostbaren, dunkelfarbigem Holz, da war ein Stück Holz aus Brasilien, da schimmerte ein weißes Fischgebiß und daneben ein Dolch aus Indien, den Vater Thomasen einem braunen Eingeborenen abgehandelt hatte. Aus den vielen Ländern hatte Thomasen Münzen mitgebracht, da lag neben der englischen eine indische und neben den Perlenketten aus der Südsee eine irländische Münze. Wenn Vater Thomasen dann eine dieser Münzen in der Hand hatte und sie noch einmal sorgfältig abrieb, konnten ihm aus diese Münze hundert Erinnerungen steigen, und er erzählte, wie er als Schiffsjunge mit der „Möve“ um Kap Horn gefahren sei, oder wie er mit einem Islandfischer in der Brandung gesteckt habe und wie durch ein Wunder gerettet worden sei. Kap Horn! Vielleicht wißt ihr schon, daß Kap Horn die äußerste Südspitze von Südamerika ist, an der gewaltige Brandung tobt, die hunderte Schiffe untergehen ließ. Die „Möve“ war der Segler gewesen, auf dem Thomasen jahrelang fuhr. Und in diesen stillen Lebenstagen hatte Thomasen sein Segelschiff geschnitzt, seine „Möve“, wie sie war, wie sie vor seinem Auge stand, mit den gelben Segeln, in denen sooft der Wind sang, mit dem braunschwarzen verwetterten Leib, an dem die Brandung vieler Meere zersprang, mit Luken, Bugspriet, Beibooten und Walbooten. Da hing sie nun an der braunen Decke, und wenn man in die niedrige Stube trat, schwebte die „Möve“ wie ein wirkliches stolzes Vollschiff in der Dämmerung der Stube. Heute war ein richtiger Sturmtag, der Himmel wehte zerrissen, grau und groß über dem Meer, und die Möven warfen sich mit gellendem Ruf landwärts, schrieen um den grauen Leuchtturm und um die Heulboje, die an Nebeltagen unablässig rief und vor Sandbänken warnte. Das Meer donnerte gegen die Buhnen und zersprang mit dem zischenden Ton vieler und riesenhafter Maschinen an den starken Stämmen oder lief noch ein paar Meter landwärts und legte sich matt hin, immer neue Wellen kamen. Wenn man vor das Haus Thomasens trat, faßte einen der Sturm und wollte hinabreißen, über den Anhang, hinein in das donnernde Grün. Klaus saß mit seinen Eltern in Thomasens Stube und sah durch das Fenster, an das der Wind heftig und zornig wehte.

„Also wie war es mit der ‚Möve‘?“, sagte der Vater, und wußte schon, daß Thomasen nun beginnen würde, ein langes Garn zu spinnen, ein abenteuerliches. Thomasen lehnt sich zurück und bläst Rauch in die gelben Segel seine „Möve“, die dort oben leise schwebt in der Dämmerung. „Möve", nun weiß er es wieder, nun sieht er die „Möve" dort oben vor Island wieder treiben, und viel besser als seine schwerfälligen Worte es können und seine ungelenken Handbewegungen, steigt alles wieder auf, der Sturmtag, und er erzählt.

Wie sie bei halbwegs gutem Wetter noch vor Island segeln und fischen, das Wetter, nun, der Himmel ist grau und sie müssen schon fest auf Deck stehen, die See ist grau. Aber sie fahren gut, der Steuermann kennt die Gegend, er weiß, wie weit er von der Insel abhalten muß, um nicht in die Klippen zu kommen und nicht von der Brandung erfaßt zu werden, die „Möve" wäre nicht die erste und einzige, die hier ihr Ende finden würde, denn Island ist bekannt dafür, daß alljährlich viele Segler und Dampfer an den Klippen zerschmettern. Die „Möve" stampft schwer, die Netze sind eingezogen, das Wetter ist schwerer geworden, der Steuermann hält das Schiff in der Dünung, es ist unmöglich an die Insel heranzukommen, verfehlen sie die Einfahrt, ist die Brandung da und das Ende. Der Kapitän ist auf der Brücke und sieht mit dem Glas in den Nebel, zwei Mann, Thomasen dabei, am Steuerruder, die „Möve" stampft und reitet über den graugrünen Abgründen.

Es wird Nacht, schwer und mühsam an gespannten Seilen tastet sich die Mannschaft über Deck in die Logis. Die Leute auf der Brücke spüren nach der Brandung, nein, sie hören nur die schweren Seen. Sie schweigen. Sie kauen zwischen den Zähnen und könnten die Nacht mit den Gläsern zerstechen. Man sieht nichts. Manchmal hebt sich wie ein weißes Gesicht ein Brecher über die Bordwand und fegt übers Deck; wenn da noch was wäre zu Mitnehmen – aber es ist alles schon geholt worden.

Auf einmal – alle hören es auf der Brücke mit verschärften Sinnen – ist ein neuer riesenhafter Ton im Toben, und – ohne daß sie es sprechen – steht es in allen Augen: die Brandung.

Der Kapitän brüllt den Befehl: „Zurück!“ Die Leute am Ruder drehen wahnsinnig zurück, ein Brecher wächst aus der Dunkelheit, holt noch einen Augenblick aus wie mit einer Tatze, – und schlägt zu, auf die „Möve“ – die schüttelt sich und steigt wie aus einem Grabe wieder empor, leise knirschend. Nun ist die Brandung da, nun gilt es, nun müssen die Segel zeigen, wie sie gearbeitet sind und ob sie diese Nacht halten. Aus der Nacht oben kommen Rufe, Matrosen schnellen wie Schatten auf dem Deck, wieder ein Brecher, wieder dies glasharte Schlagen, so hämmern keine Maschinen mehr, so schlägt nur der Tod auf die paar braunen Planken, auf denen ein Häuflein Menschen sitzt. Aber sie zwingen es, die Maschine dröhnt, die Kessel springen fast, es wird gezwungen, der Ton der Brecher verhallt, und nach einer halben Stunde, die Jahre dauert, keucht die „Möve“ in der Dünung, die den Tod – und ungewisses – in sich trägt. Alle ermattet, die Mannschaft todmüde.

Das erzählt der alte Thomasen und die, die zuhören, spüren in dem Stürmen um das Fischerhäuschen die Wut des Islandsturmes, hören das Rufen der unmenschlichen Brandung, ahnen die Angst und den Augenblick, wo Leben und Tod wie eine Wage schweben. Er erzählt nicht so gut, der alte Thomasen, und spinnt sein Garn lange, er berichtet daneben noch von den Dampfern, die er zerschmettert sah, und denen die „Möve“ keine Hilfe bringen konnte, und von den Klippen, die wie Messer von unten den Schiffsleib aufreißen.

Aber auch Klaus hat begriffen, wie schwer es auf einem Schiffe im Sturm ist, da ist keine behagliche Stube mit schönem Plüschsofa, keine Treppe mit gestrichenem und fein verziertem Geländer, da sind nur Wellen und die kommen auch die Treppe hinab gepoltert, die zerklirren auch die Teller und Tassen und werfen der Tisch um und die Dinge, die sonst stehen.

Klaus sieht mit Bewunderung die schöne geschnitzte „Möve“ an und denkt, daß er gern auf einem Schiff fahren möchte. Wie der Vater noch mit Vater Thomasen erzählt, geht Klaus leise hinaus und auf das Zimmer in dem sie wohnen in diesen vier Wochen. Er nimmt sein kleines Segelschiff, das er „Maria“ genannt hat, weil doch seine kleine Schwester so heißt, und malt dann mit Tusche darauf: „Möve“. So soll sie jetzt heißen, wie der stolze Islandfischer, auf dem Vater Thomasen gefahren ist. Dann geht er leise hinaus aus dem Haus.

Hoi! Wie der Sturm ihn anweht, als wollte er ihn wegreißen, nein, Klaus stemmt sich fest in den Sandboden und stapft zum Meer. Wie die Wellen in Schwaden herankommen, wild und hungrig, eine dicht hinter der andern, jede knirscht und schreit: Zum Land! und der Wind sitzt dahinter und peitscht sie an, schneller sollen sie noch jagen, habgieriger noch Land abreißen. Klaus geht ganz dicht heran, der Schaum saust über seine nackten Füße. Dann wirft er seine neue „Möve“ hinaus, gerade kommt sie auf den Rücken eine großen Welle. O, wie die „Möve“ stolz sich aufrichtet und auf dem Rücken der Woge schwimmt. Klaus kann es sich so gut denken, wie Vater Thomasen damals auf der richtigen „Möve“ gestanden hat, die Hände fest im Ruderrad und die Augen vorwärts in das Grau.

Nun sieht er die „Möve“ nicht mehr, er wendet sich um und wischt mit der Zunge um den Mund, denn das Gesicht ist ganz salzig vom Sturm, der wild gegen die Küste rennt. Er geht wieder den steilen Weg empor und setzt sich in die Stube an das Fenster mit glänzenden Augen. Vater Thomasen ist bei einem neuen Garn angekommen und erzählt, wie er Schiffbruch erlitt und bei den Schwarzen war. Er erzählt so stundenlang, aber es ist ja auch so behaglich, wenn man so in einem alten Lehnstuhl sitzen kann, den Thomasen vom Pastor bekommen hat, damit er auf seine alten Tage ein bißchen ausruhen kann.

ETWAS VOM TOTEN MEER

Wo es liegt, wisst ihr ja alle, in Palästina, rings von hohen Bergen eingeschlossen, die unbarmherzig die Sonne auffangen und ungeschwächt zurückwerfen. Das ist es, das Salzmeer, wie es in der Bibel genannt wurde, das Tote Meer, denn es ist kein Leben darin, alles wird getötet, und nichts kann darin untersinken. Früher war das Tote Meer viel größer, es reichte bis zum Galiläischen Meer und hatte eine Länge von 250 Kilometer, jetzt ist es noch achtzig Kilometer lang und siebzehn Kilometer breit, ganz zusammengeschrumpft, denn die Verdunstung ist ungeheuer groß, weil die Luft so trocken ist. Weil nun das Wasser allein verdunstet, bleiben die mineralischen Bestandteile zurück und der Salzgehalt ist deshalb allmählich gewachsen. Er beträgt 21 Prozent, also sechsmal so groß wie der des Ozeans. Es ist alles tot, kein Fisch plätschert, kein Vogel schwimmt auf den dunkeln, schweren Wassern; keine Spur von Menschen, nur dort drüben liegen ein paar armselige Hütten, wo die Boote landen. Es herrscht Grabesstille auf dem Meer, nur die Ruder tauchen gleichmäßig ein, und wenn sie wieder auftauchen, glänzen Salzkristalle an ihnen. Tödliche Stille, das Wasser tötet alles, was vom Jordan mitgebracht wird. Die Felsen glühen, das Wasser glüht, nichts Lebendes. Und man wirft die Kleider ab in dieser Hitze, um zu baden. Da geschieht etwas Merkwürdiges. Man sinkt nicht unter, die Füße bleiben an der Oberfläche, man kann hier nicht schwimmen, wie in unseren Flüssen, es ist, als wäre kein Wasser, als schwebt man. Der ganze Körper fast ist außerhalb des Wassers. Lange freilich kann man ein solches Bad im Toten Meer nicht aushalten, und man darf keine Wunden am Körper haben, denn das Wasser brennt höllisch wie eine Säure und nach dem Bad ist der Leib mit weißen Salzkristallen bedeckt.

EIN VERGESSENES MÄRCHEN

Vor eines Königs Schloß stand ein mächtiger Birnbaum, der jedes Jahr die schönsten Früchte trug, aber sie wurden, sobald sie gereift waren, in einer Nacht alle geholt, und kein Mensch wusste, wer es getan hatte. Der König hatte drei Söhne, und er jüngste hieß der Dummling. Der älteste sollte ein Jahr lang den Baum bewachen, er tat es mit Fleiß, und die Früchte hingen voll in den Ästen, aber in der letzten Nacht, als sie den anderen Tag sollten gebrochen werden, überfiel ihn der Schlaf, und als er erwachte, waren sie vom ersten bis zum letzten fort und nur die Blätter noch übrig. Der zweite Sohn wachte nun ein Jahr, aber es ging ihm nicht besser als dem ersten, in der letzten Nacht waren die Birnen weg. Endlich kam an den Dummling die Reihe, der erwehrte sich in dieser Nacht des Schlafes und sah, wie eine weiße Taube geflogen kam, eine Birne nach der anderen abpickte und forttrug. Als sie mit der letzten fortfliegen wollte, ging ihr der Dummling nach, die Taube flog auf einen hohen Berg in einen Felsenritz. Der Dummling sah sich um, da stand ein graues Männlein neben ihm, zu dem sprach er: „Gott erbarme dich.“ Das Männlein antworte: „Gott hat mich schon gesegnet, denn durch deine Worte bin ich erlöst.“ Dann sprach er, er sollte hinab in den Felsen steigen, da würde er sein Glück finden. Er steigt hinunter, da sieht er die weiße Taube, von Spinngeweb umstrickt. Wie sie ihn anblickt, reißt sie sich durch, und wie der letzte Faden zerrissen ist, so steht eine schöne Jungfrau vor ihm, die eine Königstochter war, und die er auch so erlöst hatte. Darauf vermählten sie sich miteinander.

EIN INDIANERBUCH

Ich will Euch schnell etwas von einem wunderschönen Indianerbuch erzählen, das ich dieser Tage gelesen habe. Es heißt: Obijesa, Jugenderinnerungen eines Sioux-Indianers von Dr. Charles Eastman (Obijesa). Ein Doktor?, fragt Ihr, und wirklich ist dieser Eastman ein Arzt und zugleich ein Vollblutindianer und gehört zu den Dakotas oder Sioux. Er hat seine Jugend noch wirklich im Indianerzelt und auf der Prärie verbracht, nicht in den Reservationen, in denen die Indianer jetzt leben, von der amerikanischen Regierung beaufsichtigt. Diese Reservationen sind Gebiete, die den Indianerstämmen, soweit noch welche vorhanden sind, als Wohnstätte angewiesen worden sind und in denen kein Weißer, kein „Blaßgesicht", leben darf. Aber die Freiheit der Indianer ist längst vorbei, ihre Söhne und Töchter beten nicht mehr zu Manitu, dem großen indianischen Gott, sondern gehen in die Kirche und in die Schule, besuchen die Universität und werden sogar Pastor oder Arzt. Ebenso ist es Obijesa ergangen, aber seine Kindheit ist noch erfüllt vom Lagerlärm und Zeltleben, vom Spiel auf der weiten Prärie und den Überfällen feindlicher Stämme auf das Lager seines Stammes. Er erzählt uns von seiner ersten Jugend: Da haben sie an einer einsamen Stelle im Walde die Tänze nachgeahmt, die die Großen, ihre Väter und Brüder, aufführten und haben sich deren Namen beigelegt: Hochfliegender Falke, Tapferer Büffelstier. Als ganz Kleiner wurde er vor allem erzogen, ganz still zu sein und nicht zu schreien, und früh aufzustehen, denn früh, mit dem Tagesgrauen, kann der Indianer am besten jagen, und die Wanderfahrten werden früh begonnen, um Feinden entgehen zu können. Verschwiegenheit und Ruhe also wurde den indianischen Kindern anerzogen. Eigenschaften, die auch mancher von Euch gut gebrauchen könnte.

Die Jugend dieses kleinen Obijesa, der aber zuerst Hakada hieß, war nicht immer sonnig und heiter, mitten im eisigen Winter mußte der Stamm wandern, es geschahen Überfälle, auf einmal brannte ein Präriefeuer um den wandernden Stamm und umzingelte ihn. Es geschahen Schneestürme, die alles einschneiten, daß die Familien wie begraben waren unter der Schneelast. Schlimm war der Frühling, die Zeit des größten Mangels, um diese Zeit waren meist Hungersnöte, und schon der kleine Obijesa konnte ein Lied davon singen. Aber dann kam eine gute Zeit: die Zuckerernte. Die Indianer gewannen den Zucker aus dem Ahorn. Der zuckrige Saft floß aus einem Axtschnitt in kleine Birkenschalen, dann wurde er in mächtige Kessel geschüttet und zum Kochen gebracht. Die Jungen mußten aufpassen auf die Kessel, das Feuer in Gang halten, aufpassen, daß nichts überlief, und endlich, wenn der Saft zu Sirup dick verkocht war, probieren. Das haben die Indianerjungen wohl sehr gern getan, das waren auch Naschkatzen. Der Sirup wurde nun in die verschiedenartigsten Behälter gefüllt oder auch pulverisiert. Von nun war gute Zeit, der Frühling kam in die Wälder, die Vögel sangen, Feste wurden gefeiert, z.B. das Sommerfest, bei dem Ballspiele zwischen zwei bekannten Stämmen stattfanden. Auf einem dieser Sommerfeste erhielt das Obijesa erst seinen Namen, bis dahin war er Hakada genannt worden. Nun war er ein würdiger kleiner Indianer, der mit seinen Kameraden durch Prärie und Wald streifte, oft war es gefährlich, denn konnten nicht plötzlich feindliche Indianer hervorbrechen? Dann waren sie verloren. Die Knaben wetteiferten in Heldentaten mit Pfeil und Bogen, vollbrachten Wettläufe zu Pony und zu Fuß, übten sich in Ringkämpfen und Schwimmen. Wettläufe waren jeden Tag. Nachmittags trafen sich die Knaben gewöhnlich an einem See oder Fluß, und sobald die Ponys zur Schwemme geritten waren, ließ man sie eine oder zwei Stunden lang grasen. Dann sagte ein Knabe wohl zu einem Altersgenossen: „Laufen kann ich nicht, aber zu fünfzig Schritt fordere ich dich." Dann unternahmen die Jungen Kriegszüge gegen Bienennester. In voller Kriegsbemalung schlichen sie sich an das Nest heran, sprangen dann auf einmal mit Kriegsgeheul auf das Bienennest los und suchten es zu zerstören. Mach dem geglückten Angriff folgte gewöhnlich ein Skalptanz. Im Winter wurde gerodelt, zwar ohne Schlitten, aber es ging mit sechs oder sieben zusammengebundenen Büffelrippen ausgezeichnet. Im Wasser spielen, machte den kleinen Indianern großen Spaß, sie ritten auf ihren Ponys oder schwammen um die Wette. Dies alles und noch viel mehr erzählt Obijesa von seiner Jugend, er berichtet von seinen Spielkameraden, von seinem Jägerleben, von Abenden im Wigwam, der Onkel erzählte von seinen Abenteuern dem kleinen Obijesa. Bunt ist das Leben, das sich hier abspielt. Die indianischen Feste werden geschildert, der Bärentanz, das Jungfrauenfest, alte Sagen, die der greise Weybuha berichtet, hören wir. Dann kommen auch dunkle Tage: die Männer haben sich zum Kampf fertiggemacht, die Ojibways wollen das Lager überfallen. Es kommt zum Kampf, und Rauchiger Tag, der Freund und alte Lehrer Obijesas, ist gefallen. Dann wird von den ersten Kämpfen und Begegnungen mit den Weißen berichtet, sein Vater kehrt zurück und nimmt ihn mit zu den Weißen, und so ist das Indianerleben Obijesas zu Ende. Bis zu diesem Augenblick aber ist es ein richtiges Indianerbuch mit Abenteuern, wie sie ein Junge sich nur wünscht.

DIE CIMBERN

Seit drei Tagen tobte ein unfaßbarer Sturm gegen die Küste, von Norwegen bis England kochte die See, in langen Reihen stürmten die Wellen heran, überstürzten sich, eine kletterte auf die andere, immer höher, und ihr Donnern war wie ein irrsinnige Gelächter. Berge von Wellen stürzten sich schnaubend vor Wut heran und peitschten den Sand, der Himmel war zerfetzt wie eine Fahne und zerriß von neuem in schwarzgraue verzweifelt fliegende Tücher, und eine schwere Luft wie Rauch lag über der Küste. So war es seit Tagen, oder vielmehr: seit Tagen hatte sich dieser Sturm gesteigert und war zu einem wahnsinnigen Höllentanz geworden. Der Sand peitschte sich in schweren Wolken über das Land, es knirschte und stöhnte, dann waren auch die letzten Boote in Trümmern. In diesem Lärm hörten man eine einzelne Stimme; ein Horn brüllte und sein dumpfer verzweifelter Ton wehrte sich gegen den Sturm, Not war das, Notruf, denn dort hinten in der Dunkelheit lag das Dorf, wie lange hielt der Deich? Das Horn klang, als hätte sich ein Stier verirrt, immer schrie es.

Auf dem Deich standen die Männer vorgebeugt, der Sturm riß sie fast um. Der Sturm machte Fahnen aus ihnen und zerfetzte Felle und Tücher. Sie starrten in das Dunkel, aus den die Wellen ansprangen, in Reihen, kein Ende, ein höhnischer Ansturm, der Schaum flog in die Gesichter, sie standen und sahen über den Deich, eine Kette von Männern. Sie waren alle abgehärtet, ein Geschlecht von Fischern, und hatten ihr Leben lang gewusst, daß das eines Tages kommen könnte, dieser tödliche Sturm, diese Not. Der Häuptling starrte in die Nacht, die von weißem Schaum zerfetzt war. Es war, als stürmten die Götter gegen die Küste, als reite Donar selbst hohnlachend auf einem dieser Wellenrosse und zerstöre wütend die Deiche. Der Häuptling starrte in die Nacht. Sollte er den Stamm aufbrechen lassen, sollte die Wanderung in die Fremde beginnen, diese lange Wanderung, die nur eine ununterbrochene Kette von Kämpfen mit feindlichen Stämmen sein würde? Die Gedanke waren schmerzlich, dröhnender aber und stärker trommelte der Sturm: Ich komme! Ich komme! Noch eine Stunde! Die Gedanken stürzten wie Vögel durch ihn, und einen Augenblick sah der Häuptling zurück in die Dunkelheit, wo das Dorf las mit satten grünen Wiesen, er konnte hören, wie in den kurzen Sturmpausen das Vieh schrie und wie Irrlichter funkelten Fackeln. Viele Menschen, flog es durch den Sinn, viele und starke, wie wird die Fremde sie satt machen. Oder sollen wir bleiben, sollen wir aushalten und wieder bauen und aufrichten, wenn der Sturm alles zerstört? Er wandte sich. „Vorwärts, Ulf", schrie er, ein Mann stand neben ihm, „gehe ins Dorf, sie sollen sich beeilen, der Sturm wird noch stärker." Verzweifelt schrien jetzt die Hörner. „Sie sollen vorläufig auf das hohe Land und dort warten."

Wenn es wahr ist, dachte der Häuptling verzweifelt, wenn es wahr ist, was der Händler erzählte, der vor einem halben Jahr in die Dörfer kam, Wenn es das Land gibt mit den seltsamen Früchten und den Palästen, den hohen und lichten Häusern, statt unserer Lehmhütten, mit den schwarzen Frauen! Aber wo ist dies Land im Süden? Und wie lange wird die Fahrt dauern?

Der Sturm heulte, seine Stimme war wie ein teuflisches Lachen, jetzt, hörten die Männer, packte die See die Boote, die sie hinaufgezogen hatten, das würde eine schwere Arbeit werden, eine Arbeit von Monaten, neue Boote zu höhlen. Es krachte und knirschte. Da kam etwas heran mit einem Brett. Sie sprangen mit ihren Stangen ein Stück vor und zerrten es heran, ehe die Wellen es zurücknahmen. Es war ein Mensch, ein Fischer, sie kannten ihn nicht. Die Männer zogen ihn heraus und banden ihn von dem Brett. Er war tot, die Lippen waren zusammengebissen und das gelbe Haar klebte um die Schläfen. Die Männer legten ihn an den Abhang der Düne und standen – aber schon dieses Stillestehen war ein Kampf gegen den Sturm, und der lachte: Hoi – hi –

Ein Mann wühlte sich vorwärts aus dem Dunkel zum Häuptling. „Sie sind alle gerettet und sind auf dem hohen, festen Land." – „So sollen sie warten. Und hole die Pferde heran."

Hörst du, wie es donnert und lärmt. Das Meer will heute alles zerstören, die Wellen sind jetzt wie Tatzenschläge eines Riesen, ein Schlag wirft den Sand empor, in die Wolken, der zweite kracht die zertrümmerten Boote gegen die Buhne, und Hieb um Hieb zerstört den Deich und die Düne. In der Ferne donnert es! „Das Horn! Ulf!" schreit er. Das Horn stürmt in Zorn auf, laut, überklingt den Sturm. „Zurück!" Da werfen sich alle auf die Pferde, der Sturm sitzt ihnen im Rücken und peitscht sie. Hinter ihnen stürmt das Meer mit Gelächter in die Ebene, ganz Herr. Die Reiter rasen an dem Dorf vorbei, leere Hütten, leere Ställe, der Häuptling reißt eine Fackel heraus und wirft sie in das Strohdach. Weiter! Auf einer hohen Düne wirft der Häuptling noch einmal das Pferd herum und stellt es gegen den Sturm. Dort brennt das Dorf, und die Flammen sind lang und zerfetzt wie Fahnen. Aber dort ist alles Flut. Der Häuptling beißt die Zähne zusammen, gut, nun also kommt die Fremde, die Heimat ist ertrunken. Sie reiten auf das feste Land zu dem Stamm. Das Vieh brüllt an den Stricken, die Wagen stehen in langer Reihe, Geschrei, Fluchen. Lärm, der Sturm lacht darüber. Der Häuptling reitet an der Wagenreihe entlang bis zur Spitze. Er reitet, die Trauer ist abgefallen, neues Leben gilt es nun, auf in die Fremde, wir kommen! Er weist in die Ferne, und knarrend rollen die Wagen an, manche sehen zurück, die Heimat ist ertrunken, neue Heimat gilt es zu suchen. Als der Tag träg ergraut, mahlen die schweren Räder im Sand der Heide, und die Reiter halten den Speer bereit und die Axt, denn nun wird kein Tag ohne Kampf vergehen, ein hartes Leben wird es sein.

FÜR DIE JUNGENS – AUS DEM TAGEBUCH EINER UNGARNFAHRT

Pußta! Soweit man blicken kann, ebene, sandige Steppe, kein Baum, kein Strauch, aber auch kein Pferd; aber quer durch eine Eisenbahnlinie mit Telegraphenstangen. Das Gras ist kurz und kümmerlich – halb verdorrt. Endlich treffen wir auf die Czikos, die Hirten, – sie erzählen uns, daß sie die Herden der Dürre wegen heraustreiben müssen aus der eigentlichen Pußta, der Hortogagy, weil sie sonst verhungert wären. Noch manches hören wir. Wie sich die Pferde zu bestimmten Zeiten an den Ziehbrunnen einfinden, wie sie nachher dicht zusammengedrängt die Hitze erwarten und erst gegen Abend sich über die Steppe zerstreuen, um ihr Futter zu suchen. Auch davon, wie sich die Pferdehirten gegen Regen auf freier Steppe schützen. Sie tragen große, breite Hüte, und wenn sie was Fettes gegessen haben, verhehlen sie nicht, ihn mit allen zehn Fingern zu ölen. Davon wird er im Lauf der Jahre ganz wasserdicht. Wenn es regnet, fahren sie aus den Kleidern, stopfen sie in die Stiefel und decken den Hut darüber. Dann kann der Regen kommen. Die Kleidung der Hirten besteht aus weiten, weißen Hosen, hohen, gespornten Reiterstiefeln, einer bestickten Jacke und einem breitkrämpigen Hut. Soll ein Pferd eingefangen werden, so jagen sie auf einem eingerittenen Pferde, den Lasso schwingend, hinterher, um es durch den Wurf zu Fall zu bringen. Einen Lassowurf wollten sie uns zwar vorführen, da sie dabei aber immer wieder auf unsre Hälse zeigten und heftig grinsten, bewog uns ein leichtes Kitzeln an der Gurgel, auf weitere Ausführung zu verzichten.

Es wird Nacht. In der Ferne am Horizont ein galgenartiges Gebilde, ein Ziehbrunnen. In seltener Klarheit hängt der Sternenhimmel über uns. Wir haben einen Stern als Wegweiser, den großen Fischteich irgendwo tief im Innern der Hortobagy-Steppe als Richtungspunkt. Fast lautlos gleiten wir durch die Nacht.

Plötzlich liegt es vor uns. Für einen Augenblick werden die Augen an dem Silberhellen irre. Da – ein leichtes Plätschern, ein heiserer Schrei, mit breitem Flügelschlag gleitet ein Vogel über das Wasser. Der Fischsee.

Auf schmalem Damm gehen wir weiter. Rechts Wasser, links Wasser, Sumpf und Schilf. In der Ferne summt es unmerklich und unerklärlich. Wir rücken auf das fauchende, summende Etwas zu, unheimlich. „Die Steppe brennt!" Einer ruft's. Flammenmassen schlagen gierig auf. Funken sprühen. Ein schneidender Anruf peitscht die Spannung zur Höhe. Zwei wilde Gestalten, drohend, mit mächtigen Düngergabeln, stehen vor uns. „Teschek!" – Einer reißt die Zigarettenschachtel hervor, da können die wilden Gestalten nicht widerstehen. Ist es ein Zigeunerlager? Achtung! In großen Kesseln brodelt's und siedet's. Ekelhafter Gestank fällt uns entgegen, wilde, wüste Gesellen liegen dort. Wir verschwinden, ehe sie richtig aufgewacht sind. Aber noch keine fünfhundert Meter sind wir fort, da knackt's hinter uns: die zwei Kerle mit den Gabeln. Tückisch und unheimlich gluckst das sumpfige Wasser zu beiden Seiten des kaum meterbreiten Dammes. Wenn die jetzt mit ihren Gabeln in uns reinfahren! Die Männer bleiben stehen, reden kauderwelsch. Wir begreifen, sie wollen uns den Weg zeigen. Einen Weg zeigen, der kaum einen Meter breit ist? Seltsam. Also ziehen wir los, und wie wir festen Steppenboden unter uns haben, geben wir den armseligen Kerlen ein paar Zigaretten und laufen weiter, in die Pußta hinein.

GESCHICHTE EINER TANNENNADEL

Viele Nadeln fallen im Laufe des Jahres von den Tannen herunter. Nicht alle fallen auf den Waldboden, sondern diejenigen des Weihnachtsbaumes, wenn er eine Zeitlang in der Ofenwärme gestanden hat, zum großen Teil auf den Fußboden des Zimmers. Die könnten etwas erzählen von der schönen Zeit, als der Baum, der sie trug, noch im Walde stand; als auf seinen Zweigen noch Vögel saßen und sangen, noch unter seinen Zweigen die Erdbeeren blühten und allerhand kleines Getier sein Wesen hatte. Aber sie erzählen nichts: sie fallen herunter – man hört es gar nicht – und werden zusammengefegt und weggeworfen. Dann ist es ihr Schicksal, daß sie vermodern und vergehen, eben so wie diejenigen, die draußen auf das Waldmoos gefallen sind.

Unter Umständen aber kann eine Tannennadel sich sehr lange erhalten. Es kann geschehen, daß sie Jahrtausende hindurch auf dem Grunde der See liegt und dann eines Tages unverletzt wieder zum Vorschein kommt.

Da ist Stückchen Bernstein, in dessen weingelber, durchsichtiger Masse etwas eingeschlossen liegt, das unschwer als eine Tannennadel sich erkennen läßt. Wie ist sie aber in den Bernstein hineingeraten? Das geschah auf diese Weise. Um die Zeit, als auf der Erde noch die Tannen wuchsen, die den Bernstein als Harz absonderten, wie ja noch jetzt verschiedene Nadelhölzer bedeutenden Mengen von Harz erzeugen, um diese Zeit muß die Nadel vom Baum herab in das aus der Rinde hervorquellende, noch halbflüssige Harz geraten sein, das sie umschloß und darauf erstarrte und mit der Zeit eine steinartige Masse wurde. So blieb sie erhalten, während unzählige andere vermoderten und vergingen. Wann aber geschah das, daß die Nadel in den Bernstein eingeschlossen wurde, der für sie für uns aufhob? Es läßt sich nicht sagen, wie lange das her ist; aber daß viele Jahrtausende seitdem vergangen sind, kann mit größter Wahrscheinlichkeit behauptet werden. Die Bernsteintannen standen auf dem Boden der heutigen Ostsee, die einmal trocken lag und ein schönes Waldland war. Über diese Wälder aber ging eine große Flut hin, die sie zerstörte, und was von ihnen übrig geblieben ist, liegt zum größten Teil auf dem Boden der See; einzelnes von den Resten haben nachfolgende Fluten weit in das Flachland hineingeführt. Ab und zu nun findet sich unter dem Bernstein, der aus der See herausgeholt, von ihr ausgeworfen oder auch auf dem Lande ausgegraben wird, auch ein Stückchen, in dem ein kleines Insekt oder ein Teil einer Pflanze eingeschlossen liegt. So finden sich Blumen im Bernstein vor und auch noch zartere Gebilde als Blumen. Ich habe ein Bernsteinstück gesehen, das einen einzelnen Faden eines Spinngewebes enthielt. So fein es war, konnte man ihn doch bei gewisser Beleuchtung deutlich erkennen. Hohe Schlösser und Burgen der Menschen, zerfallen und gehen unter; aber ein zartes Spinngewebe bleibt durch Jahrtausende erhalten.

Bernsteinstücke, die Tannennadeln enthalten, sind in verschiedenen Sammlungen zu finden. Als so eine Tannennadel noch an dem Baume festsaß, zu dem sie gehörte, was alles mag sie erlebt haben! Was für Vögel wohl auf den Zweigen des Baumes saßen? Ob sie auch sangen, und wie sie gesungen haben? Was für Pflanzen unter dem Baum wohl grünten und blühten, und was für kleine Tiere wohl unter ihm umherkrochen oder sich schlängelten? Welcher Art wohl die größeren Tiere waren, die an ihm vorbeiliefen oder -sprangen?

Ja, wenn so eine Nadel erzählen könnte, würde man vielerlei Altes und doch Neues von ihr erfahren können.

VOM SOLNHOFER SCHIEFER

Nicht weit von der kleinen Stadt Solnhofen im Schwäbischen Jura liegen große Schieferbrüche, hoch in den Bergen oben sind sie und schimmern hell und weiß mit senkrechten Wänden. Wenn wir näher kommen, ist es ein merkwürdiges Bild. Wir sehen in die Brüche hinab, weite, tiefe Gruben mit kirchturmhohen Wänden, die aus übereinander gelagerten Kalkschieferplatten, ganz regelmäßig hingelegt, eine über die andere, als wäre nicht die Natur es gewesen, die den Kalkschiefer hier abgelagert hat, als vor Millionen Jahren hier ein riesenhaftes Meer langsam zurücktrat. Die Farbe der Kalkplatten ist verschieden, weiß, gelb oder bläulich, und da wo die Schichtung zu erkennen ist und Adern im Gestein laufen, setzen die Arbeiter das Stemmeisen an und heben eine Schicht ab. Manche Platten sind sehe groß, die kleineren wie eine Stuhl- oder Tischfläche, und wenn zu starke Adern darin sind, muß die Platte so zugeschlagen werden, bis sie rein und ohne jeden Ritz und Fehler ist. Die Platten sind natürlich nicht, wie sie gebrochen werden, viereckig oder quadratisch, sondern müssen erst zugerichtet werden, und der Abfall wird in Kipploren an die Schutthalden geführt, so wie bei den Marmorbrüchen von Carrara. Die gebrochenen Kalkplatten werden in die Werkstätten gebracht und geschliffen. Hier werden nun die feinkörnigen Schieferplatten ausgesucht, die sollen zu Lithografien verwendet werden, und zwar werden diese feinkörnigen Platten mit Sand und Wasser gerieben, mit rotem groben und feinerem grauen Donausand. Zwei solcher Platten werden aufeinander gelegt und dazwischen nasser Sand gelegt. Auf die obere Platte wird ein dritter Stein gelegt und gedreht. Die obere Platte dreht sich mit, so schleifen sich die zwei Kalkplatten gegenseitig ab, bis sie glatt und abgeschliffen sind. Dann werden sie noch mit dem feinerem Donausande und zuletzt mit dem Polierstein abgerieben. Nun sind sie fertig und können in alle Steindruckereien der Walt versandt werden, damit Bilder (Steindrucke) und Karten hergestellt und gedruckt werden können. Die grobkörnigen Platten werden zu Fliesen verarbeitet, zu Fliesen für Wohnhäuser, Kirchen und als Pflaster. Diese Solnhofer Schieferbrüche sind schon lange Zeit, seit ungefähr 1790, in Betrieb und noch lange nicht erschöpft. Die Sage erzählt auch, wie der Wert des Kalkschiefersteins gefunden worden ist. Ein armer Hirtenjunge lag mit seiner Herde oben auf den Jurahöhen und hatte Langeweile; denn den ganzen Tag da oben liegen, ganz allein und ohne jede Arbeit, als auf die Tiere aufzupassen, ist nicht gerade die angenehmste Beschäftigung. Zufällig nahm der Junge zwei der umherliegenden Schiefersteine und rieb sie aneinander glatt. Als er nun noch mit Sand nachhalf und rieb, wurden sie ganz fein glatt. Das nächste Mal nahm er von zu Hause ein Hämmerchen mit und schlug die Steine in passende Formen. In seiner Freude nahm er jeden Tag solche zugeschlagene Steine mit nach Hause und deckte die Diele des kleinen Wohnhauses mit den schönen Platten. Nun wurde nicht weit von Solnhofen eine Kirche gebaut, und der Erbauer wußte nicht, wie der Boden belegt werden sollte. Der Junge hörte davon, belud einen Karren mit seinen zugerichteten, abgeschliffenen und glänzenden Steinen und zeigte sie den Bauherren. Die waren erstaunt über das schöne Material, und der Kirchboden wurde mit Schieferplatten belegt. Allmählich kam man dann dazu, diese Kalkschieferplatten für andere Zwecke zu verwenden, und für den wichtigsten, den Steindruck.

SENEFELDER

Erfinderbrot ist bitteres Brot. Enttäuschungen, Sorgen und Herzweh nimmt in sich auf, wer es genießt. Das zeigt deutlich das Leben Aloys Senefelders.

Senefelder wurde am 6. November 1771 als Kind eines fränkischen Schauspielers in Prag geboren. 1778 kam sein Vater an das Münchener Hoftheater, und München sollte ihm nun zeitlebens Heimat werden. Er erhielt eine gute Gymnasialbildung. Mit einem Jahresstipendium der Kurfürstin (120 Gulden) studierte er auf der Universität Ingolstadt die Rechtswissenschaften so eifrig, daß ihm seine Lehrer über „Note 1 mit Auszeichnung" gaben. Der Tod des Vaters brachte die Familie in Nahrungssorgen. Nachdem die Bemühungen um eine Stelle vergeblich waren, glaubte der strebsame Jüngling als Theaterdichter am raschesten Brot für sich und die Seinen schaffen zu können. In der Tat wurde ein Lustspiel von ihm mit großem Erfolg am Hoftheater aufgeführt. Aber alle seine weiteren Bestrebungen, sich als Schauspieler durchzusetzen, wurden in verschiedenen Städten nur mit bitteren Enttäuschungen belohnt. So zog er sich wieder nach München zurück, um aufs neue seiner Feder Hoffnung auf Brot anzuvertrauen. Doch schon mit dem zweiten Lustspiel, das er auf eigene Kosten drucken lassen mußte, hatte er Unglück. Die empfindlichen Druckkosten seiner späteren Arbeiten weckten in ihm den Wunsch, seine Dramen auf eine billige Art selbst vervielfältigen zu können. Manchen Tag hatte er in der Druckerei der Herstellung seiner Dichtungen zugesehen. Das Drucken kam ihm so einfach vor. Hätte er nur eine eigene Druckerpresse gehabt, er hätte sich selbst daran gewagt. Aber ihm fehlte das Geld, eine zu kaufen, und das war gut. Er sagte später selbst: „Hätte ich das nötige Feld gehabt, so würde ich mir damals Lettern, eine Presse und Papier gekauft haben, und die Steindruckerei wäre wahrscheinlich so noch nicht erfunden worden."

Versuchend und erfindend ist Senefelders Sache, von jetzt an bis in seine letzten Tage hinein. Zunächst sticht er die Buchstaben verkehrt herum in Stahl und sucht die bearbeitete Platte als Matrize zu benutzen. Auch in Leisten von Birnbaumholz gräbt er die Lettern ein. Ohne es zu ahnen, erfindet er die Stereotypie, aber er hat nicht die Hilfsmittel, diese Erfindung auszunutzen. Neue Versuche folgen. Die Buchdrucktypen werden verkehrt auf eine Kupferplatte geschrieben und mit Scheidewasser eingeätzt. Das geht vorzüglich, zumal er eine Tinte erfunden hat, mit der er Fehler leicht verbessern kann. Aber Kupferplatten sind teure Stücke. So mußte er seine einzige immer wieder abschleifen und neu polieren. Viel Zeit und Schweiß geht damit verloren; dabei wird die Platte verdächtig dünn. Eine Kehlheimer Platte wird zu neuen Versuchen herangezogen. Da bringt ein simpler Zufall die Entscheidung. Im Juli 1796 braucht die Mutter rasch einen Wäschezettel. Tinte und Papier sind nicht zur Hand. Kurz entschlossen schreibt Aloys die Wäsche mit seiner Tinte aus Wachs, Seife und Kienruß auf den Stein. Was wohl geschehen würde, wenn man die Platte mit Scheidewasser ätzte?, steigt's mit heißer Neugier in ihm auf. Er beizt die Schrift mit verdünnter Salpetersäure und bekommt ganz prächtige Abzüge. Tag für Tag neue, immer anders geartete Versuche. Die Abzüge werden immer schöner, aber sein ganzes Geld ist auch draufgegangen. Und gerade jetzt brauchte er's so nötig, um vorwärts zu einem entscheidenden Gewinn kommen zu können. Gern verpfändet die Mutter über Monate hinaus die Quittungen über ihre kleine Pension. Es reicht nicht. Da biß er die Zähne aufeinander und wurde für einen andern Soldat in Ingolstadt. 200 Gulden sollte er für seinen Leib bekommen. Aber in Ingolstadt trifft ihn die niederschmetternde

Eröffnung, daß er als Ausländer nicht in die bayerische Armee eintreten könne. Wie es damals in seiner Seele aussah, darüber geben seine eigenen Worte am besten Auskunft: „Als ich von der Donaubrücke in den majestätischen Strom hinabblickte, in welchem ich als Student beim Baden schon beinahe einmal den Tod gefunden hatte, konnte ich freilich den Gedanken nur mit Mühe unterdrücken, dass meine damalige Rettung eigentlich für mich kein Glück gewesen sei, weil ein zu ungünstiges Schicksal mir sogar das dem Hilflosesten sonst noch übrige Mittel, seinen Unterhalt auf ehrliche Art zu verdienen, nämlich den Soldatenstand, zu verweigern schien."

Der Jurist mit den vorzüglichen Noten war jetzt entschlossen, als einfacher Buchdrucker für sich und die Seinen Brot zu schaffen. In einem Ingolstädter Tändlerladen hatte er einen Pack schlechtgedruckter Noten aus einem alten Gesangbuch gekauft. Das könntest du doch mit deinem Stein viel schöner drucken, dachte er. Da verband er sich mit dem Manne, der alle weiteren Schicksalsschläge seines Lebens mittragen sollte, dem Komponisten und Hofmusiker Franz Gleißner in München. Die Firma „Senefelder & Gleißner" entstand und nahm den Notendruck zur Geschäftsaufgabe. Ein freundlicher Sonnenstrahl fiel in ihren Arbeitsraum. Der Kurfürst Karl Theodor schenkte 100 Gulden und versprach ein schützendes Privileg, die Mitglieder der Akademie der Wissenschaften griffen selbst in die Tasche und spendeten dem Ringenden eine kleine Gabe. Aber das Gewitter stand schon über ihnen. Sie verbrannten ihre alte Presse und stellten eine neue ein. Sie funktionierte nicht. Die Druckaufträge konnten nicht ausgeführt werden. Zwei Jahre der Not mußten durchgekostet werden.

Aus Senefelders beweglichem Geist sprang jetzt eine Erfindung um die andere. Er findet dem chemischen Druck, und nach mehreren tausend Versuchen eine Tinte, mit der die

Schrift unmittelbar von der Platte auf das Papier reproduziert werden kann.

Schon lieferte seine Stangenpresse an einem Tage mehrere Tausend sehr feiner Abzüge. Geschickte Arbeiter fehlen nur noch. Er lehrte seine zwei Brüder und nahm auch zwei Lehrbuben an. An Aufträgen war kein Mangel, und der Kurfürst sicherte ihm durch sein Privileg die alleinige Herstellung für Bayern. Nun hörte einer der bekanntesten Musikalienhändler jener Zeit, Hofrat André in Offenbach, von Senefelders Erfindung. Er kam zu ihm nach München und war lebhaft interessiert. Senefelder erklärte ihm alles, und der Fremde erwarb um 2.000 Gulden das Druckrecht. Mit diesem Kapital gründete Senefelder und sein Kompagnon eine Druckerei, in der hauptsächlich Kupferstiche auf Stein übertragen und gedruckt werden sollten. Nach drei Monaten richtete er in Offenbach für André eine Offizin aus. Die Probedrucke fielen glänzend aus. In André erwachten großzügige Pläne. In Paris, London und Berlin wollte er Kunsthandlungen mit Druckereien errichten. Senefelder sollte persönlich die Privilegien dort erwerben und dann das Wiener Geschäft leiten. Ein Fünftel des Reingewinns aller Filialen sollte ihn lohnen. Sieben Monate hielt man zuerst in London den Vielgeprüften hin. Andrés Bruder hielt ihn förmlich gefangen, damit er in seiner Gutmütigkeit nicht sein Geheimnis ausplaudere. Senefelder verlor keine Stunde. Auch jetzt experimentierte er ununterbrochen und fand neue Verbesserungen in der Aquatinta- und Kreidemanier.

Unterdessen war eine neue Schwierigkeit entstanden. In Wien machte ein unberechtigter Konkurrent Geschäfte. Rasch eilte die gute Mutter hin, um für ihre Kinder das Privileg zu retten. Aber weder sie noch Frau Gleißner konnte etwas erreichen; ja, diese verschärfte noch durch Schuldenmachen die Schwierigkeiten. Nun eilt Senefelder selbst nach Wien, sein

Recht zu wahren, aber es wird ihm nicht. Unglücklicherweise kommt es gerade jetzt noch zum Bruch mit André, und Tage der Not und Sorge brechen wieder über den unglücklichen Erfinder herein.

Da entsteht ihm ein neuer Gönner. Der Wiener Fabrikbesitzer Joseph Hartl von Luchsenstein interessiert sich für den Kattundruck. Er hatte bei Frau Gleißner ein paar Muster gesehen. Aber ein Privileg gehörte dazu. Solange Hartl das nicht hatte, richtete er mit Senefelder eine Notendruckerei ein. Auch Gleißner hatte sich in Wien eingefunden. Vergebens klopften sie zusammen an den Türen um Aufträge an; auch Haydn und Beethoven wollen nichts von ihnen wissen. Noch immer war das Privileg für den Kattundruck nicht verliehen worden. Es bleibt ihnen nichts übrig, als Gleißners Kompositionen in Massen zu drucken. Aber nach denen hat niemand Verlangen. 1803 gibt endlich die Regierung das langersehnte Privileg. Aber über Senefelder schwebt nun einmal das Unglück. Herr von Hartl ist in diesem Augenblick genötigt, seine Fabrik aufzugeben; er hatte zuviel Verluste gehabt. Alles, was Senefelder nach Tagen rastlosen Ringens und trüber Sorge in Wien blieb, war eine kleine Presse. Auch sie mußte er verkaufen. Denn er befand sich mit Gleißner in der drückendsten Armut. Noch immer hoffte er, daß der Kattundruck ihm Reichtum bringen werde. Da stahl ihm ein gewissenloser Werkmeister sein Geheimnis und verkaufte es an mehrere Geschäfte. Das war die letzte trübe Erinnerung an Wien.

Wieder schien ein neuer Stern aufzugehen. Durch den berühmten Komponisten Abt Vogler wurde Senefelder in München mit dem Direktor der K. K. Hof- und Staatsbibliothek, Freiherr von Aretin, bekannt. Sie überredeten die Freunde, in München eine lithografische Anstalt zu gründen, und versprachen ihnen kräftige Förderungen. Vogler verlor bald das

Interesse und Aretin wurde nach Neuburg versetzt. Die Firma Senefelder aber blieb ein unglückliches Geschöpf, das nicht leben und nicht sterben konnte. In ihrer Not hatten Senefelders Brüder das Geheimnis in München an die „Feiertagsschule" verkauft. Nun richtete der bayerische Staat eine ganze Reihe von Druckereien ein, die Senefelder das Brot wegnahmen. Durch ein Versehen gab man dann auch statt dem Erfinder seinem Bruder Theobald eine einträgliche Pfründe im Ministerium des Innern.

Wie einem Schiff, das nach langjährigen stürmischen Irrfahrten endlich den ersehnten Hafen findet, so war es dem schwergeprüften Manne, als ihm der bayerische Staat durch Aufnahme in die Steuerkommission 1809 ein sorgenfreies Alter gewährte. Als Inspektor sollte er die Lithografie des Amtes überwachen. Auch Gleißner fand dabei ein Unterkommen. Und Senefelder war so edel, auf 1.000 Gulden Gehalt zu verzichten, damit sie Gleißner jährlich zugelegt würden.

Sein Lebensabend ist durchsonnt von mannigfachen Beweisen der Verehrung. Die englische Society of Encouragement gab ihm ihre große goldene Medaille, der König von Sachsen und der Kaiser von Rußland schickten Brillantringe. In Paris bereitete man ihm solche Huldigungen, daß er daran dachte, sich dort für immer niederzulassen. Sein König Ludwig I. ehrte ihn durch die goldene Medaille des Verdienstordens und ein Geschenk von 1.000 Gulden. Bis zur letzten Stunde arbeitet der unermüdliche Mann in seinem Laboratorium. Er erfand noch ein Papier, das die lithografische Platte ersetzen sollte, den Mosaikdruck und ein Verfahren, Ölgemälde auf Leinwand zu drucken. Am 26. Februar 1834 starb er.

Neben seinem unverwüstlichen Willen zur Tat ist an Senefelder vor allem die Vielseitigkeit und Beweglichkeit seines Geistes bewundernswert. Er war Erfinder, Dichter, Musiker. Als die englische Regierung 33.000 Pfund Sterling für ein lenkbares Luftschiff aussetzte, schloß, er sofort seine Druckerei und warf sich ganz auf das Studium der Aeronautik. Was ihn über alle Entbehrungen und Enttäuschungen immer wieder hinaushob, das war die große Idee, der Menschheit nützen zu können. 1818 erschien auf Drängen interessierter Kreise sein Lehrbuch der Lithografie, das auch eine kleine Selbstbiographie enthält. Es ist rührend, wenn der Mann, der Tröpflein um Tröpflein im Leidenskelche des Erfinders kosten musste, sein Leben im Hinblick auf seine Nachwirkung ein außerordentlich glückliches nennt und mit den Worten schließt: „Ich wünsche, daß die Lithografie auf der ganzen Erde verbreitet, den Menschen durch viele vortreffliche Erzeugnisse vielfältigen Nutzen bringen und zu ihrer Veredlung gereichen, niemals aber zu einem bösen Zweck mißbraucht werden möge. Dies gebe denn der Allmächtige! Dann sei gesegnet die Stunde, in der ich sie erfand!"

SELTSAMER FUND

Heute morgen, als alle Leute im Hause noch schliefen, bin ich mit einem alten Fischer am Strand entlanggegangen. Er wollte Bernstein suchen, denn wenn manchmal starker Wind geweht hat und die Wellen kreuz und quer an die Küste jagten, findet er sich im Tang. Es war schon hell, der Leuchtturm funkelte noch ein paar Mal und hörte dann auf, seine Strahlen zu senden. Wir gingen so in langen Schritten durch den weichen Sand, ab und zu lief eine Welle dicht heran, Möwen schrien schon über dem Wasser, das Dünegras wehte, wir bückten uns, um den goldgelben Bernstein zu finden.

Da sagte der alte Fischer zu mir: „Sieh, da schwimmt ein Kasten." Richtig; ich sah hin; in den Wellen, dicht am Ufer, trieb ein dunkler Kasten auf und ab. Da habe ich ihn herausgeholt und von dem Tang gesäubert, der daran hing, und abgetrocknet. Nun glänzte er dunkel und schön, die Maserung wurde klar und deutlich: Mahagoniholz, dachte ich und sah nach einem Namen im Kästchen. Paolo stand auf dem Boden im Innern und darunter 1923. „Spanien", sagte ich zu dem alten Fischer, „es ist vielleicht von einem spanischen Matrosen."

Dann habe ich es eingewickelt und mitgenommen. Wir haben ein paar Stücke schönen, gelben Bernsteins gefunden und sind wieder heimgegangen.

Am Abend, wisst Ihr, ist es in einem alten Fischerhause sehr gemütlich. Dort in einem alten Stuhl saß der Fischer und strickte an einem kleinen Netze, ich hockte am Tische und blätterte zuerst in einem alten Buche, in dem viele Todesfälle aus vergangenen Jahren standen, dann holte ich mein Mahagonikästchen und sah es mir genau an; wie warm und dunkel es jetzt leuchtete und wie lebendig die Fasern und Adern in dem kostbaren Holz waren. Auf eine merkwürdige Art war ich jetzt zum Besitzer dieses Kästchens geworden, wer war der vorige Besitzer, wo mochte er jetzt sein und nach welcher langen Reise war nun dieses Kästchen hier angeschwemmt worden? Es war so schön, hier in dem gemütlichen Häuschen zu denken, welch lange Geschichte dieser schwarzbraune Gegenstand hatte, und die Reise wurde bunt und verwirrend von dem Tage an, wo dieses Kästchen noch Teil und winziges Stück eines Baumes war, der im brasilianischen Urwald stand.

In diesen Urwäldern an fremden und gewaltigen Strömen, gegen die unsere Flüsse Bäche sind, schrien die Affen auf den Bäumen, Papageien flogen kreischend über die Lichtungen, verwirrend war der Duft dieses Halbdunkels, der Silberlöwe hockte auf einem Ast und sauset mit heiserem, hundeähnlichem Schrei auf eine Beute, niemand war hier als Wald und die fremde, abenteuerliche Tierwelt. Viele Tage, viele Nächte gingen auf und versanken über den Wäldern, und die alten Bäume stürzten, wenn sie morsch wurden und von den Schlingpflanzen erwürgt wurden.

Eines Tage aber floh der Puma hastig in das Dunkel, schrie der Papagei kreischender und lärmender: es kamen in Booten Männer mit Flinte und Axt, stiegen an einer sandigen, zugänglichen Stelle aus, und als sie ein paar Blockhütten gebaut hatten, hallten die Axthiebe Tag für Tag in der Wildnis. Da krachten die Stämme zusammen, rissen im Fall die jungen mit, und nun lagen sie, Äste und Laub wurden entfernt, und also schleppten die Männer eines Tages auch den Mahagonibaum an das Ufer des gewaltigen Stromes und banden ihn mit anderen zusammen zu einem großen Floß.

Der Mahagonibaum hatte ein herrliche, unabhängige Zeit hinter sich, in seinen Zweigen hatten fremde, bunte Vögel Nester besessen, er konnte sich an den knurrenden Laut des Silberlöwen erinnern, wenn er unten schlich, und an den Bären dachte er und an die Nächte im Walde.

Nun also schwamm er auf dem Strom, die Männer standen am Ufer und winkten den vier Männern zu, die das Floß stromabwärts brachten. Dann gingen sie wieder an die Arbeit und gruben die Lichtung zähe tiefer und tiefer in den Wald, der mit Fieber und den Angriffen wilder Tiere auf diese hartnäckig menschliche Arbeit antwortete.

Das Floß schwamm tagelang auf dem großen Fluß, dessen waldbestandene Ufer manchmal weit in die Ferne rückten und zuweilen dicht am Ufer waren. Da lagen an den schmalen, engen Lichtungen Siedlungen, hier noch kleine, dunkle Blockhäuser, die der Urwald mit Riesenarmen noch umschloß, da waren bärtige Leute in einfachen Wollhemden, dort weiße Siedlungen, hinter denen weite Tabakpflanzungen sich ausdehnten, und auf den Feldern ritten die Pflanzer in weißen Anzügen, und waren reich. Hier lagerten Tausende von Stämmen, denn die Pflanzer hatten Maschinen, da ging alles besser und schneller.

Immer mehr Lichtungen kamen, Kirchen waren nun dabei, dann waren es Dörfer, und die Reise vom Urwald hatte ein Ende, als die Männer in einer Stadt ankamen. Aus den zehn Flößen, die sie führten, waren viele geworden. Die Stämme wurden ans Ufer gebracht, dort standen Maultiere mit schwarzen Treibern, und unter Hallo und Rufen wurden die Stämme an die Sägemühlen geschleppt oder schwammen noch ein Stück weiter bis zur Sägemühle.

Das war ein anderer Laut, den da die Herzen der Bäume hörten, das knirschte und knarrte wie viele hungrige Tiere, das hatte blitzende Zähne wie Raubtiergebisse, und einmal lag auch der Mahagonibaum unter der Säge und spürte, wie die Zähne sich tiefer und tiefer eingruben und wie es blitzte und pfiff und dröhnte: die Stimme der Arbeit.

Arbeiter rissen die Bretter hervor unter der Säge, schleppten sie zu Karren, da waren Maultiere, die schleppten unter den gellenden Rufen der Treiber die Karren an die Dampferladestelle. Da lagen die schwarzen Dampfer, die aus den rußigen Schornsteinen Rauch stießen. Dann heulten da die Sirenen, die Maschinen knirschten; wie weiß die Bretter schimmerten, wie farbig jene, frischer Geruch lag noch über der Ladung; die Dampfer glitten den Strom hinunter, an dessen Ufern nun der Urwald weit zurückgewichen war, hier waren Städte und andere Bäume standen da; die Schornsteine der Fabriken.

Zuletzt waren sie in einer großen Stadt, wieder wurden die Bretter verladen; große Kräne brachten sie auf Eisenbahnwagen, die zu den Fabriken rollten. Immer kleiner und zierlicher wurden hier die Bretter, sie wurden bearbeitet, nun hörten sie weiter nichts als das Lärmen und Rasseln der Maschinen, der Urwald war fern.

So war eines Tages ein zierliches Mahagonikästchen fertig mit vielen anderen und rollte aus der Fabrik in die Läden. Da stand es nun, wer wußte, daß es einst im fernen Urwalde gestanden hatte. Jetzt gingen auf der Straße Menschen über Menschen vorüber, und eines Tages auch ein Matrose, dessen Schiff im Hafen lag und der durch die Stadt bummelte, um alles zu sehen und sich auch noch ein Andenken zu kaufen. Er war ein schlanker, junger Kerl; er ging in den Laden und fragte den Besitzer, wie viel das Kästchen koste. Gut, er wollte es kaufen. Dann packte er es in sein Taschentuch und nahm es mit an Bord.

Hier aber kann das Kästchen nicht weiter erzählen; vielleicht ist es mit dem Matrosen durch manche Meere gefahren, nach Indien, Persien, Amerika, Australien, und ich weiß nicht, wie es dann hierher kam. Ist das Schiff, auf dem Paolo, so hieß ja der Matrose, untergegangen mit allen Dingen, oder hat eine Welle nur dies kleine Kästchen bekommen? Ich weiß es nicht. Aber weil ich nichts davon sicher weiß, kann ich mir viel denken, und wenn ich diesen kleinen Kasten ansehe, mache ich manchmal meine Reisen in den Urwald, in dem noch immer Puma und Affen leben und eines Tages Männer kommen und Bäume fällen.

ALS AUSKLANG

JESUS ROT, HIMMEL WEIT

Zufälle gibt es – also, ich weiß nicht ...
Genau in der Zeit, als ich ein bisschen mithalf, eine Ausstellung über den Maler Karl Völker vorzubereiten, rief ein alter Kumpel an und behauptete, etwas Seltsames gefunden zu haben. Vor einigen Monaten hatte er das Haus gekauft, in dem der Schriftsteller Walter Bauer in seiner Kindheit und Jugend wohnte, war mir seitdem immer mal wieder auf den Geist gegangen, ob ich ihm nicht irgendwie zu Renovierungszuschüssen verhelfen könne, Erbepflege und so, schließlich sei ich doch Bauer-Spezialist. Oder?

Nun klang er aber so aufgeregt, dass ich tatsächlich gleich zu ihm fuhr.

Unter der Dielung einer winzigen Mansarde stak ein Heft, brüchig, vergilbt, altertümlich beschriftet. „Tagebuch", buchstabierte ich, „Tagebuch von ..." – „Walter Bauer", jubelte mein Kumpel. „Nee", sagte ich und tippte auf ein Loch im Umschlag, „das steht hier nicht, zumindest nicht mehr." Und so nahm ich denn dieses sichtlich bejahrte Tagebuch-Heft mit dem Versprechen mit nach Hause, gründlich zu prüfen, ob ich einem alten Kumpel am Ende nicht vielleicht doch helfen könne.

Zufälle gibt's ...

5. Mai 1921

Himmelfahrt. Wie verabredet, Punkt sechs Uhr, stand meine Wandervogel-Gruppe vor der Tür. Brave Jungs, alle fünf. Wir stiefelten zur Straßenbahn und fuhren bis zur Endstation, durchs ganze Geiseltal bis nach Mücheln. An der Geiselquelle, einem beliebten Ausflugsziel, wollten wir uns mit einer Gruppe aus Querfurt treffen und mit denen gemeinsam die Gegend erkunden. Wir warteten und warteten. Zwar trafen immer mehr Ausflügler ein, Männer auf bunt geschmückten Fahrrädern zumeist, doch kein einziger Wandervogel mehr. Schließlich wurde es uns zu eng und zu laut (irgendwie beäugten auch immer mehr Polizisten das Treiben) und wir zogen auf eigene Faust los, einfach querfeldein ins Blaue hinein.

Wir sangen und hatten unseren Spaß, erzählten uns am Lagerfeuer Geschichten, verzehrten unsere Stullen und beobachteten Falken.

Gegen Mittag tauchte in einer Senke ein kleiner Ort vor uns auf. Rundling, Kirche mit trutzigem Wehrturm in der Dorfmitte. Eine schöne, kühle Fassbrause wäre jetzt nicht schlecht, dachte ich, und winkte meiner Gruppe, mir zu folgen.

Vor der Kirche trafen wir auf einen Mann, hager, mittelgroß, nach hinten gekämmtes Haar, Brille, Schnauzer, bunt bekleckster Kittel. Nee, Fassbrause gäbe es hier nicht, meinte er, aber wenn wir ihm ein bisschen zur Hand gehen könnten, hätte er einen prima Apfelsaft.

Nun wollte ich jedoch erst mal wissen, wo wir überhaupt gelandet waren. „Schmirma“, sagte der Mann und wiederholte es sicherheitshalber gleich noch einmal etwas lauter: „Schmirma!“ – „Nie gehört“, erwiderte ich und meine Jungs schüttelten bekräftigend heftig die Köpfe.

„Kann doch nicht sein“, sagte der Mann und schmunzelte verschmitzt, „schließlich entsteht hier etwas, was die Welt noch nicht gesehen hat, Tatsache!“

Natürlich dachte ich, er wolle uns veralbern. Als er uns aber winkte, ihm in die Kirche zu folgen, zögerten wir keine Sekunde. Irgendwie hatte er etwas, dieser unscheinbare Mann, das ich nicht beschreiben kann, etwas neugierig Machendes, etwas magisch Anziehendes. Und in der Kirche glaubte ich, meinen Augen nicht trauen zu können.

Malerei hatte mich schon fasziniert, als ich noch in die Volksschule ging. Breughel, Caspar David Friedrich, Goya, Renoir, Daumier ... Einmal hatte ich sogar Ärger mit meiner Mutter bekommen: Nachdem ich mir einen Druck von Michelangelos „David" an meine Mansardenwand gezweckt hatte, hatte sie gezetert, so etwas Unanständiges komme ihr nicht ins Haus! Nun gut.

Unser Mann war Maler! Und was für einer! Er malte die Schmirmaer Kirche aus! Und wie!

Es roch nach frischer Ölfarbe und Terpentin, scharf, doch nicht unangenehm, erweckend, geradezu geheimnisvoll. Überall standen Farbkübel herum, das Kirchengestühl war mit großen Planen abgedeckt. Und auf dem Fußboden vor dem Altar lag eine sehr große längliche Pappe mit einer Bibel-Szene darauf. Keine Frage, das war die Bergpredigt. Doch so etwas hatte ich noch nie gesehen:

Diese Farben, so leuchtend, doch auch schlicht, dieser Himmel, so tief, so weit – und die Menschen, wie soll ich sagen, die kamen mir alle irgendwie bekannt vor; alle in dieser endlosen Reihe sahen aus wie Leute, denen ich schon begegnet war, keine Madonnen, keine Heiligen, nein, einfache Leute, wie unsere Nachbarn, wie Arbeitskollegen meines Vaters, meiner Brüder ...

Und der Jesus – knallrot! Das heißt, sein Gewand war so intensiv, war so unglaublich rot. Sein Antlitz hingegen, das lange, dunkle Haar, die Stirnglatze, der hypnotische Blick, der spitze Bart – irgendwo hatte ich diesen Mann schon gesehen!

„Na, habe ich zuviel versprochen?", fragte der Mann. „Nein", antwortete ich, „nein, nein!"

Und so erklärte der Maler, dass er eigentlich erst anfange, den Kirchenraum neu zu gestalten, wies dabei auf die frisch goldorange-dunkelgrün gestrichene Empore, den Kanzelaltar, die sattgelben Wände; doch jetzt wolle er unbedingt etwas ausprobieren. Und da kämen wir ihm gerade recht, da müsse er nicht erst die Schmirmaer Bauern bitten.

Er ließ eine große Flasche Apfelsaft kreisen und zeigte zur Kirchendecke. Deren Neugestaltung werde der Höhepunkt seiner Arbeit hier, und kurz bevor wir anmarschierten (er sagte: „Wie vom Himmel geschickt!") sei ihm klar geworden, wie er das bewerkstelligen könne: Zu Hause, in seinem Atelier in Halle, werde er in Ruhe mehrere biblische Szenen auf große Leinwände bringen, neun oder zehn, die dann nur noch nach Schmirma transportiert und an die Kirchendecke gebracht werden müssten. Die Pappe da sei nur mal ein schneller Versuch.

„Aber wie können wir helfen?", fragte ich.

„Ganz einfach!"

Ich stieg mit drei meiner Jungen zur Empore hinauf, die anderen und der Maler schoben uns die Pappe zu bis wir sie fest im Griff hatten. Dann brachten sie Latten und Besenstiele, und wir drückten die Bergpredigt gegen die Kirchendecke. Der Maler rannte zum Altar, blickte nach oben und klatschte vor Freude in die Hände. „Genau, ja, genau", jubelte er. „Das wird es. Genau so!"

Der Maler schüttelte uns die Hände und schenkte uns zum Abschied noch zwei große Flaschen Apfelsaft, denn es war schon spät geworden, und wenn ich meine Wandervögel noch rechtzeitig wieder nach Merseburg zurückbringen wollte, mussten wir los.

Ich blickte noch einmal auf den knallroten Jesus und fragte den Maler: „Und wie heißen sie eigentlich?"

„Ich?" Er rieb sich die Stirn, als müsse er sich erst an seinen Namen erinnern: „Karl Völker".

14. Mai 1921
Pfingstsamstag trieb es mich wieder nach Schmirma. Ein Klassenkamerad lieh mir sein Fahrrad, und ich hatte Glück: Karl Völker war da.

„Schau an, der Wandervogel“, sagte er. „Kommst wieder wie gerufen!“

Er war dabei, die Kirchenbänke goldorange, so wie die Empore schon erstrahlte, zu streichen.

„Das muss heute noch fertig werden. Die Schmirmaer wollen morgen unbedingt ihren Pfingstgottesdienst hier feiern, klar!“

Zuerst zögerte ich, aber mit jedem Pinselstrich wurde ich sicherer. Das war doch was, einem richtigen Maler, einem Meister, zur Hand zu gehen! Und dann unterhielt er sich auch noch mit mir, als wäre ich sein Kamerad!

Er erzählte mir, dass er eigentlich immer schon Maler werden wollte, sich gar nichts anderes vorstellen könne, als zu malen, das, was er sehe, was ihn umtreibe, auf seine Art darzustellen. Gelernt habe er von seinem Vater und von berühmten Professoren in Riga, Dresden und Leipzig. Und langsam komme er ganz gut ins Geschäft. Den Auftrag, den Innenraum der Schmirmaer Kirche neuzugestalten, habe er immerhin vom Herrn Landesbaurat höchstpersönlich.

Ich erzählte ihm, dass ich sechzehn sei, aber bald siebzehn werde, und das Merseburger Lehrerseminar besuche, also Lehrer werden wolle.

„Ach, deswegen leitest du auch eine Wandervogelgruppe“, sagte er, „Doch ist das nicht ein bisschen spießig?“

„Spießig?“

Darüber hatte ich noch nie nachgedacht. Wandervogel sein, das hieß für mich, mit Gleichgesinnten umherziehen, Kameradschaft finden, dem Alltag entfliehen, Freiheit genießen, genau so, wie es Walt Whitmann in seinem „Wandervogel“-Gedicht beschreibt:

Das Vergangene lassen wir zurück,
und hervor wir brechen, einer neuen größern Welt
entgegen, einer mannigfach’ren,
frisch und stark ergreifen wir sie, Welt der Arbeit,
Welt im Vormarsch ...

„Nicht schlecht“, sagte Karl Völker. „Aber Träumen ist das eine, Handeln das andere.“

Er legte den Pinsel beiseite, setzte sich vor den Altar und rieb sich nachdenklich die Stirn. Sicherlich habe ich doch mitbekommen, was in Leuna zu Ostern los war, oder? Wie die Arbeiter versuchten, zu ein bisschen mehr Lohn, zu ein bisschen mehr Gerechtigkeit zu kommen, streikten, sich verbarrikadierten und dann zusammengeschossen wurden. Mehr als fünfzig Tote, fast zweitausend Verhaftete.

„Ja“, sagte ich leise, „einer meiner Brüder sitzt auch. Und wir wissen noch nicht mal, wo.“

„Und warum?“, fragte Karl Völker. „Was denkst du – weil er ein Träumer ist?“

„Nein, aber ohne Träume ...“

„Erinnerst du dich noch an meinen Entwurf, an die Pappe, die neulich hier lag?“, unterbrach er mich.

„Ja“, antwortete ich, „die Bergpredigt.“

„Siehst du. Und du weißt sicher auch, worum es darin letztendlich geht – um mehr Gerechtigkeit!“

Ich nickte.

„Und nun sage ich dir auch noch, dass Rot für mich die Farbe des Handelns, der Hoffnung, der Zukunft ist. – Alles klar?“

Er drückte mir meinen Pinsel in Hand, schmunzelte und sagte: „Komm, sonst kriege ich Ärger mit den Schmirmaer Bauern!"

5. Juni 1921

Beim letzten Mal hatte mir Karl Völker beim Abschied gesagt, dass er für einige Tage nicht in Schmirma sein werde, in Halle zu tun habe. Heute, an einem schönen Sonntag, radelte ich auf gut Glück jedoch einfach mal wieder los.

Tatsächlich war Karl Völker in der Kirche. Er hockte im Halbdunkel ganz hinten unter der Empore und schien gar nicht mitzubekommen, dass ich ihn begrüßte und sogleich erzählte, wie froh ich sei, dass mein Bruder wieder zu Hause ist.

Nach einer Weile reichte er mir einen zerknüllten Zettel. Auf dem stand in ungelenker Schrift:

„Völker, du roter Hund – pass auf!"

Vor dem Gottesdienst hatte er den Gemeindevertretern die Skizzen und Entwürfe für die Deckengestaltung gezeigt und zum ersten Mal im Zusammenhang erklärt, wie er sich das alles vorstelle – die Farbkontraste zum Altar, zu den Wänden, zum Gestühl, die Anordnungen und Größen, die Perspektiven – wie am Ende alles zusammengehen würde. Nach dem Gottesdienst hatte er diesen Wisch in seinem Skizzenblock gefunden ...

„Angst?" fragte ich.

„Nein", antwortete er, „enttäuscht. Ich dachte, ich könnte verständlich machen, wie revolutionär zu Jesus' Zeit die Bergpredigt gewesen ist, wie sehr wir auch heute so eine Botschaft bräuchten, etwas, was die Welt verändert, was sie besser macht."

„Bei mir ist sie angekommen, diese Botschaft", sagte ich. „Keine Frage." Und ich bat ihn, doch bitte mir die Zusammenhänge zu erläutern. Ich sei gespannt, sehr gespannt!

Karl Völker brummelte irgendetwas vor sich hin, wühlte in seinen Unterlagen herum, als wolle er sichergehen, dass nicht noch solch ein feiger Wisch irgendwo versteckt war, breitete dann jedoch sorgfältig all seine Skizzen und Entwürfe vor mir aus.

Zehn Deckengemälde seien geplant. Alles Szenen aus dem Neuen Testament, aus der Jesus-Geschichte, alles Szenen, die zeigten, dass Jesus einer aus dem Volke sei, einer, der die einfachen Leute verstand, ihre Nöte kannte, einer, der ihre Sprache sprach, dem sie zuhörten, der überzeugte, der handelte, zu dem sie aufsahen ...

Flankierend jeweils vier kleinere Bilder, beginnend links überm Altar: Die Anbetung der Hirten – Ruhe auf der Flucht – Jesus am See Genezareth – Die Bergpredigt – Jesus und die Ehebrecherin – Jesus und die Kinder – Einzug in Jerusalem – Das Abendmahl.

Und die beiden großen Gemälde in der Mitte, eins geworden durch den weiten, weiten, schier ins Unendliche reichenden Horizont: Kreuzigung und Himmelfahrt.

Und alles in vier Farben, entsprechend den vier Elementen des Lebens: alles in Grün, Braun, Blau und Rot.

Ich nickte, hätte Karl Völker am liebsten anerkennend auf die Schulter geklopft. Faszinierend! Besonders angetan hatte es mir jedoch sein Abendmahl. Sofort hatte ich Leonardos berühmtes Gemälde vor Augen (klar, ähnliche Anordnung der Figuren), aber eines war radikal anders: Der Abendmahltisch war leer, vollkommen leer. Jesus und seine Jünger hatten nichts zu essen, nichts zu trinken.

„Genau das hat die Bauern hier am meisten aufgeregt“, sagte Karl Völker. „Dabei ist doch das genau das Scharnier zu heute, verstehst du! Die Leuna-Arbeiter waren nicht auf den Barrikaden für Luxus, sondern weil sie sich oft nicht mehr das Nötigste leisten können!“

Natürlich verstand ich, mein Bruder war schließlich dabei, verstand ich nur zu gut, denn ich hatte nicht vergessen, wie oft ich im Kriege mit Mutter über die Stoppelfelder gezogen war, um ein paar Getreideähren zu finden, wie oft ich in endlosen Schlangen vor Geschäften angestanden hatte und schließlich doch mit leeren Taschen nach Hause gekommen war. Ich wusste, wie Hunger schmeckte.

Karl Völker packte seine Entwürfe zusammen. Und dann sagte er etwas, was ich wohl nie mehr vergessen werde, er sagte: „Ich danke dir! Und, keine Sorge, ich werde für mehr Verständnis, ich werde um meine Gemälde kämpfen!“

19. Juni 1921
Wie aus heiterem Himmel fiel mir heute ein Gedicht ein. Und schon beim Aufschreiben war mir klar, dass ich das gleich Karl Völker schicken musste, als zusätzliche Ermutigung sozusagen. Sicherheitshalber schickte ich es einmal nach Schmirma und einmal an seine hallesche Anschrift (die ich in einem Adressbuch fand):

KREUZIGUNG IM WERK

Wie sie einmal deinen Sohn
ans Kreuz schlugen und ließen ihn allein,
und er schrie,
werden wir auch jeden Tag an unser Kreuz geschlagen,
und wir leben davon.
Für eine Monatskarte zu sechs Mark zwanzig
fahren wir schneller nach Golgatha,
und die Maschine schreit wie das Volk, das um ihn stand.
Auch sehen wir die Bäume nicht, weil
wir sehr müde sind und geschwächt wie er

von der Anstrengung vielen Leidens.
Wir sind schon dem Kalvarienberge näher,
und wenn wir, vorzeigend den rötlichen Ausweis,
eintreten in die Straße D, die zum Richtplatz führt,
werden schon in den Werkstätten, Kellern,
auf den Gerüsten die Kreuze errichtet.
Und schlagen sie nicht Nägel ein,
wir steigen allein hinauf, jeder zu seiner Stunde,
um unsre blauen Anzüge feilschen sie nicht
    wie um sein Tuch.
Niemand reicht uns den Essigschwamm, zu kühlen,
auch haben wir nicht lange geschrien,
wir verlernten Durst, verschwiegen ihn, niemand kam.

Warum geschah's nicht, dass du den Vorhang der Welt
    in Stücke rissest
und Nacht herunterwarfst?
Und doch hing er
nur allein am Kreuz,
wir sind dreißigtausend,
die langsam aufhören zu leben,
und rufen längst nicht „Eli" mehr.

Niemand ist, wie auch keiner trauert,
der uns abnimmt und zärtlich ist mit Salben
mit dem Toten,
nur die Kühltürmen geben den Stirnen Abwässer-Regen.

Wir steigen, wenn uns der Atem müd wird,
selbst herab und gehen
alle nach Hause, ein Stück weg von Golgatha,
    weil wir atmen müssen,

dass wir morgen wieder aufsteigen
und abends uns herabnehmen, auferstehn,
weil wir davon leben, Vater des Gestorbenen.

2. Juli 1921
Heute kam eine Postkarte von Karl Völker. Er schrieb mir, dass in Schmirma alles wie geplant weitergehen könne. Der Herr Landesbaurat habe sich für ihn eingesetzt, habe klargemacht, dass auch Künstler vergangener Jahrhunderte biblische Szenen stets aus ihrer Zeitsicht interpretiert hätten und somit die Schmirmaer Kirche schlichtweg etwas Neues zu bieten haben wird, was auch in Jahrhunderten noch interessant sein würde, da es künstlerisch wertvoll den heutigen Zeitgeist einfange. Nun akzeptierten die Gemeindevertreter seine Ansichten.

Sobald die Gemälde fertig seien, würde er mich einladen. Und dann solle ich ganz genau nochmals die Abendmahl-Szene betrachten. Da habe er nämlich noch etwas verändert, habe aus Dankbarkeit einige der Leute, die ihm Mut gemacht, die ihm beigestanden, die ihm geholfen hätten, als Jünger verewigt!

Am Abend traf ich meine Wandervogel-Jungs und erklärte, dass ich in den Sommerferien zum letzten Mal mit ihnen losziehen, dass ich künftig konsequent meinen eigenen Weg gehen wolle.

Hier bricht der Tagebuchtext abrupt ab. Seltsam.

Ich sagte meinem alten Kumpel, dass das alles durchaus von Walter Bauer sein könne – ein sehr frühes Dokument seines Schaffens, möglicherweise das älteste erhaltene sogar – ich das letztlich aber nicht schlüssig beweisen könne.

Ich empfahl ihm, das Heft dem Merseburger Walter-Bauer-Archiv zum Weiterforschen zu übergeben. Dann würde ich mich auch dafür einsetzen, dass der Fundort erwähnt würde und vielleicht sogar an seinem Haus, in dem Walter Bauer ja unbestritten gewohnt hatte, eine Gedenktafel angebracht werde. Auf jeden Fall lud ich ihn ein, mit zur Eröffnung der Karl-Völker-Ausstellung nach Halle zu kommen, wo ich unbedingt auf diesen Fund hinweisen würde.

Und zu guter Letzt schenkte ich ihm als kleines Dankeschön (dem ehrlichen Finder sozusagen) Auszüge aus Briefen Walter Bauers, die belegen, dass die beiden ein Leben lang Freunde waren, sowie den Nachruf, den Walter Bauer für seinen Freund Karl Völker verfasste.

Dokumentierte dieses Tagebuch vielleicht den Anfang einer Künstlerfreundschaft, gab der Nachruf dieser mit Sicherheit einen nachhaltigen Abschluss:

Walter Bauer (an Erich Müller), 15. Juni 1941
„... Pfingsten wanderten wir an der Saale entlang nach Brachwitz, in die Landschaft, die Karl Völker malte. Unterwegs gabelten wir Völker auf und trafen dann noch Scharges – so dass der Verein beisammen war ... wir bekamen Luft in uns und waren so froh miteinander."

... (an Klaus Fromme), 17. Januar 1942
„Gestern waren wir wieder bei Karl Völker, um seine Bilder anzusehen. Schöne Dinge sahen wir – eines von ihnen hätten

wir wohl sofort genommen; aber es war schon verkauft. Im Grunde war nicht viel darauf zu sehen – ein Hügel, ohne Bäume, und mit Gras bewachsen, davor ein ... Kornfeld, und an diesem war zu erkennen, dass er die Fähigkeit in vollem Maße erworben hatte, das Einfache, das Unbedeutende so zu sehen und im Malen seine Substanz so sichtbar zu machen, dass es auf eine eigene Weise schön erschien."

... (an Hanne Peters), 2. Dezember 1948
„... Mit allem, was heute von Ihnen kam, haben Sie eine so tiefwirkende Bewegung ausgelöst. Die beiden Fotos ... wieviel kam mir da entgegen. Ganz deutlich erinnerte ich mich des Tages, an dem wir die Wanderung durch die Hügel an der Saale entlang machten, ja, ich erinnere mich, wie ich (auf dem einen Bild) im Grase lag und das Land ansah. Ich erinnerte mich an Karl Völker und wusste wieder, dass ich ihn doch sehr gern hatte, dass er einen sehr guten, menschlichen Kern und die Substanz eines wirklichen Künstlers hat. Grüßen Sie ihn doch herzlich von mir. Sagen Sie ihm, wenn er sich meiner erinnert, dann soll er an den W. B. jener Jahre denken, an den W. B. von „Ein Mann zog in die Stadt" und der brüderlichen Beschwörung. O, manchmal, wenn ich nachts hier sitze, überkommt mich eine tiefe Freude, dass ich die Verbindung zu dem, was ich einmal schrieb und war, wiedergefunden habe ..."

... (an Hanne Peters), 12. August 1962
„Aber zuerst lass mich Dir danken für alles, was an Liebem von Dir kam: Deinen Brief von Anfang Juni, die Karten von Dornburg, das ja doch einer unserer Herzorte geworden ist, und für die beiden Photos von unserm lieben Karl Völker und mir. Ich kann Dir nicht sagen, was sie mir zurückgebracht haben. Es waren miserable Jahre, was das Politische angeht. Aber wir

Freunde, waren wir trotzdem nicht ungefährdet und reich in unserer Freundschaft? Und hat sie nicht allem standgehalten? Es war sehr lieb von Dir, mir diese beiden Bilder zu schicken: ich werde sie in meine Mappe legen, und wenn ich ein alter Mann sein werde, will ich sie ansehen und denken: das war die Zeit, in der du anfingst, W. B."

... (an Hanne Peters), 25. März 1963
„Dank für Deinen Brief. Es ist mir, als hätte die Notiz vom Tode unseres lieben Karl Völkers in einem anderen Briefe von Dir gelegen, aber ich kann ihn nicht finden ... Clärle hatte es mir schon geschrieben, dass K. V. fortgegangen sei. Es bewegte mich, mehr als ich sagen kann: ich schicke Dir ein paar Blätter, die ich für Karl Völker schrieb. ... Er war ein erstklassiger Mann, ein Freund von feiner Qualität. Ich erinnere mich ganz deutlich an das Aquarell, das im Wohnzimmer in Halle hing, und an die zauberhafte Saalelandschaft in meinem Zimmer. Ich wünschte, ich hätte sie hier ..."

... (an Clärle Bauer-Fromme), 7. April 1963
„Die Nachricht von Karl Völkers Tod hat mich tief getroffen. Er war ein großartiger Mann, ein feiner Maler, ein Mensch mit einem immer wachen Gewissen. Ich schicke Dir ein paar Blätter, in denen ich etwas wie ein Requiem für ihn zu schreiben versuchte ..."

... (an Otto Röders), 18. März 1976
„Ich nehme unser Gespräch bald wieder auf, das meiste ist unbeantwortet geblieben. Wie freue ich mich, dass Karl Völker jetzt die Anerkennung findet, die ihm zukommt; ich war immer davon überzeugt, dass er ein großer Maler war. Wie gut ihm etwas, etwas von dieser Anerkennung getan hätte. C'est

la vie, wie man sagt, aber zu Zeiten ist es – pardon – zum Erbrechen. Und dann wissen die Kunsthistoriker alles besser als der Mann, der die Bilder machte. Ich kannte ihn, ich sah seine Bilder, als kaum jemand sie sah."

… (an Clärle Bauer-Fromme), 22. März 1976
„Übrigens hörte ich – über einen Freund, der Verbindungen nach Halle hat – dass Karl Völker groß gefeiert wird, mit einer großen Ausstellung, die überwältigend sein soll, mit wissenschaftlichen Arbeiten etc. Es wäre gut gewesen, wenn ihm der Beifall früher gegeben worden wäre; aber das gehört zu den Absurditäten des Lebens. Er war ein großer Maler; auch er trug zu unserm Leben in Halle reichlich bei …"

… (an Otto Röders), 9. September 1976
„Ich danke Ihnen schon jetzt für das Buch über Karl Völker, das Sie an mich abgeschickt haben. Georg Nagler und Karl Völker bedeuteten mir in den Jahren in Halle sehr viel; der Satz schließt viel mehr ein, als er zu sagen scheint … Ich wiederhole mich sicherlich, wenn ich sage, dass ich mich bei Malern immer viel wohler gefühlt habe als in der Gesellschaft von Schriftstellern; und ich bedauere, dass mein Traum, zu malen – wie immer gut oder schlecht – nicht mehr verwirklicht werden kann. Well, who knows …?"

WALTER BAUER: NACHRUF AUF DEN MALER KARL VÖLKER

I

Alles heute
Im duftlosen Winter
Schmeckt nach Asche.
Die Freunde sterben.
Wie schwer
Bewegen sich heute
Meine Wanderfüße.
Erde hängt
An jedem Schritt.

II

O goldne Flügel
An deinen Schuhen, Hermes.
Den unser Freund, der Wanderer,
Liebte wie einen Gefährten.
Hermes, dir blieb die Erde
Erspart.

III

Und doch:
Die Hand, die malte,
Was die Augen sahen,
Vom Herzen bewegt,
Starb nicht.
Nein, was er war,
Stirbt nicht.

IV

Der kleine Fluß, von ihm
Mit lichtem Wasser gefüllt,
Fließt noch immer,
Der Mondschein
Über dem Kornfeld,
Von ihm erschaffen, bleibt.
Der große Himmel,
Ihm so vertraut,
Leuchtet für lange Zeit.
Nicht für immer, da auch
Farben zerfallen,
Aber für lange.

V

Das war nicht alles,
Denn:
Was wäre der Fluß
Ohne den Schwimmer,
Was das Feld
Ohne Pflüger,
Was könnte uns
Der Himmel geben
Ohne das Licht im Auge dessen,
Der sieht?
Was wäre die Erde
Ohne den Menschen?
Er, der Maler, war unter uns,
Er gehörte zu uns,
Die verändern wollen.
Er malte den Menschen,
Den gehetzten, geschundenen,

Den Rebellen, den Fordernden.
Er war unser Kamerad.

VI
Wir können ihm
Ruhig Lebewohl nachrufen.
Er hat das Seine getan.
Er ist hier gewesen.

VII
O bitter-schönes
Triumphlied des Vergänglichen
Von unserem Licht gefüllt.

ANMERKUNGEN

Der Hutzelmann – Wochenzeitung für unsere Kleinen erschien seit 1925 als Wochenend-Beilage der Tageszeitung „Merseburger Korrespondent“ – Walter Bauer fungierte vom November 1926 bis August 1927 als *Hutzelmann*-Redakteur und schrieb die Mehrzahl der Beiträge in den Ausgaben dieser Zeit selbst.

Im Einzelnen:

Als ich an der Schranke stand	24.12.1926
Alte Schwänke	20.11.1926
Aus dem Storchnest	26.03.1927
Bergfahrt	05.03./12.03.1927
Besuch in Venedig	21.05./30.05.1927
Das Fiebermärchen	22.01./29.01.1927
Der kleine, grüne Luftballon	05.02./12.02.1927
Der Nikolaustag	18.12/24.12.1926
Der Untergang der „Seeschwalbe“	12.03.1927
Der Untergang der „Möve“	22.07.1927
Der Vogelberg	09.04.1927
Der Wildesel	27.02./05.03.27
Die Cimbern	30.05.1927
Die Fahrt ins neue Jahr	08.01.1927
Die Lokomotiven	05.02.1927
Die Schwäne	15.01./22.01.27
Die Stadt des Marmors	30.10.1926
Die verlorene Glocke	09.04.1927
Die Wikinger	27.02.1927
Die Wunderwelt	05.03.1927
Ein Indianerbuch	21.05.1927
Ein Schwank von Till Eulenspiegel	30.04./14.05.1927

Ein stiller Freund	19.02.1927
Ein vergessenes Märchen	21.05.1927
Etwas vom Toten Meer	21.05.1927
Etwas von der Post	15.01.1927
Fritz hat eine große Fahrt gemacht	13.11/27.11.1926
Frühlingsgedicht von Joseph von Eichendorff	02.04.1927
Für die Jungens – Aus dem Tagebuch einer Ungarnfahrt	17.06.1927
Georg Stephenson – Das Leben eines Erfinders	23.04./ 30.04./07.05./14.05.1927
Geschichte einer Tannennadel	24.06.1927
Gorch Fock	26.03./09.04.1927
Im Apennin	04.12.1926
Jagd in der Urzeit	08.01.1927
Kampf zwischen zwei Stämmen in der Pfahlbauzeit	15.01./22.01.1927
Landsknechtslied	27.11.1926
Lebensgeschichte von Matthias Klotz	26.03.1927
Nebel auf See	19.02.1927
Noch ein paar Schwänke	27.11.1926
Ostern im Wald	23.04.1927
Post in Sibirien	12.02.1927
Seltsamer Fund	12.08.1927
Senefelder	22.07./12.08.1927
Spielleute, Schwänke und Heldenlieder	20.11.1926
Sturm auf der Donau. Von einer Segelbootfahrt	02.04.1927
Sturm im Hafen (Genua)	13.11.1026
Überfahren	11.12.1926
Vom Geigenbau	19.03.1927
Vom Solnhofer Schiefer	01.07.1927
Von dem Jungen, der immer schnupperte	12.03.1927

Von Leuchttürmen	16.04.1927
Was ein Schmetterling anrichtete	19.03.1927
Weihnachtsgeschichte von einem verlassenen Mädchen	11.12./18.12.1926
Wie Klaus zum ersten Mal auf eine Insel kam	08.07.1927

Das Walter-Bauer-Spiel von Jürgen Jankofsky erschien mit Collagen von Susanne Berner erstmals im Projekte Verlag 188, Halle, im Jahr 2004 – anlässlich des 100. Geburtstags Walter Bauers.

Jesus ROT Himmel WEIT – Eine Karl-Völker-Geschichte von Jürgen Jankofsky, gestaltet von Juliane Sieber, erschien 2007 im Dorise Verlag, Burg.

DANK

Für die Erlaubnis, Material einzusehen und zu veröffentlichen, geht mein Dank an das Walter-Bauer-Archiv des Stadtarchivs, Merseburg, namentlich an Marion Ranneberg und Sylvia Kretzschmar, sowie an das Kulturhistorische Museum Merseburg.

Jürgen Jankofsky

INHALT

ALS AUSKLANG